왕초보를 위한
NCS
필수토픽 50

문제해결능력

SD에듀
(주)시대고시기획

SD에듀 왕초보를 위한 NCS 문제해결능력
필수토픽 50 + 무료NCS특강

Always with you

사람의 인연은 길에서 우연하게 만나거나 함께 살아가는 것만을 의미하지는 않습니다.
책을 펴내는 출판사와 그 책을 읽는 독자의 만남도 소중한 인연입니다.
SD에듀는 항상 독자의 마음을 헤아리기 위해 노력하고 있습니다. 늘 독자와 함께하겠습니다.

문제해결능력은 공사 · 공단 NCS 채용을 시행하는 대부분의 공기업에서 출제하는 영역이다. 명제 논리, 참과 거짓, 자료의 규칙 파악 및 계산 등 문제 유형이 다양하고 복잡하므로 꾸준한 연습이 필요하다. 제한된 시간 안에 제시된 문제에서 주어진 조건이나 자료 등을 빠르게 확인하여 분석하고 계산하는 능력이 요구된다.

현재 문제해결능력은 PSAT형 자료 해석과 같이 다양한 분야의 자료를 활용한 문제가 출제되고 있으며, 난도 있는 문제도 다수 출제되고 있다. 그러므로 취업준비생들은 문제해결능력의 정확한 출제 영역을 알고, 그에 맞는 분석력을 길러 신속하고 정확하게 정답을 도출할 수 있도록 꾸준히 훈련해야 한다.

공사 · 공단 채용을 대비하기 위해 SD에듀에서는 NCS 도서 시리즈 누적 판매량 1위의 출간 경험을 토대로 다음과 같은 특징을 가진 도서를 출간하였다.

도서의 특징

❶ **기출복원문제를 통한 출제 유형 파악!**
  • 2023~2022년 주요 공기업 문제해결능력의 기출복원문제를 수록하여 NCS 문제해결능력 문제 유형과 출제경향을 파악할 수 있도록 하였다.

❷ **유형의 이해와 접근법으로 실력 상승!**
  • NCS 문제해결능력 필수토픽 50개 유형을 분석하여 문제의 핵심을 파악할 수 있도록 하였다.
  • 토픽별로 문제풀이에 필요한 개념을 소개하고, 이를 적용하여 풀이시간을 단축할 수 있도록 하였다.

❸ **대표예제와 연습문제로 완벽한 실전 대비!**
  • 토픽별 대표예제를 선정하여 문제를 푸는 방법을 소개하고, 접근법을 체득할 수 있도록 하였다.
  • 토픽을 응용한 연습문제를 수록하여 자신의 실력을 점검할 수 있도록 하였다.

❹ **다양한 콘텐츠로 최종합격까지!**
  • NCS 핵심이론 및 대표유형 PDF와 온라인 모의고사, 그리고 무료특강을 제공하여 필기시험 전반에 대비할 수 있도록 하였다.

끝으로 본 도서를 통해 공사 · 공단 채용을 준비하는 모든 수험생 여러분이 합격의 기쁨을 누리기를 진심으로 기원한다.

SDC(Sidae Data Center) 씀

🕖 문제해결능력 정의 및 하위능력

문제해결능력 : 업무를 수행함에 있어 문제 상황이 발생하였을 경우, 창조적이고 논리적인 사고를 통하여 이를 올바르게 인식하고 적절히 해결하는 능력

하위능력	정의
사고력	업무와 관련된 문제를 인식하고 해결함에 있어 창조적, 논리적, 비판적으로 생각하는 능력
문제처리능력	업무와 관련된 문제의 특성을 파악하고 대안을 제시 및 적용하며, 그 결과를 평가하여 피드백하는 능력

🕖 문제해결능력 학습법

1 질문의 의도를 정확하게 파악하라!

문제해결능력은 문제에서 무엇을 묻고 있는지 정확하게 파악하여 풀이방향을 설정하는 것이 가장 효율적인 방법이다. 특히, 조건이 주어지고 답을 찾는 창의적, 분석적인 문제가 주로 출제되고 있기 때문에 처음에 정확한 풀이방향을 설정하지 않는다면 시간만 허비하고 결국 문제도 풀지 못하게 되므로 무엇보다도 문제 의도를 파악하는 데 집중해야 한다.

2 중요한 정보는 반드시 표시하라!

정확한 문제 의도를 파악하기 위해서는 문제에서 중요한 정보는 반드시 표시나 메모를 하여 하나의 조건 혹은 단서도 잊고 넘어가는 일이 없도록 해야 한다. 실제 시험에서는 시간의 압박과 긴장감으로 정보를 잘못 적용하거나 잊고 지나쳐 틀리는 실수가 많이 발생하므로 사전에 충분한 연습이 필요하다. 명제문제의 경우 주어진 명제와 그 명제의 대우를 본인이 한눈에 파악할 수 있도록 기호화, 도식화하여 메모하면 흐름을 이해하기가 더욱 수월하다.

3 반복풀이를 통해 취약 유형을 파악하라!

제한된 시간 동안 모든 문제를 다 푸는 것은 조금 어려울 수도 있다. 따라서 고득점을 얻을 수 있는 방법은 효율적인 문제풀이이며, 반복적인 문제풀이를 통해 본인의 취약 영역을 파악하는 것이 중요하다. 취약 영역 파악은 종료시간이 임박했을 때 빛을 발할 것이다. 풀 수 있는 문제부터 빠르게 풀고 취약 영역은 나중에 푸는 효율적인 문제풀이를 통해 최대한 고득점을 받기 위해 노력해야 한다. 또한, 본인의 취약 영역을 파악하기 위해서는 많은 문제를 풀어봐야 한다.

4 타고나는 것이 아니므로 열심히 노력하라!

대부분의 수험생들이 문제해결능력은 공부해도 실력이 늘지 않는 영역이라고 생각한다. 하지만 그렇지 않다. 문제해결능력이야말로 노력을 통해 충분히 득점이 가능한 영역이다. 정확한 문제 의도 파악, 취약 영역의 반복적인 풀이, 빈출유형 파악 등의 방법으로 충분히 실력을 향상시킬 수 있다. 자신감을 갖고 공부하기를 바란다.

❯ 문제해결능력 세부사항

하위능력		교육내용
사고력	K (지식)	• 창의적인 사고의 개념　　　• 창의적 사고의 구성요소 • 창의직 사고의 개발 원리　　• 창의적 사고의 개발 방법의 종류 • 논리적인 사고의 개념　　　• 논리적 사고의 구성요소 • 논리적 사고의 개발 원리　　• 논리적 사고의 개발 방법의 종류 • 비판적인 사고의 개념　　　• 비판적 사고의 구성요소 • 비판적 사고의 개발 원리　　• 비판적 사고의 개발 방법의 종류
	S (기술)	• 주변 환경에 대해 유심히 관찰하고 기록 • 특정한 문제상황에서 가능한 많은 양의 아이디어를 산출 • 고정적인 사고방식이나 시각 자체를 변화시켜 다양한 해결책을 발견 • 발상의 전환을 통해 다양한 관점을 적용 • 다듬어지지 않은 아이디어를 보다 치밀한 것으로 발전 • 핵심적인 아이디어를 식별 • 사고의 오류가 무엇인지를 확인하여 제시 • 아이디어 간의 관계 유형을 파악하여 제시 • 아이디어를 비교, 대조하고 순서화하여 제시 • 사실과 의견을 구분하여 제시 • 신뢰할 수 있는 정보자료를 획득 • 문제를 다양한 관점에서 검토하여 정리 • 주장이나 진술에 포함된 편견을 발견하여 제시
	C (상황)	• 업무를 수행함에 있어서 창의적으로 생각해야 하는 경우 • 업무의 전후관계를 논리적으로 생각해야 하는 경우 • 업무 내용이나 상사의 지시를 무조건 수용하지 않고 비판적으로 생각해야 하는 경우 • 업무와 관련해서 자신의 의사를 합리적으로 결정해야 하는 경우 • 업무와 관련된 새로운 프로세스를 개발해야 하는 경우 • 업무와 관련해서 문제가 발생하였을 때 합리적으로 해결해야 하는 경우
문제처리 능력	K (지식)	• 문제의 개념 : 바람직한 상태와 현 상태의 괴리　• 문제의 유형 : 발생형 문제, 탐색형 문제, 설정형 문제 • 문제의식의 장해 요인　　　• 문제해결을 위한 요소 • 문제해결의 기본적 사고　　• 문제해결의 장애요소 • 문제해결의 절차　　　　　• 문제해결 절차의 기법의 이론
	S (기술)	• 해결해야 할 문제를 체계적으로 상세히 기술 • 문제해결에 필요한 자료를 수집하여 정리 • 실행 가능한 대안들을 나열 • 적절한 기법을 사용하여 문제의 전후맥락을 파악하고 제시 • 잠재적 장애요소를 파악하고 대응방안을 수립 • 효율적이고 효과적인 해결안을 제시 • 문제점들 간의 상관관계와 중요도를 도출 • 문제해결에 필요한 능력들을 실증적으로 제시 • 대안에 따라 영향을 받게 될 사람, 부서의 이해관계를 제시 • 합리적 방법으로 최적 대안을 평가하고 선정하여 실행 • 문제를 해결할 창의적 아이디어와 혁신적 조치를 제안
	C (상황)	• 업무 수행 중 발생하는 문제를 적절히 해결해야 하는 경우 • 변화하는 주변 환경과 현장 상황을 파악해서 업무의 핵심에 도달해야 하는 경우 • 주어진 업무를 처리하는 서류를 다루는 경우 • 문제해결을 위한 사례를 분석, 개발, 적용해야 하는 경우 • 공정 개선 및 인원의 효율적인 운영이 필요한 경우

NCS 문제 유형 소개 NCS TYPES

PSAT형

※ 다음은 K공단의 국내 출장비 지급 기준에 대한 자료이다. 이어지는 질문에 답하시오. **[15~16]**

〈국내 출장비 지급 기준〉

① 근무지로부터 편도 100km 미만의 출장은 공단 차량 이용을 원칙으로 하며, 다음 각호에 따라 "별표 1"에 해당하는 여비를 지급한다.
  ⓐ 일비
   ⓐ 근무시간 4시간 이상 : 전액
   ⓑ 근무시간 4시간 미만 : 1일분의 2분의 1
  ⓒ 식비 : 명령권자가 근무시간이 모두 소요되는 1일 출장으로 인정한 경우에는 1일분의 3분의 1 범위 내에서 지급
  ⓒ 숙박비 : 편도 50km 이상의 출장 중 출장일수가 2일 이상으로 숙박이 필요할 경우, 증빙자료 제출 시 숙박비 지급
② 제1항에도 불구하고 공단 차량을 이용할 수 없어 개인 소유 차량으로 업무를 수행한 경우에는 일비를 지급하지 않고 이사장이 따로 정하는 바에 따라 교통비를 지급한다.
③ 근무지로부터 100km 이상의 출장은 "별표 1"에 따라 교통비 및 일비는 전액을, 식비는 1일분의 3분의 2 해당액을 지급한다. 다만, 업무 형편상 숙박이 필요하다고 인정할 경우에는 출장기간에 대하여 숙박비, 일비, 식비 전액을 지급할 수 있다.

〈별표 1〉

구분	교통비				일비 (1일)	숙박비 (1박)	식비 (1일)
	철도임	선임	항공임	자동차임			
임원 및 본부장	1등급	1등급	실비	실비	30,000원	실비	45,000원
1, 2급 부서장	1등급	2등급	실비	실비	25,000원	실비	35,000원
2, 3, 4급 부장	1등급	2등급	실비	실비	20,000원	실비	30,000원
4급 이하 팀원	2등급	2등급	실비	실비	20,000원	실비	30,000원

1. 교통비는 실비를 기준으로 하되, 실비 정산은 국토해양부장관 또는 특별시장·광역시장·도지사·특별자치도지사 등이 인허한 요금을 기준으로 한다.
2. 선임 구분표 중 1등급 해당자는 특등, 2등급 해당자는 1등을 적용한다.
3. 철도임 구분표 중 1등급은 고속철도 특실, 2등급은 고속철도 일반실을 적용한다.
4. 임원 및 본부장의 식비가 위 정액을 초과하였을 경우 실비를 지급할 수 있다.
5. 운임 및 숙박비의 할인이 가능한 경우에는 할인 요금으로 지급한다.
6. 자동차임 실비 지급은 연료비와 실제 통행료를 지급한다.
   (연료비)=[여행거리(km)]×(유가)÷(연비)
7. 임원 및 본부장을 제외한 직원의 숙박비는 70,000원을 한도로 실비를 정산할 수 있다.

특징
▶ 대부분 의사소통능력, 수리능력, 문제해결능력을 중심으로 출제(일부 기업의 경우 자원관리능력, 조직이해능력을 출제)
▶ 자료에 대한 추론 및 해석 능력을 요구

대행사
▶ 엑스퍼트컨설팅, 커리어넷, 태드솔루션, 한국행동과학연구소(행과연), 휴노 등

모듈형

┃ 대인관계능력

60 다음 자료는 갈등해결을 위한 6단계 프로세스이다. 3단계에 해당하는 대화의 예로 가장 적절한 것은?

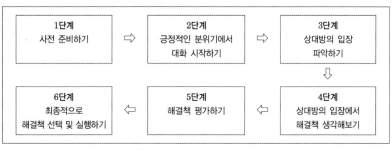

① 그럼 A씨의 생각대로 진행해 보시죠.

특징
▶ 이론 및 개념을 활용하여 푸는 유형
▶ 채용 기업 및 직무에 따라 NCS 직업기초능력평가 10개 영역 중 선발하여 출제
▶ 기업의 특성을 고려한 직무 관련 문제를 출제
▶ 주어진 상황에 대한 판단 및 이론 적용을 요구

대행사 ▶ 인트로맨, 휴스테이션, ORP연구소 등

피듈형(PSAT형 + 모듈형)

┃ 문제해결능력

60 P회사는 직원 20명에게 나눠 줄 추석 선물 품목을 조사하였다. 다음은 유통업체별 품목 가격과 직원들의 품목 선호도를 나타낸 자료이다. 이를 참고하여 P회사에서 구매하는 물품과 업체를 바르게 연결한 것은?

〈업체별 품목 금액〉

구분		1세트당 가격	혜택
A업체	돼지고기	37,000원	10세트 이상 주문 시 배송 무료
	건어물	25,000원	
B업체	소고기	62,000원	20세트 주문 시 10% 할인
	참치	31,000원	
C업체	스팸	47,000원	50만 원 이상 주문 시 배송 무료
	김	15,000원	

〈구성원 품목 선호도〉

특징
▶ 기초 및 응용 모듈을 구분하여 푸는 유형
▶ 기초인지모듈과 응용업무모듈로 구분하여 출제
▶ PSAT형보다 난도가 낮은 편
▶ 유형이 정형화되어 있고, 유사한 유형의 문제를 세트로 출제

대행사 ▶ 사람인, 스카우트, 인크루트, 커리어케어, 트리피, 한국사회능력개발원 등

주요 공기업 적중 문제 TEST CHECK

코레일 한국철도공사

참거짓 ▶ 유형

18 A ~ D는 한 판의 가위바위보를 한 후 그 결과에 대해 각각 두 가지의 진술을 하였다. 두 가지의 진술 중 하나는 반드시 참이고, 하나는 반드시 거짓이라고 할 때, 다음 중 항상 참인 것은?

> A : C는 B를 이길 수 있는 것을 냈고, B는 가위를 냈다.
> B : A는 C와 같은 것을 냈지만, A가 편 손가락의 수는 나보다 적었다.
> C : B는 바위를 냈고, 그 누구도 같은 것을 내지 않았다.
> D : A, B, C 모두 참 또는 거짓을 말한 순서가 동일하다. 이 판은 승자가 나온 판이었다.

① B와 같은 것을 낸 사람이 있다.
② 보를 낸 사람은 1명이다.
③ D는 혼자 가위를 냈다.
④ B가 기권했다면 가위를 낸 사람이 지는 판이다.
⑤ 바위를 낸 사람은 2명이다.

국민건강보험공단

지역가입자 ▶ 키워드

46 K공사에서는 지역가입자의 생활수준 및 연간 자동차세액 점수표를 기준으로 지역보험료를 산정한다. 지역가입자 A ~ D의 조건을 보고 보험료를 계산한 내용으로 옳은 것은?(단, 원 단위는 절사한다)

〈생활수준 및 경제활동 점수표〉

구분		1구간	2구간	3구간	4구간	5구간	6구간	7구간
가입자 성별 및 연령별	남성	20세 미만 / 65세 이상	60세 이상 65세 미만	20세 이상 30세 미만 / 50세 이상 60세 미만	30세 이상 50세 미만	–	–	–
	점수	1.4점	4.8점	5.7점	6.6점			
	여성	20세 미만 / 65세 이상	60세 이상 65세 미만	25세 이상 30세 미만 / 50세 이상 60세 미만	20세 이상 25세 미만 / 30세 이상 50세 미만	–		–
	점수	1.4점	3점	4.3점	5.2점			
재산정도 (만 원)		450 이하	450 초과 900 이하	900 초과 1,500 이하	1,500 초과 3,000 이하	3,000 초과 7,500 이하	7,500 초과 15,000 이하	15,000 초과
점수		1.8점	3.6점	5.4점	7.2점	9점	10.9점	12.7점
연간 자동차세액 (만 원)		6.4 이하	6.4 초과 10 이하	10 초과 22.4 이하	22.4 초과 40 이하	40 초과 55 이하	55 초과 66 이하	66 초과
점수		3점	6.1점	9.1점	12.2점	15.2점	18.3점	21.3점

※ (지역보험료)=[(생활수준 및 경제활동 점수)+(재산등급별 점수)+(자동차등급별 점수)]×(부과점수당 금액)
※ 모든 사람의 재산등급별 점수는 200점, 자동차등급별 점수는 100점으로 가정한다.
※ 부과점수당 금액은 183원이다.

한국전력공사

도서코드 ▶ 키워드

2024년 적중

10 다음은 도서코드(ISBN)에 대한 자료이다. 주문한 도서에 대한 설명으로 옳은 것은?

〈[예시] 도서코드(ISBN)〉

국제표준도서번호					부가기호		
접두부	국가번호	발행자번호	서명식별번호	체크기호	독자대상	발행형태	내용분류
123	12	1234567		1	1	1	123

※ 국제표준도서번호는 5개의 군으로 나누어지고 군마다 '-'로 구분한다.

〈도서코드(ISBN) 세부사항〉

접두부	국가번호	발행자번호	서명식별번호	체크기호
978 또는 979	한국 89 미국 05 중국 72 일본 40 프랑스 22	발행자번호 – 서명식별번호 7자리 숫자 예 8491 – 208 : 발행자번호가 8491번인 출판사에서 208번째 발행한 책		0 ~ 9

독자대상	발행형태	내용분류
0 교양	0 문고본	030 백과사전
1 실용	1 사전	100 철학
2 여성	2 신서판	170 심리학
3 (예비)	3 단행본	200 종교
4 청소년	4 전집	360 법학
5 중고등 학습참고서	5 (예비)	470 생명과학

서울교통공사 9호선

원탁 배치 ▶ 유형

2024년 적중

23 남자 2명과 여자 2명이 다음 〈조건〉과 같이 원탁에 앉아 있다. 이를 참고할 때, 옳은 것은?

조건

- 네 사람의 직업은 각각 교사, 변호사, 자영업자, 의사이다.
- 네 사람은 각각 검은색 원피스, 파란색 재킷, 하얀색 니트, 밤색 티셔츠를 입고 있으며, 이 중 검은색 원피스는 여성용, 파란색 재킷은 남성용이다.
- 남자는 남자끼리, 여자는 여자끼리 인접해서 앉아 있다.
- 변호사는 하얀색 니트를 입고 있다.
- 자영업자는 남자이다.
- 의사의 왼쪽 자리에 앉은 사람은 검은색 원피스를 입었다.
- 교사는 밤색 니트를 입은 사람과 원탁을 사이에 두고 마주 보고 있다.

① 교사와 의사는 원탁을 사이에 두고 마주 보고 있다.

② 변호사는 남자이다.

③ 밤색 티셔츠를 입은 사람은 여자이다.

④ 의사는 파란색 재킷을 입고 있다.

⑤ 검은색 원피스를 입은 여자는 자영업자의 옆에 앉아 있다.

1 문제해결능력 기출복원문제로 출제경향 파악

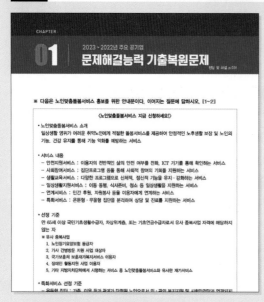
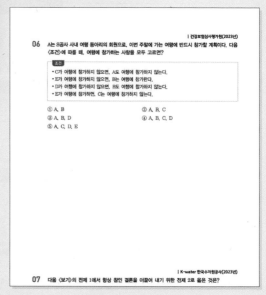

▶ 2023~2022년 주요 공기업 문제해결능력 기출문제를 복원하여 NCS 문제해결능력 출제경향을 파악할 수 있도록 하였다.

2 유형의 이해 + 접근법으로 문제 유형별 분석

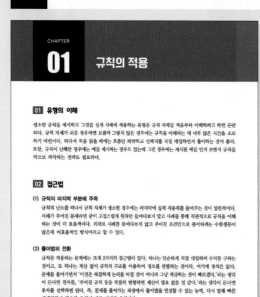

▶ NCS 문제해결능력 필수토픽 50개의 유형을 분석하고, 문제 유형별로 필요한 개념을 확인할 수 있도록 하였다.

3 대표예제 + 연습문제로 실전 연습

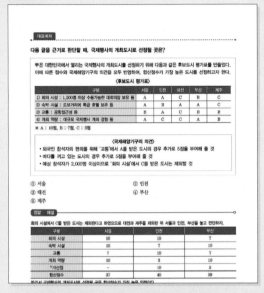

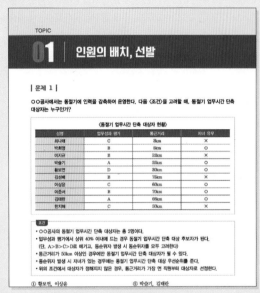

▶ 토픽별 대표예제를 선정하여 문제를 푸는 방법을 소개하고, 접근법을 체득할 수 있도록 하였다.

▶ 토픽을 응용한 연습문제를 수록하여 자신의 실력을 점검할 수 있도록 하였다.

4 상세한 해설로 정답과 오답을 완벽하게 이해

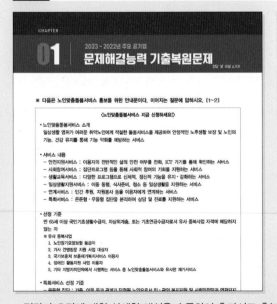

▶ 정답과 오답에 대한 상세한 해설을 수록하여 혼자서도 충분히 학습할 수 있도록 하였다.

이 책의 차례 CONTENTS

Add+

합격의 공식 SD에듀 www.sdedu.co.kr

특별부록

※ 주요 공기업 기출복원문제는 수험생들의 후기를 바탕으로 SD에듀에서 복원한 것으로 무단전재 및 복제를 금합니다.

※ 다음은 노인맞춤돌봄서비스 홍보를 위한 안내문이다. 이어지는 질문에 답하시오. **[1~2]**

〈노인맞춤돌봄서비스 지금 신청하세요!〉

- 노인맞춤돌봄서비스 소개
  일상생활 영위가 어려운 취약노인에게 적절한 돌봄서비스를 제공하여 안정적인 노후생활 보장 및 노인의
  기능, 건강 유지를 통해 기능 약화를 예방하는 서비스

- 서비스 내용
  - 안전지원서비스 : 이용자의 전반적인 삶의 안전 여부를 전화, ICT 기기를 통해 확인하는 서비스
  - 사회참여서비스 : 집단프로그램 등을 통해 사회적 참여의 기회를 지원하는 서비스
  - 생활교육서비스 : 다양한 프로그램으로 신체적, 정신적 기능을 유지·강화하는 서비스
  - 일상생활지원서비스 : 이동 동행, 식사준비, 청소 등 일상생활을 지원하는 서비스
  - 연계서비스 : 민간 후원, 자원봉사 등을 이용자에게 연계하는 서비스
  - 특화서비스 : 은둔형·우울형 집단을 분리하여 상담 및 진료를 지원하는 서비스

- 선정 기준
  만 65세 이상 국민기초생활수급자, 차상위계층, 또는 기초연금수급자로서 유사 중복사업 자격에 해당하지
  않는 자
  ※ 유사 중복사업
  1. 노인장기요양보험 등급자
  2. 가사 간병방문 지원 사업 대상자
  3. 국가보훈처 보훈재가복지서비스 이용자
  4. 장애인 활동지원 사업 이용자
  5. 기타 지방자치단체에서 시행하는 서비스 중 노인맞춤돌봄서비스와 유사한 재가서비스

- 특화서비스 선정 기준
  - 은둔형 집단 : 가족, 이웃 등과 관계가 단절된 노인으로서 민·관의 복지지원 및 사회안전망과 연결되지
    않은 노인
  - 우울형 집단 : 정신건강 문제로 인해 일상생활 수행의 어려움을 겪거나 가족·이웃 등과의 관계 축소
    등으로 자살, 고독사 위험이 높은 노인
    ※ 고독사 및 자살 위험이 높다고 판단되는 경우 만 60세 이상으로 하향 조정 가능

---

01 다음 중 윗글에 대한 설명으로 적절하지 않은 것은?

① 노인맞춤돌봄서비스를 받기 위해서는 만 65세 이상의 노인이어야만 한다.

② 노인맞춤돌봄서비스는 노인의 정신적 기능 계발을 위한 서비스를 제공한다.

③ 은둔형 집단, 우울형 집단의 노인은 특화서비스를 통해 상담 및 진료를 받을 수 있다.

④ 노인맞춤돌봄서비스를 통해 노인의 현재 안전 상황을 모니터링할 수 있다.

02 다음은 K동 독거노인의 방문조사 결과이다. 조사한 인원 중 노인맞춤돌봄서비스 신청이 불가능한 사람은 모두 몇 명인가?

〈K동 독거노인 방문조사 결과〉

이름	성별	나이	소득수준	행정서비스 현황	특이사항
A	여	만 62세	차상위계층	–	우울형 집단
B	남	만 78세	기초생활수급자	국가유공자	–
C	남	만 81세	차상위계층	–	–
D	여	만 76세	기초연금수급자	–	–
E	여	만 68세	기초연금수급자	장애인 활동지원	–
F	여	만 69세	–	–	–
G	남	만 75세	기초연금수급자	가사 간병방문	–
H	여	만 84세	–	–	–
I	여	만 63세	차상위계층	–	우울형 집단
J	남	만 64세	차상위계층	–	–
K	여	만 84세	기초연금수급자	보훈재가복지	–

① 4명   ② 5명

③ 6명   ④ 7명

※ 다음 자료를 보고 이어지는 질문에 답하시오. [3~4]

<2023 한국의 국립공원 기념주화 예약 접수>

• 우리나라 자연환경의 아름다움과 생태 보전의 중요성을 널리 알리기 위해 K은행은 한국의 국립공원 기념주화 3종(설악산, 치악산, 월출산)을 발행할 예정임
• 예약 접수일 : 3월 2일(목) ~ 3월 17일(금)
• 배부 시기 : 2023년 4월 28일(금)부터 예약자가 신청한 방법으로 배부
• 기념주화 상세

화종	앞면	뒷면
은화Ⅰ - 설악산		
은화Ⅱ - 치악산		
은화Ⅲ - 월출산		

• 발행량 : 화종별 10,000장씩 총 30,000장
• 신청 수량 : 단품 및 3종 세트로 구분되며 단품과 세트에 중복신청 가능
 - 단품 : 1인당 화종별 최대 3장
 - 3종 세트 : 1인당 최대 3세트
• 판매 가격 : 액면금액에 판매 부대비용(케이스, 포장비, 위탁판매수수료 등)을 부가한 가격
 - 단품 : 각 63,000원(액면가 50,000원+케이스 등 부대비용 13,000원)
 - 3종 세트 : 186,000원(액면가 150,000원+케이스 등 부대비용 36,000원)
• 접수 기관 : 우리은행, 농협은행, 한국조폐공사
• 예약 방법 : 창구 및 인터넷 접수
 - 창구 접수
  신분증[주민등록증, 운전면허증, 여권(내국인), 외국인등록증(외국인)]을 지참하고 우리·농협은행 영업점을 방문하여 신청
 - 인터넷 접수
  ① 우리·농협은행의 계좌를 보유한 고객은 개시일 9시부터 마감일 23시까지 홈페이지에서 신청
  ② 한국조폐공사 온라인 쇼핑몰에서는 가상계좌 방식으로 개시일 9시부터 마감일 23시까지 신청
• 구입 시 유의사항
 - 수령자 및 수령지 등 접수 정보가 중복될 경우 단품별 10장, 3종 세트 10세트만 추첨 명단에 등록
 - 비정상적인 경로나 방법으로 접수할 경우 당첨을 취소하거나 배송을 제한

03 외국인 A씨는 이번에 발행되는 기념주화를 예약 주문하려고 한다. 다음 상황을 참고했을 때 A씨가 기념주화 구매 예약을 할 수 있는 방법으로 옳은 것은?

〈외국인 A씨의 상황〉

- A씨는 국내 거주 외국인으로 등록된 사람이다.
- A씨의 명의로 국내은행에 개설된 계좌는 총 2개로, 신한은행, 한국씨티은행에 1개씩이다.
- A씨는 우리은행이나 농협은행과는 거래이력이 없다.

① 여권을 지참하고 우리은행이나 농협은행 지점을 방문한다.
② 한국조폐공사 온라인 쇼핑몰에서 신용카드를 사용한다.
③ 계좌를 보유한 신한은행이나 한국씨티은행의 홈페이지를 통해 신청한다.
④ 외국인등록증을 지참하고 우리은행이나 농협은행 지점을 방문한다.
⑤ 우리은행이나 농협은행의 홈페이지에서 신청한다.

04 다음은 기념주화를 예약한 5명의 신청내역이다. 이 중 가장 많은 금액을 지불한 사람의 구매 금액은?

(단위 : 세트, 장)

구매자	3종 세트	단품		
		은화Ⅰ - 설악산	은화Ⅱ - 치악산	은화Ⅲ - 월출산
A	2	1	–	–
B	–	2	3	3
C	2	1	1	–
D	3	–	–	–
E	1	–	2	2

① 558,000원
③ 563,000원
⑤ 567,000원

② 561,000원
④ 564,000원

05 다음 자료에 대한 설명으로 옳은 것은?

- KTX 마일리지 적립
  - KTX 이용 시 결제금액의 5%가 기본 마일리지로 적립됩니다.
  - 더블적립(×2) 열차로 지정된 열차는 추가로 5%가 적립(결제금액의 총 10%)됩니다.
    ※ 더블적립 열차는 홈페이지 및 코레일톡 애플리케이션에서만 승차권 구매 가능
  - 선불형 교통카드 Rail＋(레일플러스)로 승차권을 결제하는 경우 1% 보너스 적립도 제공되어 최대 11% 적립이 가능합니다.
  - 마일리지를 적립받고자 하는 회원은 승차권을 발급받기 전에 코레일 멤버십카드 제시 또는 회원번호 및 비밀번호 등을 입력해야 합니다.
  - 해당 열차 출발 후에는 마일리지를 적립받을 수 없습니다.
- 회원 등급 구분

구분	등급 조건	제공 혜택
VVIP	• 반기별 승차권 구입 시 적립하는 마일리지가 8만 점 이상인 고객 또는 기준일부터 1년간 16만 점 이상 고객 중 매년 반기 익월 선정	• 비즈니스 회원 혜택 기본 제공 • KTX 특실 무료 업그레이드 쿠폰 6매 제공 • 승차권 나중에 결제하기 서비스 (열차 출발 3시간 전까지)
VIP	• 반기별 승차권 구입 시 적립하는 마일리지가 4만 점 이상인 고객 또는 기준일부터 1년간 8만 점 이상 고객 중 매년 반기 익월 선정	• 비즈니스 회원 혜택 기본 제공 • KTX 특실 무료 업그레이드 쿠폰 2매 제공
비즈니스	• 철도 회원으로 가입한 고객 중 최근 1년간 온라인에서 로그인한 기록이 있거나, 회원으로 구매실적이 있는 고객	• 마일리지 적립 및 사용 가능 • 회원 전용 프로모션 참가 가능 • 열차 할인상품 이용 등 기본서비스와 멤버십 제휴서비스 등 부가서비스 이용
패밀리	• 철도 회원으로 가입한 고객 중 최근 1년간 온라인에서 로그인한 기록이 없거나, 회원으로 구매실적이 없는 고객	• 멤버십 제휴서비스 및 코레일 멤버십 라운지 이용 등의 부가서비스 이용 제한 • 휴면 회원으로 분류 시 별도 관리하며, 본인 인증 절차로 비즈니스 회원으로 전환 가능

  - 마일리지는 열차 승차 다음날 적립되며, 지연료를 마일리지로 적립하신 실적은 등급 산정에 포함되지 않습니다.
  - KTX 특실 무료 업그레이드 쿠폰 유효기간은 6개월이며, 반기별 익월 10일 이내에 지급됩니다.
  - 실적의 연간 적립 기준일은 7월 지급의 경우 전년도 7월 1일부터 당해 연도 6월 30일까지 실적이며, 1월 지급은 전년도 1월 1일부터 전년도 12월 31일까지의 실적입니다.
  - 코레일에서 지정한 추석 및 설 명절 특별수송기간의 승차권은 실적 적립 대상에서 제외됩니다.
  - 회원 등급 기준 및 혜택은 사전 공지 없이 변경될 수 있습니다.
  - 승차권 나중에 결제하기 서비스는 총 편도 2건 이내에서 제공되며, 3회 자동 취소 발생(열차 출발 전 3시간 내 미결재) 시 서비스가 중지됩니다. 리무진＋승차권 결합 발권은 2건으로 간주되며, 정기권, 특가상품 등은 나중에 결제하기 서비스 대상에서 제외됩니다.

① 코레일에서 운행하는 모든 열차는 이용 때마다 결제금액의 최소 5%가 KTX 마일리지로 적립된다.
② 회원 등급이 높아져도 열차 탑승 시 적립되는 마일리지는 동일하다.
③ 비즈니스 등급은 기업회원을 구분하는 명칭이다.
④ 6개월간 마일리지 4만 점을 적립하더라도 VIP 등급을 부여받지 못할 수 있다.
⑤ 회원 등급이 높아도 승차권을 정가보다 저렴하게 구매할 수 있는 방법은 없다.

06 A는 S공사 사내 여행 동아리의 회원으로, 이번 주말에 가는 여행에 반드시 참가할 계획이다. 다음 〈조건〉에 따를 때, 여행에 참가하는 사람을 모두 고르면?

> **조건**
> • C가 여행에 참가하지 않으면, A도 여행에 참가하지 않는다.
> • E가 여행에 참가하지 않으면, B는 여행에 참가한다.
> • D가 여행에 참가하지 않으면, B도 여행에 참가하지 않는다.
> • E가 여행에 참가하면, C는 여행에 참가하지 않는다.

① A, B
② A, B, C
③ A, B, D
④ A, B, C, D
⑤ A, C, D, E

07 다음 〈보기〉의 전제 1에서 항상 참인 결론을 이끌어 내기 위한 전제 2로 옳은 것은?

> **보기**
> • 전제 1 : 흰색 공을 가지고 있는 사람은 모두 검은색 공을 가지고 있지 않다.
> • 전제 2 : _____
> • 결론 : 흰색 공을 가지고 있는 사람은 모두 파란색 공을 가지고 있다.

① 검은색 공을 가지고 있는 사람은 모두 파란색 공을 가지고 있다.
② 파란색 공을 가지고 있지 않은 사람은 모두 검은색 공도 가지고 있지 않다.
③ 파란색 공을 가지고 있지 않은 사람은 모두 검은색 공을 가지고 있다.
④ 파란색 공을 가지고 있는 사람은 모두 검은색 공을 가지고 있다.

※ 다음은 보조배터리를 생산하는 K사의 시리얼 넘버에 대한 자료이다. 이어지는 질문에 답하시오. **[8~9]**

〈시리얼 넘버 부여 방식〉

시리얼 넘버는 [제품 분류] – [배터리 형태][배터리 용량][최대 출력] – [고속충전 규격] – [생산날짜] 순서로 부여한다.

〈시리얼 넘버 세부사항〉

제품 분류	배터리 형태	배터리 용량	최대 출력
NBP : 일반형 보조배터리 CBP : 케이스 보조배터리 PBP : 설치형 보조배터리	LC : 유선 분리형 LO : 유선 일체형 DK : 도킹형 WL : 무선형 LW : 유선+무선	4 : 40,000mAH 이상 3 : 30,000mAH 이상 2 : 20,000mAH 이상 1 : 10,000mAH 이상	A : 100W 이상 B : 60W 이상 C : 30W 이상 D : 20W 이상 E : 10W 이상

고속충전 규격		생산날짜	
P31 : USB – PD3.1 P30 : USB – PD3.0 P20 : USB – PD2.0	B3 : 2023년 B2 : 2022년 … A1 : 2011년	1 : 1월 2 : 2월 … 0 : 10월 A : 11월 B : 12월	01 : 1일 02 : 2일 … 30 : 30일 31 : 31일

┃ K-water 한국수자원공사(2023년)

08 다음 〈보기〉 중 시리얼 넘버가 잘못 부여된 제품은 모두 몇 개인가?

> **보기**
>
> • NBP – LC4A – P20 – B2102
> • CBP – WK4A – P31 – B0803
> • NBP – LC3B – P31 – B3230
> • CNP – LW4E – P20 – A7A29
> • PBP – WL3D – P31 – B0515
> • CBP – LO3E – P30 – A9002
> • PBP – DK1E – P21 – A8B12
> • PBP – DK2D – P30 – B0331
> • NBP – LO3B – P31 – B2203
> • CBP – LC4A – P31 – B3104

① 2개   ② 3개
③ 4개   ④ 5개

09 K사 고객지원팀에 재직 중인 S주임은 보조배터리를 구매한 고객으로부터 다음과 같은 전화를 받았다. 해당 제품을 회사 데이터베이스에서 검색하기 위해 시리얼 넘버를 입력할 때, 고객이 보유 중인 제품의 시리얼 넘버로 옳은 것은?

S주임 : 안녕하세요. K사 고객지원팀 S입니다. 무엇을 도와드릴까요?

고객 : 안녕하세요. 지난번에 구매한 보조배터리가 작동을 하지 않아서요.

S주임 : 네, 고객님. 해당 제품 확인을 위해 시리얼 넘버를 알려 주시기 바랍니다.

고객 : 제품을 들고 다니면서 시리얼 넘버가 적혀 있는 부분이 지워졌네요. 어떻게 하면 되죠?

S주임 : 고객님 혹시 구매하셨을 때 동봉된 제품설명서를 가지고 계실까요?

고객 : 네, 가지고 있어요.

S주임 : 제품설명서 맨 뒤에 제품 정보가 적혀 있는데요. 순서대로 불러 주시기 바랍니다.

고객 : 설치형 보조배터리에 70W, 24,000mAH의 도킹형 배터리이고, 규격은 USB − PD3.0이고, 생산날짜는 2022년 10월 12일이네요.

S주임 : 확인 감사합니다. 고객님 잠시만 기다려 주세요.

---

① PBP − DK2B − P30 − B1012

② PBP − DK2B − P30 − B2012

③ PBP − DK3B − P30 − B1012

④ PBP − DK3B − P30 − B2012

10 다음은 포화 수증기량에 대한 자료이다. 〈보기〉 중 옳은 것을 모두 고르면?(단, 모두 맑은 날이고, 해발 0m에서 수증기량을 측정하였다)

수증기는 온도에 따라 공기에 섞여 있을 수 있는 양이 다르다. 온도에 따라 공기 $1m^3$ 중에 섞여 있는 수증기량의 최댓값을 포화 수증기량이라고 하며 기온에 따른 포화 수증기량의 변화를 그린 그래프를 포화 수증기량 곡선이라 한다. 공기에 섞여 있는 수증기량이 포화 수증기량보다 적으면 건조 공기, 포화 수증기량에 도달하면 습윤공기이다.

아래 그래프에서 수증기가 $1m^3$당 X만큼 섞여 있고 온도가 T인 어떤 공기 P가 있다고 하자. 이 공기가 냉각되면 기온이 하강하더라도 섞여 있는 수증기량은 변하지 않으므로 점 P는 왼쪽으로 이동한다. 이동한 점이 포화 수증기량 곡선과 만나면 수증기는 응결되어 물이 된다. 이때 온도를 이슬점 (T_D)이라고 한다.

〈포화 수증기량 곡선〉

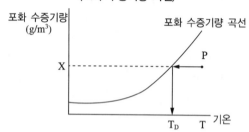

공기가 상승하면 단열팽창되어 건조한 공기는 100m 상승할 때마다 온도는 약 1℃ 하강하고 습윤한 공기는 100m 상승할 때마다 온도는 약 0.5℃ 하강한다. 반대로 건조한 공기가 100m 하강할 때는 단열압축되어 온도는 약 1℃ 상승하고 습윤한 공기는 100m 하강할 때마다 온도는 약 0.5℃씩 상승하게 된다.

기온이 하강하여 이슬점이 되면 수증기는 응결되어 구름이 되고 더 많은 수증기가 응결되면 비가 되어 내리게 된다.

〈일자별 기온 및 수증기〉

구분	4월 5일	4월 12일	4월 19일	4월 26일	5월 3일	5월 10일
기온(℃)	20	16	18	18	22	20
수증기량(g/m³)	15	13	10	15	8	16

보기

ㄱ. 가장 건조한 날은 5월 3일이다.
ㄴ. 4월 5일에 측정한 공기와 4월 26일에 측정한 공기가 응결되는 높이는 같다.
ㄷ. 4월 19일에 측정한 공기는 4월 26일에 측정한 공기보다 더 높은 곳에서 응결된다.
ㄹ. 공기 중에 수증기가 가장 많이 있을 수 있는 날은 4월 12일이다.

① ㄱ, ㄷ
② ㄱ, ㄹ
③ ㄴ, ㄷ
④ ㄴ, ㄹ
⑤ ㄷ, ㄹ

11 다음은 어느 해 12월 말 기준 '가' 지역의 개설 및 등록 의료기관 수에 대한 자료이다. 이를 근거로 하여 A ~ D에 해당하는 의료기관을 순서대로 바르게 나열한 것은?

〈'가' 지역의 개설 및 등록 의료기관 수〉

(단위 : 개소)

의료기관	개설 의료기관 수	등록 의료기관 수
A	2,784	872
B	( )	141
C	1,028	305
D	( )	360

※ [등록률(%)] = $\dfrac{(\text{등록 의료기관 수})}{(\text{개설 의료기관 수})} \times 100$

조건

- A ~ D에 해당하는 의료기관을 순서 상관없이 나열한다면 안과, 종합병원, 한방병원, 치과이다.
- 등록률이 30% 이상인 의료기관은 종합병원과 치과이다.
- 종합병원 등록 의료기관 수는 안과 등록 의료기관 수의 2.5배 이상이다.
- 치과 등록 의료기관 수는 한방병원 등록 의료기관 수보다 작다.

	A	B	C	D
①	한방병원	종합병원	안과	치과
②	종합병원	치과	한방병원	안과
③	종합병원	치과	안과	한방병원
④	종합병원	안과	한방병원	치과

12 다음은 시설물의 안전 및 유지관리에 관한 특별법 및 시행령에 대한 규정의 일부이다. 이에 따라 정밀안전점검을 해야 하는 시설물은?

- 해당 시설물의 관리자로 규정된 자나 해당 시설물의 소유자는 소관 시설물의 안전과 기능을 유지하기 위하여 정기적으로 안전점검을 실시해야 한다.
- 제1종 시설물 및 제2종 시설물은 정기안전점검 및 정밀안전점검을 해야 하며 제3종 시설물은 정기안전점검을 실시한다.
- 제1종 시설물, 제2종 시설물 및 제3종 시설물에 대한 기준은 다음과 같다.

구분	기준
제1종 시설물	• 21층 이상의 연면적 50,000m² 이상의 건축물 • 연면적 30,000m² 이상의 철도역시설 및 관람장 • 연면적 10,000m² 이상의 지하도상가(지하보도면적을 포함한다)
제2종 시설물	• 16층 이상 또는 30,000m² 이상의 건축물 • 연면적 5,000m² 이상의 문화 및 집회시설, 종교시설, 판매시설, 운수시설 중 여객용 시설, 의료시설, 노유자시설, 운동시설, 관광숙박시설 및 관광휴게시설 • 제1종 시설물에 해당하지 않는 고속철도, 도시철도 및 광역철도 역시설 • 연면적 5,000m² 이상의 지하도상가(지하보도면적을 포함한다)
제3종 시설물	• 준공 후 15년이 경과된 11층 이상 16층 미만의 건축물 • 준공 후 15년이 지난 5층 이상 15층 이하의 아파트 • 연면적 5,000m² 이상 30,000m² 미만의 건축물 • 준공 후 15년이 경과된 연면적 1,000m² 이상 5,000m² 미만의 집회시설, 종교시설, 판매시설, 운수시설, 의료시설, 교육연구시설(연구소는 제외한다), 노유자시설, 수련시설, 운동시설, 숙박시설, 위락시설, 관광휴게시설 및 장례시설 • 준공 후 15년이 경과된 연면적 500m² 이상 1,000m² 미만의 문화 및 집회시설(공연장 및 집회장만 해당한다), 종교시설 및 운동시설 • 준공 후 15년이 경과된 연면적 300m² 이상 1,000m² 미만의 위락시설 및 관광휴게시설 • 준공 후 15년이 경과된 연면적 1,000m² 이상의 공공업무시설(외국공관은 제외한다) • 준공 후 15년이 경과된 연면적 5,000m² 미만의 지하도상가(지하보도면적을 포함한다) • 그 밖의 중앙행정기관의 장 또는 지방자치단체의 장이 필요한 것으로 인정하는 시설물

〈건축물 정보〉

건축물	건축물 정보
A	준공 후 18년이 지난 12층 오피스텔
B	준공 후 10년이 지난 연면적 8,000m²인 지하철역 지하도상가(지하보도면적 포함)
C	준공 후 6년이 지난 연면적 750m² 산책로
D	준공 후 3년이 지난 연면적 40,000m² 고속철도역
E	준공 후 30년이 지난 연면적 1,200m² 군청
F	연면적 12,500m²인 ○○시 광장
G	준공 후 20년이 지난 연면적 2,000m² 소극장

① A, D, G
② C, E, F
③ B, D, F
④ D, F, G

13 L시에서 〈조건〉에 따라 1박 2일 어린이 독서 캠프 참가 신청을 받을 때, 캠프에 참가할 수 있는 어린이는?

			〈1박 2일 독서 캠프 희망 어린이〉	
이름	성별	학년	L시 시립 어린이도서관 대출 도서명	교내 도서관 대출 수
강지후	남	초등학교 6학년	• 열두 살 인생 • 아이 돌보는 고양이 고마워	–
김바다	남	초등학교 1학년	• 아빠는 화만 내 • 나는 따로 할 거야	5권
신예준	남	초등학교 3학년	–	2권
황윤하	여	초등학교 2학년	• 강아지똥	3권

조건

L시 시립 어린이도서관 대출 도서 및 교내 도서관 대출 도서 수가 다음 조건 중 하나를 만족하는 어린이
• L시 시립 어린이도서관 대출 도서 수가 3권 이상인 어린이
• L시 시립 어린이도서관 대출 도서 수가 2권 이상이고 교내 도서관 대출 도서 수가 2권 이상인 어린이
• L시 시립 어린이도서관 대출 도서 수가 1권 이상이고 교내 도서관 대출 도서 수가 4권 이상인 어린이
• 교내 도서관 대출 도서 수가 5권 이상인 어린이

① 강지후　　　　　　　　　② 김바다
③ 신예준　　　　　　　　　④ 황윤하

14 A ~ D 4개의 부서는 내일 있을 부서별 회의에서 필요한 사항을 충족하도록 회의실을 예약하고자 한다. 회의실 현황과 부서별 회의 정보가 다음과 같을 때, 부서별로 예약할 회의실이 바르게 연결되지 않은 것은?

〈회의실 현황〉

회의실	최대수용인원	화이트보드	빔 프로젝터	화상회의 시스템	이용가능시간
가	9	×	○	×	09:00 – 16:00
나	6	○	×	○	10:00 – 14:30
다	8	○	×	×	10:00 – 17:00
라	8	×	×	○	11:30 – 19:00
마	10	×	○	×	08:30 – 12:00

〈부서별 회의 정보〉

- 각 부서는 서로 다른 회의실을 예약한다.
- A부서는 총 8명이며 전원 회의에 참석할 예정이다. 빔 프로젝터를 이용할 예정이며 오전과 오후로 세션을 나누어 동일한 회의실을 각 2시간씩 사용하고자 한다.
- B부서는 총 7명이며 전원이 회의에 참석하여 오후 4시부터 2시간 동안 싱가포르 지부와 화상회의를 진행할 예정이다.
- C부서는 총 10명이며 3명은 출장으로 인해 불참할 예정이다. 회의는 오전 11시부터 2시간 동안 진행될 예정이며 회의 시 화이트보드를 사용하고자 한다.
- D부서는 총 4명이며 전원이 회의에 참석하여 빔 프로젝터를 이용하여 오전 중 3시간 반 동안 신상품 사전협의 회의를 진행하고자 한다.

	부서	회의실
①	A	가
②	B	라
③	C	나
④	D	마

※ 다음은 I사에서 전 직원들에게 사원코드를 부여하는 방식에 대한 자료이다. 이어지는 질문에 답하시오.
[15~16]

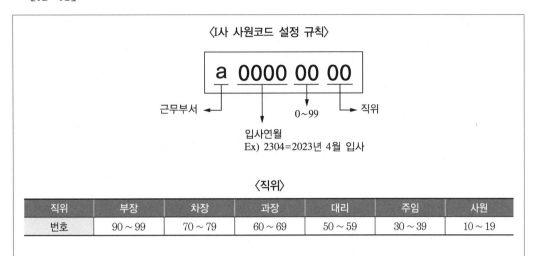

〈I사 사원코드 설정 규칙〉

a 0000 00 00

근무부서 ←
입사연월
Ex) 2304=2023년 4월 입사
0~99
직위

〈직위〉

직위	부장	차장	과장	대리	주임	사원
번호	90 ~ 99	70 ~ 79	60 ~ 69	50 ~ 59	30 ~ 39	10 ~ 19

〈근무부서〉

부서	총무	연구개발	고객지원	정보보안	영업 / 마케팅
번호	a	t	c	i	s

※ 승진, 부서이동의 정보 변동이 있을 경우 사원코드가 재발급되며, 무작위 난수 또한 다시 설정된다.
※ 부서이동, 육아휴직의 경우 입사연월의 변동은 없다.
※ 퇴사 후 재입사의 경우 입사연월은 재입사일로 설정된다.

| 인천국제공항공사(2023년)

15 다음 중 I사에 근무하고 있는 직원의 사원코드와 정보가 바르게 연결되지 않은 것은?

　　　사원코드　　　　　　　　직원 정보
① a05073875　　　　　총무부 차장, 2005년 7월 입사
② t22071717　　　　　연구개발부 사원, 2022년 7월 입사
③ c23038710　　　　　고객지원부 사원, 2023년 3월 입사
④ i02128789　　　　　정보보안부 부장, 2002년 12월 입사
⑤ s15113756　　　영업 / 마케팅부 대리, 2015년 11월 입사

| 인천국제공항공사(2023년)

16 2008년 3월에 입사한 연구개발팀 C과장은 2023년 8월에 고객지원팀 과장으로 부서를 옮겼다.
　　다음 중 C과장이 새로 발급받은 사원코드로 옳은 것은?

① t08030666　　　　　　　　　② t23080369
③ c08036719　　　　　　　　　④ c23086967
⑤ c08031062

17 다음 중 맥킨지 매트릭스의 특징에 대한 설명으로 옳은 것을 〈보기〉에서 모두 고르면?

> **보기**
>
> ㉠ 기업의 현재 포트폴리오를 분석하고, 사업부문에 따라 취해야 할 전략적 투자 혹은 철수 등의
>   전략을 제시하는 것을 목적으로 한다.
> ㉡ 맥킨지 매트릭스에 따르면 기업의 특정 사업부문이 시장에서의 지위는 낮고 시장매력도가 중간
>   수준인 경우 취해야 할 적절한 전략은 위험이 적은 영역만을 대상으로 제한적으로 사업을 확장
>   하고, 수익을 실현하는 것이다.
> ㉢ 시장에서의 기업의 지위와 시장 매력도를 기준으로 전략을 제시한다.
> ㉣ 사업 단위 간의 상호작용이 반영되어 있다는 점에서 강점이 있다.

① ㉣
② ㉡, ㉣
③ ㉠, ㉡
④ ㉠, ㉡, ㉢
⑤ ㉡, ㉢, ㉣

18 다음 중 협상전략에 대한 설명으로 옳지 않은 것은?

① 협력전략은 문제를 해결하는 합의에 이르기 위해 협상 당사자들이 서로 협력하는 전략으로서
   당사자 간 신뢰의 유지가 중요하다.
② 단기적 성과보다 장기적인 관계유지를 중시하는 경우에는 회피전략보다 유화전략이 적절하다.
③ 요구사항의 철회는 협력전략에 해당된다.
④ 협상 이외의 방법으로 쟁점의 해결이 가능한 경우에는 회피전략을 취하는 것이 적절하다.
⑤ 쟁점에 대해 자신의 입장을 위압적으로 천명하는 것은 강압전략에 해당된다.

19 A사원은 3박 4일 동안 대전으로 출장을 다녀오려고 한다. 출장 과정에서의 비용이 다음과 같을 때, A사원의 출장 경비 총액으로 옳은 것은?(단, A사원의 출장 세부내역 이외의 지출은 없다고 가정한다)

〈출장 경비〉

• 출장일부터 귀가할 때까지 소요되는 모든 교통비, 식비, 숙박비를 합산한 비용을 출장 경비로 지급한다.
• 교통비(서울 → 대전 / 대전 → 서울)

교통수단	기차	비행기	버스
비용(편도)	39,500원	43,250원	38,150원

※ 서울 및 대전 내에서의 시내이동에 소요되는 비용은 출장경비로 인정하지 않는다.
• 식비

식당	P식당	S식당	Y식당
식비(끼니당)	8,500원	8,700원	9,100원

• 숙박비

숙소	가	나	다
숙박비(1박)	75,200원	81,100원	67,000원
비고	연박 시 1박당 5% 할인	연박 시 1박당 10% 할인	–

〈A사원의 출장 세부내역〉

• A사원은 대전행은 기차를, 서울행은 버스를 이용하였다.
• A사원은 2일간 P식당을, 나머지 기간은 Y식당을 이용하였으며 출장을 시작한 날부터 마지막 날까지 하루 3끼를 먹었다.
• A사원은 출장기간 동안 할인을 포함하여 가장 저렴한 숙소를 이용한다.

---

① 359,100원 ② 374,620원
③ 384,250원 ④ 396,500원
⑤ 410,740원

20 다음 상황에 대한 설명으로 옳은 것을 〈보기〉에서 모두 고르면?

> 정아 : 이번 상품의 마케팅은 외주를 주는 것이 합리적일 것 같습니다.
>
> 희재 : 우리 팀이 그동안 미리 준비해 왔던 사안이라, 외주를 주는 것은 적절하지 않아 보이네요.
>
> 지윤 : 미리 마케팅을 준비하면서 여러 안을 검토하느라 고생했지만, 말씀하신대로 외주를 줘도 괜찮을 것 같습니다.
>
> 정아 : 검토 중인 외주 업체들 모두 이번 상품에 대한 이해도도 높고, 마케팅 역량도 뛰어난 곳들입니다. 우리가 직접 하는 것보다 품질 측면에서 나을 수 있어요. 우리도 외주 업체를 검토하느라 고생했습니다.
>
> 영환 : 아니면 미리 준비한 이번 상품은 우리가 직접 하고, 이번과 유사한 다음 상품의 마케팅을 외주 주는 것은 어떨까요?
>
> 세휘 : 아직 다음 달까지 시간이 있으니 그때 결정할까요? 급한 일도 아닌데 지금 논의할 필요는 없을 것 같습니다.

보기

ㄱ 목표에 대한 불일치로 인한 갈등상황에 해당된다.

ㄴ 불필요하고 해결불가능한 갈등에 해당된다.

ㄷ 세휘는 회피형 갈등해결 방식을 보이고 있다.

ㄹ 지윤은 수용형 갈등해결 방식을 보이고 있다.

① ㄱ, ㄴ   ② ㄱ, ㄷ

③ ㄴ, ㄷ   ④ ㄴ, ㄹ

⑤ ㄷ, ㄹ

21 A부서는 회식 메뉴를 선정하려고 한다. 제시된 〈조건〉에 따라 주문할 메뉴를 선택한다고 할 때, 다음 중 반드시 주문할 메뉴를 모두 고르면?

> **조건**
> - 삼선짬뽕은 반드시 주문한다.
> - 양장피와 탕수육 중 하나는 반드시 주문하여야 한다.
> - 자장면을 주문하는 경우, 탕수육은 주문하지 않는다.
> - 자장면을 주문하지 않는 경우에만 만두를 주문한다.
> - 양장피를 주문하지 않으면, 팔보채를 주문하지 않는다.
> - 팔보채를 주문하지 않으면, 삼선짬뽕을 주문하지 않는다.

① 삼선짬뽕, 자장면, 양장피

② 삼선짬뽕, 탕수육, 양장피

③ 삼선짬뽕, 팔보채, 양장피

④ 삼선짬뽕, 탕수육, 만두

⑤ 삼선짬뽕, 탕수육, 양장피, 자장면

22 다음은 국민건강보험공단 홈페이지에 게시된 민원요기요의 서비스 항목의 일부이다. 〈보기〉 중 옳은 것을 모두 고르면?

대분류	세부업무	
증명서 발급 및 확인	• 자격확인서 • 자격득실확인서 • 보험료 완납증명서 • 보험료 납부확인서	• 건강보험증 발급 신청 • 증명서 진위확인 • 차상위본인부담경감증명서 • 기타징수금 납부확인서
보험료 조회	• 지역보험료조회 • 직장보험료조회 • 홈페이지 납부 보험료 • 사회보험료완납조회	•4대보험료 계산 • 고지내역조회 • 연말정산내역
보험료 납부	• 보험료 납부 • 보험료 대납	• 자동이체신청
보험료 고지서	• 고지서 신청 • 고지서 송달지 변경신청	• 보험료 고지서 재발급 • 홈페이지 고지내역 조회

> **보기**
>
> ㄱ. 보험료 납부확인서 및 4대보험료 계산도 민원요기요에서 가능하다.
> ㄴ. 보험료 고지서를 재발급 받기 위해서는 국민건강보험공단 홈페이지의 민원요기요가 아니라 지자체에서 발급받아야 한다.
> ㄷ. 민원요기요 페이지를 통해 고지서 송달지 변경과 증명서의 진위확인도 가능하다.

① ㄱ
② ㄷ
③ ㄱ, ㄷ
④ ㄴ, ㄷ

23 다음은 국민건강보험공단에서 제공한 외국인 유학생 건강보험 관련 자료이다. 이에 대한 설명으로 옳지 않은 것은?

〈외국인 유학생 건강보험 안내〉

• 가입 대상
  유학생, 외국인 및 재외국민
• 가입 시기

체류자격 구분	적용시기
유학, 초중고생	최초입국 시 → 외국인등록일
	외국인등록 후 재입국 시 → 재입국일
초중고생 외의 일반연수	입국일로부터 6개월 후 가입
재외국민·재외동포 유학생	입국 후 학교 입학일로 가입 (재학증명서 제출하는 경우)

  ※ 국내 체류 유학생 중 건강보험에 가입하지 않은 유학생은 2021.3.1.로 당연가입됨
• 가입 절차
  유학생이 공단에 별도로 신고하지 않아도 자동 가입처리
  국내 체류지(거소지)로 건강보험증과 가입안내증 발송
  다만, 아래의 경우 반드시 가까운 지사에 방문하여 신고
  1. 가족(배우자 및 미성년 자녀)과 함께 보험료를 납부하고자 하는 경우
  2. 국내에서 유학 중인 재외국민 또는 재외동포가 가입하는 경우
  3. 체류지(거소지), 여권번호, 체류자격 등에 변경사항이 있는 경우
  ※ 외국의 법령, 외국의 보험, 사용자와의 계약으로 건강보험 급여에 상당하는 의료보장을 받아 건강보험이
    필요하지 않는 경우 건강보험 가입 제외 신청 가능
• 건강보험료 부과
  전자고지·자동이체 및 환급사전계좌 신청 : 전화, 홈페이지, 외국인민원센터, 공단지사에서 신청
  ※ 우편 대신 이메일 고지서 또는 모바일 고지서 신청 가능
  ※ 자동이체 신청으로 편리한 납부·환급사전계좌 등록으로 빠른 지급

---

① 외국인이 건강보험료를 납부하는 경우, 우편, 이메일, 모바일을 통해 고지서를 받아 볼 수 있다.
② 유학생은 본인의 의사에 따라 건강보험 적용을 받지 않을 수 있다.
③ 학업이 끝나고 직장인이 되어 체류자격에 변동이 생긴 경우, 인근 건강보험공단 지사에 방문하여 신고하여야 한다.
④ 외국인이 건강보험에 가입하기 위해서는 거소지의 지방자치단체에 신고하여야 한다.

※ 다음은 국민건강보험공단에서 시니어 인턴십에 참여하고 있는 인턴들에 대한 성과평가 결과이다. 국민
건강보험공단은 이를 바탕으로 근로장려금을 차등 지급하려고 한다. 자료를 보고 이어지는 질문에 답하
시오. [24~25]

〈장려금 지급 기준〉

• 직원들의 장려금은 성과점수에 따라 지급한다.
• 성과점수는 각 인턴의 업무 평가 결과에 해당하는 기준점수의 합으로 계산한다.
• 평가결과는 탁월 – 우수 – 보통 3단계로 구분한다.

〈업무 평가 결과〉

인턴	업무량	업무 효율성	업무 협조성	업무 정확성	근무태도
A인턴	우수	탁월	보통	보통	우수
B인턴	보통	보통	우수	우수	보통
C인턴	탁월	보통	탁월	탁월	보통
D인턴	보통	우수	탁월	탁월	우수

〈기준 점수〉

평가	업무량	업무 효율성	업무 협조성	업무 정확성	근무태도
탁월	10	20	30	20	20
우수	8	16	20	16	10
보통	6	10	16	10	8

〈성과점수별 장려금〉

구분	50 ~ 60점	61 ~ 70점	71 ~ 80점	81 ~ 90점	91 ~ 100점
지급금액	10만 원	20만 원	30만 원	40만 원	50만 원

❙ 국민건강보험공단(2022년)

24 시니어 인턴십에 참여한 A ~ D인턴 중 장려금을 가장 많이 받는 사람은?

① A인턴
② B인턴
③ C인턴
④ D인턴

25 각 인턴들의 업무 평가 결과가 다음 〈조건〉과 같이 변경되었을 때, 장려금을 가장 많이 받는 사람은?

> **조건**
> • A인턴의 업무 정확성 평가 : 보통 → 우수
> • B인턴의 근무태도 평가 : 보통 → 우수
> • C인턴의 업무 효율성 평가 : 보통 → 탁월
> • D인턴의 업무 협조성 평가 : 탁월 → 우수

① A인턴　　　　　　　　　　　② B인턴
③ C인턴　　　　　　　　　　　④ D인턴

26 K부서 A ~ E 다섯 명의 직원이 원탁에 앉아 저녁을 먹기로 했다. 다음 〈조건〉에 따라 원탁에 앉을 때, C직원을 기준으로 하여 시계방향으로 세 번째에 앉은 사람은 누구인가?(단, C가 첫 번째 사람이다)

> **조건**
> • C 바로 옆 자리에 E가 앉고, B는 앉지 못한다.
> • D가 앉은 자리와 B가 앉은 자리 사이에 1명 이상 앉아 있다.
> • A가 앉은 자리의 바로 오른쪽은 D가 앉는다.
> • 좌우 방향은 원탁을 바라보고 앉은 상태를 기준으로 한다.

① A　　　　　　　　　　　　② B
③ D　　　　　　　　　　　　④ E

27 흰색, 빨간색, 노란색, 초록색, 검은색의 5가지 물감이 주어졌다. 다음의 물감 조합표를 참고할 때, 주어진 5가지 물감으로 만들어 낼 수 없는 색상은?

〈물감 조합표〉		
연분홍색=흰색(97)+빨간색(3)	황토색=노란색(90)+검은색(2)+빨간색(8)	진보라색=보라색(90)+검은색(10)
분홍색=흰색(90)+빨간색(10)	살구색=흰색(90)+주황색(10)	고동색=검은색(20)+빨간색(80)
진분홍색=흰색(80)+빨간색(20)	옥색=흰색(97)+초록색(3)	카키색=초록색(90)+검은색(10)
진노란색=흰색(98)+노란색(2)	연두색=노란색(95)+파란색(5)	연하늘색=흰색(97)+파란색(3)
주황색=노란색(80)+빨간색(20)	초록색=노란색(70)+파란색(30)	하늘색=흰색(90)+파란색(10)
연회색=흰색(98)+검은색(2)	청록색=노란색(50)+파란색(50)	진하늘색=흰색(80)+파란색(20)
회색=흰색(95)+검은색(5)	고동색=빨간색(80)+검은색(20)	소라색=흰색(90)+파란색(7)+빨간색(3)
진회색=흰색(90)+검은색(10)	연보라색=흰색(90)+보라색(10)	─
밝은황토색=갈색(98)+노란색(2)	보라색=빨간색(70)+파란색(30)	─

※ 괄호 안의 숫자는 비율을 뜻한다.

① 고동색
② 연보라색
③ 살구색
④ 카키색
⑤ 옥색

28 K공사는 인사이동에 앞서 직원들의 근무 희망부서를 조사하였다. 각 직원의 기존 근무부서, 이동 희망부서, 배치부서가 다음과 같을 때, 본인이 희망한 부서에 배치된 사람은 몇 명인가?

구분	기존부서	희망부서	배치부서
A	회계팀	인사팀	?
B	국내영업팀	해외영업팀	?
C	해외영업팀	?	?
D	홍보팀	?	홍보팀
E	인사팀	?	해외영업팀

조건

• A ~ E 다섯 사람은 각각 회계팀, 국내영업팀, 해외영업팀, 홍보팀, 인사팀 중 한 곳을 희망하였다.
• A ~ E 다섯 사람은 인사이동 후 회계팀, 국내영업팀, 해외영업팀, 홍보팀, 인사팀에 각 1명씩 근무한다.
• 본인이 근무하던 부서를 희망부서로 제출한 사람은 없다.
• B는 다른 직원과 근무부서를 서로 맞바꾸게 되었다.

① 0명
② 1명
③ 2명
④ 3명
⑤ 4명

※ X방송국의 오디션 프로그램에 출연한 가수 지망생 A ~ E는 2명의 1차 합격자를 뽑는 예선에서 한 조가 되어 심사를 마쳤다. A ~ E가 자신들의 심사 결과를 바탕으로 다음과 같은 대화를 나누었을 때, 이어지는 질문에 답하시오. **[29~30]**

> A : 나와 D는 탈락했어.
> B : 나와 C는 모두 탈락했어.
> C : 나와 B 중 한 명만 합격했어.
> D : 나와 E 중 한 명만 합격했어.
> E : 나와 B 중 한 명만 탈락했어.

┃ 한국전력공사(2022년)

29 A ~ E 중 한 명의 진술이 거짓일 때, 거짓말을 하는 사람은 누구인가?

① A   ② B
③ C   ④ D
⑤ E

┃ 한국전력공사(2022년)

30 29번에 따라 한 명의 진술이 거짓일 때, A ~ E 중 2명의 합격자는 누구인가?

① A, C   ② A, D
③ B, D   ④ B, E
⑤ C, E

┃ K-water 한국수자원공사(2022년)

31 K초등학교의 체육대회에서 학생 가 ~ 바 6명이 달리기 경주를 하여 결승선을 빠르게 통과한 순서대로 1등부터 6등을 결정하였다. 순위가 다음 〈조건〉을 모두 만족한다고 할 때, 학생들의 달리기 순위로 옳은 것은?

> **조건**
> • 동시에 결승선을 통과한 학생은 없다.
> • 마는 1등 혹은 6등이다.
> • 라는 다보다 먼저 결승선을 통과하였다.
> • 다와 바의 등수는 2 이상 차이가 난다.
> • 가는 나의 바로 다음에 결승선을 통과하였다.
> • 가는 6등이 아니다.

① 가 – 나 – 바 – 마 – 라 – 다   ② 가 – 다 – 마 – 라 – 바 – 나
③ 마 – 라 – 다 – 나 – 가 – 바   ④ 마 – 다 – 바 – 나 – 라 – 가

32 K여행사에서 배에 승선할 승객 가 ~ 사 7명의 자리를 배정해주려고 한다. 다음의 〈조건〉을 모두 만족하여 자리를 배정할 때, 옳은 배정은?

> **조건**
> - 배의 좌석 한 줄에는 세 개의 섹션이 있다.
> - 한 줄에 2명, 3명, 2명씩 앉을 수 있고, 2명이 앉는 섹션에는 창문이 있다.
> - 가와 라는 다른 섹션에 앉아야 한다.
> - 사는 뱃멀미가 있어 창문이 있는 섹션에 앉아야 한다.
> - 나와 라는 같은 섹션에 앉아야 한다.
> - 바와 마는 같은 섹션에 앉아야 하지만, 나란히 앉지 않을 수도 있다.
> - 다는 3명 있는 섹션에 배정받아야 한다.

① (가, 다) (나, 마, 사) (라, 바)

② (가, 사) (나, 마, 다) (라, 바)

③ (가, 사) (나, 다, 라) (바, 마)

④ (나, 마) (가, 바, 사) (다, 라)

33 다음 명제가 모두 참일 때, 반드시 참인 명제는?

> - 도보로 걷는 사람은 자가용을 타지 않는다.
> - 자전거를 타는 사람은 자가용을 탄다.
> - 자전거를 타지 않는 사람은 버스를 탄다.

① 자가용을 타는 사람은 도보로 걷는다.

② 버스를 타지 않는 사람은 자전거를 타지 않는다.

③ 버스를 타는 사람은 도보로 걷는다.

④ 도보로 걷는 사람은 버스를 탄다.

34 다음은 브레인스토밍(Brain Storming)의 진행 과정을 도식화한 자료이다. 각 단계에 대한 설명으로 옳은 것은?

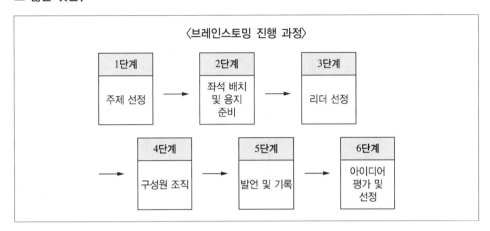

① 2단계 : 각 구성원들이 타인을 의식하지 않고 자유롭게 의견을 제시할 수 있는 환경을 만들기 위해 좌석은 일렬로 배치하여야 한다.

② 3단계 : 구성원들이 주제에 적합한 의견을 제시할 수 있도록 각 구성원들을 제지할 수 있는 사람을 리더로 선정하여야 한다.

③ 4단계 : 브레인스토밍을 함께 할 구성원은 각 주제에 맞는 분야에 해당하는 5 ~ 8명의 사람들로 구성하여야 한다.

④ 5단계 : 구성원 모두 의견을 자유롭게 제시할 수 있으나, 효율적인 진행을 위해 제시된 의견 중 주제와 관련된 것만을 기록하여야 한다.

⑤ 6단계 : 각 아이디어에 대해 옳고 그름을 판단하는 것이 아닌 아이디어가 가진 독자성과 실제로 행해질 수 있는지에 대해서 고려하여야 한다.

35 다음 중 마이클 포터(Porter)의 지원활동과 본원적 활동에 대한 설명으로 옳지 않은 것은?

① 직원을 채용하는 것과 채용된 직원을 교육하는 것은 지원활동에 해당한다.

② 어떠한 신제품을 개발하기 위해 여러 테스트를 진행하는 것은 지원활동에 해당하나, 개발된 신제품을 제조하는 것은 본원적 활동에 해당한다.

③ 제조된 제품을 보관하는 것은 본원적 활동에 해당하나, 보관된 제품을 각 판매처로 이동시키거나 해당 제품에 대한 홍보활동을 진행하는 것은 지원활동에 해당한다.

④ 제품의 제조와 직접적인 관련이 없는 기업 운영에 필요한 업무들은 지원활동에 해당한다.

⑤ 기업의 주된 활동에 필요한 물품이나 서비스의 구입은 지원활동에 해당하고, 제품의 생산을 위해 필요한 원재료 등과 같은 물품의 구입은 본원적 활동에 해당한다.

36 A씨는 6개월 전 이사를 하면서 전세보증금 5억 원을 납입하기 위해 H은행에서 전세자금대출을 받았다. A씨는 최대한도로 대출을 신청하였으며, 당시 신청한 상품의 약관은 다음과 같다. 6개월간 A씨가 지불한 이자는 얼마인가?

- 개요
  - 최대 5억 원까지, 아파트 전세대출
- 특징
  - 영업점 방문 없이, 신청에서 실행까지
- 대출대상
  - 부동산중개업소를 통해 신규 주택임대차계약을 체결하고, 임차보증금의 5% 이상을 지급한 세대주 또는 세대원
  - 현재 직장에서 3개월 이상 근무 중인 직장인(재직기간은 건강보험 직장자격 취득일 기준으로 확인)
  - 무주택(기혼자인 경우 배우자 합산)으로 확인된 고객
    ※ 갱신계약이나 개인사업자는 가까운 H은행 영업점에서 상담 부탁드립니다.
    ※ 개인신용평점 및 심사기준에 따라 대출이 제한될 수 있습니다.
- 대출한도금액
  - 최대 5억 원(임대차계약서상 임차보증금의 80% 이내)
- 대출기간
  - 임대차계약 종료일 이내에서 1년 이상 2년 이내(단, 보험증권 기일이 연장된 경우 그 기일까지 연장가능)
- 기본금리
  - 기준금리 : 연 3.6%
- 우대금리
  - 부수거래 감면 우대금리 조건 없음
- 상환방법
  - 만기일시상환
    ㄱ. 매달 대출이자만 납부
    ㄴ. 대출기간이 종료되는 날까지 대출상환 필요
    ㄷ. 마이너스통장방식(한도대출) 불가

---

① 540만 원
② 630만 원
③ 720만 원
④ 810만 원
⑤ 900만 원

37 H공사의 직원 A ~ E는 주요 시장인 미국, 일본, 중국, 독일에 직접 출장을 가서 시장조사업무를 수행하기로 결정하였다. 4곳의 출장지에는 각각 최소 1명의 직원이 방문해야 하며, 각 직원은 1곳만 방문한다. 〈조건〉에 따라 출장지를 결정하였을 때, 다음 중 항상 옳은 것은?

> **조건**
> ㄱ. A는 중국에 방문하지 않는다.
> ㄴ. B는 다른 한 명과 함께 미국을 방문한다.
> ㄷ. C는 일본, 중국 중 한 국가를 방문한다.
> ㄹ. D는 미국, 중국 중 한 국가를 방문한다.
> ㅁ. E는 미국 또는 독일을 방문하지 않는다.

① A가 B와 함께 미국을 방문한다.
② A는 일본을 방문한다.
③ C는 일본을 방문하고, D는 중국을 방문한다.
④ C와 E는 중국 또는 일본을 방문한다.
⑤ D는 중국을 방문하고, E는 일본을 방문한다.

38 H사의 직원 A ~ G 7명은 신입사원 입사 기념으로 단체로 영화관에 갔다. 다음 〈조건〉에 따라 자리에 앉는다고 할 때, 항상 옳은 것은?(단, 가장 왼쪽부터 첫 번째 자리로 한다)

> **조건**
> • 7명은 한 열에 나란히 앉는다.
> • 한 열에는 7개의 좌석이 있다.
> • 양 끝자리 옆에는 비상구가 있다.
> • D와 F는 나란히 앉지 않는다.
> • A와 B 사이에는 한 명이 앉아 있다.
> • G는 왼쪽에 사람이 있는 것을 싫어한다.
> • C와 G 사이에는 한 명이 앉아 있다.
> • G는 비상구와 붙어 있는 자리를 좋아한다.

① E는 D와 F 사이에 앉는다.
② G와 가장 멀리 떨어진 자리에 앉는 사람은 D이다.
③ C의 양옆에는 A와 B가 앉는다.
④ D는 비상구와 붙어 있는 자리에 앉는다.
⑤ 두 번째 자리에는 B가 앉는다.

※ A사는 가구를 제작할 때 다음과 같은 방법으로 제품코드를 부여한다. 이어지는 질문에 답하시오.
[39~40]

제작연도			
2018년	2019년	2020년	2021년
018	019	020	021
용도			
가정용	사무용	인테리어용	부자재
FU	OU	IU	SM
가구재			
원목	집성목	중밀도 섬유 판재	재활용 소재
HW	CT	MDF	PB
제작방법			
기성가구		수제가구	
MF		HF	

예 021OUHWMF(제작연도 - 용도 - 가구재 - 제작방법) : 2021년에 제작된 사무용 원목소재의 기성가구
※ A사는 2021년도부터 부자재를 제작하지 않았다.

한국도로공사(2022년)

39 다음 중 A사의 가구 제품코드로 옳은 것은?

① 018OUMFPB
② 020FUHWHF
③ 019IUIUHF
④ 021FUCTFF
⑤ 021SMHWHF

한국도로공사(2022년)

40 다음 중 제품코드 '019IUHWHF'의 정보로 옳은 것은?

① 2009년 인테리어용 원목 수제가구
② 2009년 인테리어용 나무 제작가구
③ 2019년 인테리어용 원목 수제가구
④ 2019년 인테리어용 원목 제작가구
⑤ 2019년 인테리어용 나무 제작가구

02 | 2023 ~ 2022년 주요 공기업
문제해결능력 기출복원문제 정답 및 해설

01	02	03	04	05	06	07	08	09	10	11	12	13	14	15	16	17	18	19	20
①	③	④	①	②	④	③	③	②	①	③	③	②	③	④	⑤	④	③	③	⑤
21	22	23	24	25	26	27	28	29	30	31	32	33	34	35	36	37	38	39	40
③	③	④	④	③	①	②	①	②	⑤	③	③	④	⑤	③	③	④	③	②	③

01

정답 ①

고독사 및 자살 위험이 높다고 판단되는 경우 만 60세 이상으로 하향 조정이 가능하다.

오답분석

② 노인맞춤돌봄서비스 중 생활교육서비스에 해당한다.
③ 특화서비스는 가족, 이웃과 단절되거나 정신건강 등의 문제로 자살, 고독사 위험이 높은 취약 노인을 대상으로 상담 및 진료서비스를 제공한다.
④ 안전지원서비스를 통해 노인의 안전 여부를 확인할 수 있다.

02

정답 ③

노인맞춤돌봄서비스는 만 65세 이상의 기초생활수급자, 차상위계층, 기초연금수급자의 경우 신청이 가능하다. F와 H는 소득수준이 기준에 해당하지 않으므로 제외되며, J는 만 64세이므로 제외된다. 또한 E, G, K는 유사 중복사업의 지원을 받고 있으므로 제외된다. 따라서 E, F, G, H, J, K 6명은 노인맞춤돌봄서비스 신청이 불가능하다.

오답분석

A와 I의 경우 만 65세 이하이지만 자살, 고독사 위험이 높은 우울형 집단에 속하고, 만 60세 이상이므로 신청이 가능하다.

03

정답 ④

우리·농협은행 계좌 미보유자인 외국인 A씨가 예약 신청을 할 수 있는 방법은 두 가지이다. 하나는 신분증인 외국인등록증을 지참하고 우리·농협은행의 지점을 방문하여 신청하는 것이고, 다른 하나는 한국조폐공사 온라인 쇼핑몰에서 가상계좌 방식으로 신청하는 것이다.

오답분석

① A씨는 외국인이므로 창구 접수 시 지참해야 하는 신분증은 외국인등록증이다.
② 한국조폐공사 온라인 쇼핑몰에서는 가상계좌 방식을 통해서만 예약 신청이 가능하다.
③ 홈페이지를 통한 신청이 가능한 은행은 우리은행과 농협은행뿐이다.
⑤ 우리·농협은행의 홈페이지를 통해 예약 접수를 하려면 해당 은행에 미리 계좌가 개설되어 있어야 한다.

04

정답 ①

3종 세트는 186,000원, 단품은 각각 63,000원이므로 5명의 구매 금액을 계산하면 다음과 같다.

- A : (186,000×2)+63,000=435,000원
- B : 63,000×8=504,000원
- C : (186,000×2)+(63,000×2)=498,000원
- D : 186,000×3=558,000원
- E : 186,000+(63,000×4)=438,000원

따라서 가장 많은 금액을 지불한 사람은 D이며, 구매 금액은 558,000원이다.

05

정답 ②

마일리지 적립 규정에 회원 등급에 관련된 내용은 없으며, 마일리지 적립은 지불한 운임의 액수, 더블적립 열차 탑승 여부, 선불형 교통카드 Rail+ 사용 여부에 따라서만 결정된다.

오답분석

① KTX 마일리지는 KTX 열차 이용 시에만 적립된다.
③ 비즈니스 등급은 기업회원 여부와 관계없이 최근 1년간의 활동내역을 기준으로 부여된다.
④ 추석 및 설 명절 특별수송 기간 탑승 건을 제외하고 4만 점을 적립하면 VIP 등급을 부여받는다.
⑤ VVIP 등급과 VIP 등급 고객은 한정된 횟수 내에서 무료 업그레이드 쿠폰으로 KTX 특실을 KTX 일반실 가격에 구매할 수 있다.

06

정답 ④

제시된 조건을 논리 기호화하면 다음과 같다.

- 첫 번째 조건의 대우 : A → C
- 두 번째 조건 : ~E → B
- 세 번째 조건의 대우 : B → D
- 네 번째 조건의 대우 : C → ~E

위의 조건식을 정리하면 A → C → ~E → B → D이므로 여행에 참가하는 사람은 A, B, C, D 4명이다.

07

정답 ③

흰색 공을 A, 검은색 공을 B, 파란색 공을 C로 치환한 후 논리 기호화하면 다음과 같다.

- 전제 1 : A → ~B
- 전제 2 : _____
- 결론 : A → C

따라서 필요한 전제 2는 '~B → C' 또는 대우인 '~C → B'이므로 '파란색 공을 가지고 있지 않은 사람은 모두 검은색 공을 가지고 있다.'이다.

오답분석

① B → C
② ~C → ~B
④ C → B

08

정답 ③

- CBP – WK4A – P31 – B0803 : 배터리 형태 중 WK는 없는 형태이다.
- PBP – DK1E – P21 – A8B12 : 고속충전 규격 중 P21은 없는 규격이다.
- NBP – LC3B – P31 – B3230 : 생산날짜의 2월에는 30일이 없다.
- CNP – LW4E – P20 – A7A29 : 제품 분류 중 CNP는 없는 분류이다.

따라서 보기에서 시리얼 넘버가 잘못 부여된 제품은 모두 4개이다.

09

고객이 설명한 제품 정보를 정리하면 다음과 같다.
- 설치형 : PBP
- 도킹형 : DK
- 20,000mAH 이상 : 2
- 60W 이상 : B
- USB – PD3.0 : P30
- 2022년 10월 12일 : B2012

따라서 S주임이 데이터베이스에 검색할 시리얼 넘버는 PBP – DK2B – P30 – B2012이다.

10

ㄱ. $1m^3$당 섞여 있는 수증기량이 가장 적은 날은 5월 3일이다.
ㄷ. 4월 19일 공기와 4월 26일 공기의 기온은 같고 수증기량은 4월 19일이 더 적으므로 이슬점은 4월 19일이 더 낮다. 따라서 4월 19일 공기는 4월 26일 공기보다 더 높은 곳에서 응결된다.

오답분석

ㄴ. 4월 5일 공기와 4월 26일 공기의 수증기량은 같고 기온은 4월 5일이 더 높으므로 이슬점과의 차이는 4월 5일이 더 높다. 따라서 4월 5일 공기는 4월 26일 공기보다 더 높은 곳에서 응결된다.
ㄹ. 기온이 높을수록 포화 수증기량이 많으므로 포화 수증기량이 가장 많은 날은 기온이 가장 높은 5월 3일이다.

11

첫 번째 조건에서 등록률이 30% 이상인 의료기관은 종합병원과 치과라고 하였는데 A의 등록률은 약 31.3%이고, C의 등록률은 약 29.6%이므로 A는 종합병원 혹은 치과임을 알 수 있다. 따라서 선택지 ①을 소거한다.
두 번째 조건에서 종합병원 등록 의료기관 수는 안과 등록 의료기관 수의 2.5배 이상이라고 하였으므로 D는 안과일 수 없다. 따라서 선택지 ②를 소거하고 후보군을 ③과 ④로 좁힐 수 있다.
그리고 마지막 조건을 살펴보면 B와 D 중 등록 의료기관 수가 작은 것이 치과라고 하였으므로 B가 치과이고 D가 한방병원이 되어 ③이 정답이 된다.

12

제시된 건축물 정보에 따라 시설물 기준에 맞춰 시설물을 구분하면 다음과 같다.

건축물	기준	구분
A	준공 후 15년이 경과된 5층 이상 15층 이하의 아파트	제3종 시설물
B	연면적 $5,000m^2$ 이상의 지하도상가	제2종 시설물
C	해당 없음	–
D	연면적 $30,000m^2$ 이상의 철도역시설 및 관람장	제1종 시설물
E	준공 후 15년이 경과된 연면적 $1,000m^2$ 이상의 공공업무시설	제3종 시설물
F	연면적 $5,000m^2$ 이상의 문화 및 집회시설 등	제2종 시설물
G	준공 후 15년이 경과된 연면적 $500m^2$ 이상 $1,000m^2$ 미만의 문화 및 집회시설	제3종 시설물

정밀안전점검을 받아야 하는 시설물은 제1종 시설물과 제2종 시설물이다. 제1종 시설물은 D이고 제2종 시설물은 B, F이므로 정밀안전점검을 받아야 하는 시설물은 B, D, F이다.

13

정답 ②

오답분석

① 어린이도서관 대출 도서 수가 2권이므로 교내 도서관 대출 수는 2권 이상이어야 참가가 가능하다.

③ 교내 도서관 대출 도서 수가 2권이므로 어린이 도서관 대출 수는 2권 이상이어야 참가가 가능하다.

④ 어린이도서관 대출 도서 수가 1권이므로 교내 도서관 대출 수는 4권 이상이어야 참가가 가능하다.

14

정답 ③

C부서는 화이트보드가 있는 나, 다 회의실 중 총 7명을 수용할 수 있는 다 회의실을 사용한다.

오답분석

① A부서는 빔 프로젝터가 있는 가, 마 회의실 중 하나를 사용할 것이다. 그러나 마 회의실은 오후에 사용이 불가능하므로, A부서는 가 회의실을 사용한다.

② B부서는 화상회의 시스템을 갖춘 나, 라 회의실 중 7명 이상을 수용하고 오후 4시부터 6시까지 이용이 가능한 라 회의실을 사용한다.

④ D부서는 빔 프로젝터를 사용할 수 있고 오전 중 3시간 반 동안 사용이 가능한 회의실인 마 회의실을 사용한다.

15

정답 ④

직위를 나타내는 사원코드의 마지막 2자리는 $10 \sim 19$, $30 \sim 39$, $50 \sim 59$, $60 \sim 69$, $70 \sim 79$, $90 \sim 99$뿐이다.

16

정답 ⑤

고객지원팀으로 부서이동을 하므로 앞자리는 'c'로 변경되고, 부서이동의 경우 입사연월은 변동이 없어 그다음 자리인 '0803'은 유지된다. 그리고 그다음 두 자리는 무작위 난수이고, 마지막 두 자리는 직위 정보로 과장의 직위 변동이 없으므로 $60 \sim 69$ 중 한 수이다. 따라서 이 모든 조건에 부합하는 코드는 'c08031062'이다.

오답분석

① t08030666 : 부서 코드가 옳지 않다.

② t23080369 : 부서 코드가 옳지 않고, 부서이동의 경우 입사연월 변동이 없다.

③ c08036719 : 마지막 두 자리 코드 '19'는 사원 직위의 코드이다.

④ c23086967 : 부서이동의 경우 입사연월 변동이 없다.

17

정답 ④

맥킨지 매트릭스는 기업의 포트폴리오를 시장매력도와 시장 지위를 3단계로 나누어 평가하는 분석법으로, 상황별로 비즈니스의 전략적 선택을 제시하는 것을 목적으로 한다. 맥킨지 매트릭스의 주요 내용을 정리하면 다음과 같다.

시장매력도		낮음	중간	높음
	높음	선택적 투자	투자	유지ㆍ방어
	중간	제한적 확장	선택적 투자	투자
	낮음	전환ㆍ철수	선택적 방어	유지ㆍ사업초점 조정

시장 지위(사업의 강점)

ⓐ 맥킨지 매트릭스의 목표에 대한 옳은 설명이다.
ⓑ 시장 지위는 낮고, 시장의 매력도는 중간인 경우, 제한적인 투자를 통한 확장 및 수익 실현 전략을 취해야 한다.
ⓒ 맥킨지 매트릭스의 두 가지 기준은 시장 지위와 시장 매력도이다.

오답분석
ⓓ 맥킨지 매트릭스는 사업 단위 및 부문 간의 상호작용은 반영되지 않는다는 한계점을 가진다.

18 　　　　　　　　　　　　　　　　　　　　　　　정답 ③

유화, 양보, 순응, 수용, 굴복, 요구사항의 철회 등은 유화전략에 해당한다. 협력전략에는 협동적 원인탐색, 정보수집 및 제공, 대안 개발, 공동평가 등이 있다.

19 　　　　　　　　　　　　　　　　　　　　　　　정답 ③

A사원의 3박 4일간 교통비, 식비, 숙박비를 계산하면 다음과 같다.
- 교통비 : $39,500+38,150=77,650$원
- 식비 : $(8,500 \times 3 \times 2)+(9,100 \times 3 \times 2)=105,600$원
- 숙박비
  - 가 : $(75,200 \times 3) \times 0.95=214,320$원
  - 나 : $(81,100 \times 3) \times 0.90=218,970$원
  - 다 : $(67,000 \times 3)=201,000$원

  A사원은 숙박비가 가장 저렴한 다 숙소를 이용하므로 숙박비는 201,000원이다.
따라서 A사원의 출장 경비 총액은 $77,650+105,600+201,000$원$=384,250$원이다.

20 　　　　　　　　　　　　　　　　　　　　　　　정답 ⑤

ⓒ 세휘는 갈등상황에 대한 답을 도출하기보다 피하려고 하는 회피형 갈등해결 방식을 보이고 있다.
ⓓ 지윤은 상대의 의견을 받아 들여 논쟁을 해결하려는 수용형 갈등해결 방식을 보이고 있다.

오답분석
ⓐ 목표가 아니라 방법에 대한 갈등상황이 제시되어 있다.
ⓑ 마케팅 실행을 위해 필요하며, 해결 가능한 갈등상황에 해당된다.

21 　　　　　　　　　　　　　　　　　　　　　　　정답 ③

조건을 논리기호로 정리하여 보면 다음과 같다.
- 첫 번째 조건 : 삼선짬뽕
- 마지막 조건의 대우 : 삼선짬뽕 → 팔보채
- 다섯 번째 조건의 대우 : 팔보채 → 양장피

세 번째, 네 번째 조건의 경우 자장면에 대한 단서가 없으므로 전건 및 후건의 참과 거짓을 판단할 수 없다. 그러므로 탕수육과 만두도 주문 여부를 알 수 없다. 따라서 반드시 주문할 메뉴는 삼선짬뽕, 팔보채, 양장피이다.

22 　　　　　　　　　　　　　　　　　　　　　　　정답 ③

ㄱ. 민원요기요 증명서 발급 및 확인란에서 보험료 납부확인서 발급이 가능하고, 보험료 조회란에서 4대보험료 계산이 가능하다.
ㄷ. 민원요기요 보험료 고지서란에서 송달지 변경신청이 가능하며, 증명서 발급 및 확인란에서 증명서 진위확인이 가능하다.

오답분석
ㄴ. 민원요기요 보험료 고지서란에서 재발급이 가능하다.

23

정답 ④

외국인의 경우, 공단뿐만 아니라 지자체에도 신고할 필요 없이 자동으로 가입처리가 된다. 따라서 거소지의 지방자치단체에 신고할 필요가 없다.

24

정답 ④

각 인턴의 업무 평가 결과에 따라 점수를 계산하면 다음과 같다.

인턴	업무량	업무 효율성	업무 협조성	업무 정확성	근무태도	합계
A인턴	우수 – 8점	탁월 – 20점	보통 – 16점	보통 – 10점	우수 – 10점	64점
B인턴	보통 – 6점	보통 – 10점	우수 – 20점	우수 – 16점	보통 – 8점	60점
C인턴	탁월 – 10점	보통 – 10점	탁월 – 30점	탁월 – 20점	보통 – 8점	78점
D인턴	보통 – 6점	우수 – 16점	탁월 – 30점	탁월 – 20점	우수 – 10점	82점

A인턴은 20만 원, B인턴은 10만 원, C인턴은 30만 원, D인턴은 40만 원을 받으므로 D인턴이 가장 많은 장려금을 받는다.

25

정답 ③

변경된 평가 결과에 따라 점수를 계산하면 다음과 같다.

인턴	업무량	업무 효율성	업무 협조성	업무 정확성	근무태도	합계
A인턴	우수 – 8점	탁월 – 20점	보통 – 16점	우수 – 16점	우수 – 10점	70점
B인턴	보통 – 6점	보통 – 10점	우수 – 20점	우수 – 16점	우수 – 10점	62점
C인턴	탁월 – 10점	탁월 – 20점	탁월 – 30점	탁월 – 20점	보통 – 8점	88점
D인턴	보통 – 6점	우수 – 16점	우수 – 20점	탁월 – 20점	우수 – 10점	72점

A인턴은 20만 원, B인턴은 20만 원, C인턴은 40만 원, D인턴은 30만 원을 받으므로 C인턴이 가장 많은 장려금을 받는다.

26

정답 ①

원탁 자리에 다음과 같이 임의로 번호를 지정하고, 기준이 되는 C를 앉힌 상태에서 나머지를 배치한다.

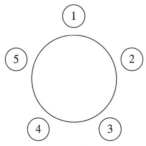

C를 1번에 앉히면 첫 번째 조건에 따라 C 바로 옆에 E가 앉아야 하므로 E는 5번 또는 2번에 앉는다. 만약 E가 2번에 앉으면 세 번째 조건에 따라 D가 A의 오른쪽에 앉아야 한다. A, D가 4번과 3번에 앉으면 B가 5번에 앉게 되어 첫 번째 조건에 부합하지 않는다. 또한, A가 5번, D가 4번에 앉는 경우 B는 3번에 앉게 되지만 두 번째 조건에서 D와 B는 나란히 앉을 수 없어 불가능하다. E를 5번에 앉히고 A는 3번, D는 2번에 앉는 경우 B는 4번에 앉아야 하므로 모든 조건을 만족하게 된다. 따라서 C를 기준으로 시계방향으로 세 번째에 앉은 사람은 3번 자리에 앉는 A이다.

27

연보라색을 만들기 위해서는 흰색과 보라색이 필요하다. 흰색은 주어진 5가지 물감 중 하나이며, 보라색은 빨간색과 파란색 물감의 혼합으로 만들 수 있는데, 빨간색은 주어지는 물감이지만 파란색은 주어지지 않았으며, 다른 물감의 조합으로도 만들어 낼 수 없는 색상이다. 따라서 연보라색은 만들 수 없다.

오답분석

① 고동색은 주어진 5가지 물감 중 빨간색, 검은색의 두 가지 물감을 섞어서 만들 수 있다.
③ 살구색은 흰색과 주황색을 섞어서 만들 수 있는데 흰색은 주어진 5가지 물감 중 하나이며, 주황색은 빨간색과 노란색을 섞어서 만들 수 있다.
④ 카키색은 주어진 물감 중 초록색과 검은색을 섞어서 만들 수 있다.
⑤ 옥색은 주어진 물감 중 초록색과 흰색을 섞어서 만들 수 있다.

28

모든 직원들이 각기 다른 부서를 희망하였으므로 희망부서가 밝혀지지 않은 직원들의 희망부서는 다음과 같다.

구분	기존부서	희망부서	배치부서
A	회계팀	인사팀	?
B	국내영업팀	해외영업팀	?
C	해외영업팀	국내영업팀, 회계팀, 홍보팀 중 1	?
D	홍보팀	국내영업팀, 회계팀 중 1	홍보팀
E	인사팀	국내영업팀, 회계팀, 홍보팀 중 1	해외영업팀

인사이동 후 각 부서에 1명의 직원이 근무하게 되었으므로, A, B, C는 각각 인사팀, 국내영업팀, 회계팀에 1명씩 배치되었다. B는 다른 1명과 근무부서를 맞바꾸었는데, E는 인사팀에서 해외영업팀으로 이동하였고, D는 홍보팀에 그대로 근무하기 때문에 C, D, E는 그 상대가 될 수 없다. 따라서 B는 A가 근무하던 회계팀으로 이동하였고, A는 B가 근무하던 국내영업팀으로 이동하였음을 알 수 있다. 그리고 C는 남은 인사팀에 배치된다. 이를 정리하면 다음의 표와 같다.

구분	기존부서	희망부서	배치부서
A	회계팀	인사팀	국내영업팀
B	국내영업팀	해외영업팀	회계팀
C	해외영업팀	국내영업팀, 회계팀, 홍보팀 중 1	인사팀
D	홍보팀	국내영업팀, 회계팀 중 1	홍보팀
E	인사팀	국내영업팀, 회계팀, 홍보팀 중 1	해외영업팀

따라서 본인이 희망한 부서에 배치된 사람은 아무도 없다.

29

먼저 B와 C가 모두 탈락했다는 B의 진술과 B와 C 중 한 명만 합격했다는 C의 진술이 서로 모순되므로 B와 C 둘 중 한 사람은 거짓을 말하고 있음을 알 수 있다. 만약 B의 진술이 참이라면 B의 진술에 따라 B와 C는 모두 탈락하였고, A의 진술에 따라 A와 D도 탈락하였으므로 합격자는 E가 된다. 그러나 제시된 조건에 따라 합격자는 2명이어야 하므로 이는 성립하지 않는다. 따라서 거짓말을 하고 있는 사람은 B이다.

30

B의 진술은 거짓이므로 C의 진술에 따라 B와 C 중 한 명이 합격했고, A의 진술에 따라 A와 D는 탈락하였다. 이때, D와 E 중 한 명만 합격했다는 D의 진술에 따라 E가 합격했음을 알 수 있으며, B와 E 중 한 명만 탈락했다는 E의 진술에 따라 B가 탈락했음을 알 수 있다. 따라서 나머지 합격자는 C가 되므로 결국 2명의 합격자는 C와 E이다.

31

오답분석

①·② 마가 1등 혹은 6등이 아니기 때문에 옳지 않다.
④ 다와 바의 등수가 2 이상 차이 나지 않고, 가가 나보다 먼저 결승선을 통과하였기 때문에 옳지 않다.

32

정답 ③

오답분석

①·② 나와 라가 다른 섹션에 앉았기 때문에 옳지 않다.
④ 바와 마가 다른 섹션에 앉았고, 다가 2명 있는 섹션에 배정받았기 때문에 옳지 않다.

33

정답 ④

주어진 명제를 정리하면 다음과 같다.
- p : 도보 이용
- q : 자가용 이용
- r : 자전거 이용
- s : 버스 이용

$p \rightarrow \sim q$, $r \rightarrow q$, $\sim r \rightarrow s$이며, 두 번째 명제의 대우인 $\sim q \rightarrow \sim r$이 성립함에 따라 $p \rightarrow \sim q \rightarrow \sim r \rightarrow s$가 성립한다. 따라서 '도보로 걷는 사람은 버스를 탄다.'는 명제는 반드시 참이 된다.

34

정답 ⑤

구성원들이 자유롭게 다양한 아이디어를 제시할 수 있도록 상호 간의 아이디어에 대해서 옳고 그름을 판단하거나 의견에 대해 평가하는 행위는 지양하여야 한다. 또한 제시된 의견들에 대해서 다른 것과 구별되는 특유의 색깔이 있는지 또 실제로 해당 의견의 실행이 가능한지를 판단하여 가장 적절한 해결방안을 모색하여야 한다.

오답분석

① 각 구성원들이 서로의 의견을 말하고 듣기 위해 좌석은 모두 마주할 수 있는 형태로 배치하여야 한다.
② 리더는 구성원의 의견을 제지하는 것이 아닌, 구성원들이 보다 자유롭고 다양하게 의견을 제시할 수 있도록 하는 사람이 적합하다.
③ 브레인스토밍을 함께 할 구성원은 다양한 의견을 공유하기 위해 다양한 분야의 사람들로 $5 \sim 8$명을 구성하여야 한다.
④ 구성원 모두 의견을 자유롭게 제시할 수 있고, 제시된 의견 모두가 기록되어야 한다.

35

정답 ③

본원적 활동에는 제품 제조에 필요한 물류의 투입, 제품의 실질적인 생산, 생산된 제품의 보관 및 배송, 제품의 홍보 및 판매, 제품 판매 후 필요한 고객서비스가 해당한다. 따라서 제조된 제품을 보관하는 것뿐만 아니라 제품을 각 판매처로 이동시키고 해당 제품에 대해 홍보하는 것 역시 본원적 활동에 해당한다.

오답분석

① 인재의 채용, 교육업무는 인적자원관리 영역으로, 이는 지원활동에 해당한다.
② 신제품을 개발하는 것은 연구개발 영역에 해당하나, 제품을 제조하는 것은 생산운영 영역에 해당한다. 이때 연구개발 영역은 지원활동에, 생산운영 영역은 본원적 활동에 포함된다.
④ 제품의 제조와 직접적인 관련이 있는 업무들은 본원적 활동에 해당하나, 제품과 직접적인 관련이 없는 기업의 전반적인 관리, 인적자원의 관리, 연구개발 및 구매조달은 지원활동에 해당한다.
⑤ 어떤 물품을 구매하는지에 따라 해당 업무는 지원활동 또는 본원적 활동으로 구분되는데, 특히 기업의 주된 활동에 따른 구매는 구매조달 업무로 보아 지원활동에 해당하나, 제조될 제품의 원재료나 제품 제조에 필요한 물품의 구매는 물류 투입 업무로 보아 본원적 활동에 해당한다.

36

A씨가 납입한 전세보증금은 5억 원이며, 이 상품의 대출한도는 두 가지 기준에 따라 정해진다. 금액 기준으로는 최대 5억 원이지만 임차보증금의 80% 이내이므로 A씨가 최종적으로 받은 대출금은 4억 원이다. 따라서 A씨의 월납 이자는 400,000,000원×0.036÷12=1,200,000원이므로 6개월간 지불한 이자는 7,200,000원이다.

37

- 각 국가에는 최소 1명의 직원이 꼭 방문해야 하며, 그중 1개의 국가에는 2명의 직원이 방문해야 한다. 2명이 방문하는 국가는 조건 ㄴ에 따라 미국이며, 방문자 중 1명은 B이다. 각 직원은 1개의 국가만 방문하므로 B는 일본, 중국, 독일을 방문하지 않는다.
- 조건 ㄱ에 따라 A는 중국을 방문하지 않고, 조건 ㄷ에 따라 C는 일본과 중국 중 한 국가를 방문하므로 미국과 독일에는 방문하지 않는다. 또한 조건 ㄹ에 따라 D는 일본과 독일에는 방문하지 않으며, 마지막으로 조건 ㅁ에 따라 E는 미국과 독일에는 방문하지 않는다. 이를 정리하면 다음 표와 같다.

구분	A	B	C	D	E
미국		○	×		×
일본		×		×	
중국	×	×			
독일		×	×	×	×

- 모든 국가에는 1명 이상의 직원이 방문해야 하는데, 독일의 경우 B, C, D, E 모두 방문할 수 없다. 따라서 A가 독일로 출장을 가게 된다.
- A의 출장지가 독일로 정해짐에 따라 B와 함께 미국으로 출장을 가는 직원은 D로 정해진다. 그리고 C와 E는 각각 일본과 중국으로 1명씩 출장을 가게 된다.

구분	A	B	C	D	E
미국	×	○	×	○	×
일본	×	×		×	
중국	×	×		×	
독일	○	×	×	×	×

오답분석

①·② A는 독일을 방문한다.
③·⑤ D는 B와 함께 미국을 방문한다.

38

다음 논리 순서에 따라 주어진 조건을 정리하면 쉽게 접근할 수 있다.
- 여섯 번째, 여덟 번째 조건 : G는 첫 번째 자리에 앉는다.
- 일곱 번째 조건 : C는 세 번째 자리에 앉는다.
- 네 번째, 다섯 번째 조건 : 만약 A와 B가 네 번째, 여섯 번째 또는 다섯 번째, 일곱 번째 자리에 앉으면, D와 F는 나란히 앉을 수 없다. 따라서 A와 B는 두 번째, 네 번째 자리에 앉는다. 이때, 남은 자리는 다섯, 여섯, 일곱 번째 자리이므로 D와 F는 다섯, 여섯 번째 또는 여섯, 일곱 번째 자리에 앉게 되고, 나머지 한 자리에 E가 앉는다.
이 사실을 종합하여 주어진 조건을 표로 정리하면 다음과 같다.

구분	첫 번째	두 번째	세 번째	네 번째	다섯 번째	여섯 번째	일곱 번째
경우 1	G	A	C	B	D	F	E
경우 2	G	A	C	B	F	D	E
경우 3	G	A	C	B	E	D	F
경우 4	G	A	C	B	E	F	D
경우 5	G	B	C	A	D	F	E
경우 6	G	B	C	A	F	D	E
경우 7	G	B	C	A	E	D	F
경우 8	G	B	C	A	E	F	D

따라서 어떠한 경우에도 C의 옆자리는 항상 A와 B가 앉는다.

오답분석

① 조건에서 D와 F는 나란히 앉지 않는다고 하였다.
②·④ 경우 4, 8인 때에만 성립한다.
⑤ B는 어떠한 경우에나 두 번째 또는 네 번째에 앉는다.

39
정답 ②

제품코드에 따라 2020년에 제작된 가정용 원목 소재의 수제가구임을 알 수 있다.

오답분석

① 가구재와 제작방법 코드 순서가 바뀌었다.
③ 용도 코드가 두 번 들어가고, 가구재 코드가 누락되었다.
④ 제작방법에 없는 코드이다.
⑤ 제품코드가 없는 연도이다.

40
정답 ③

019 – 2019년
IU – 인테리어용
HW – 원목
HF – 수제가구

PART **1**

규칙

01 규칙의 적용

01 유형의 이해

생소한 규칙을 제시하고 그것을 실제 사례에 적용하는 유형은 규칙 자체를 처음부터 이해하려고 하면 곤란하다. 규칙 자체가 쉬운 경우라면 모를까 그렇지 않은 경우에는 규칙을 이해하는 데 너무 많은 시간을 소모하기 마련이다. 따라서 처음 읽을 때에는 흐름만 파악하고 선택지를 직접 대입하면서 풀이하는 것이 좋다. 또한, 규칙이 난해한 경우에는 예를 제시하는 경우도 있는데 그런 경우에는 제시된 예를 먼저 보면서 규칙을 역으로 파악하는 전략도 필요하다.

02 접근법

(1) 규칙의 마지막 부분에 주목

규칙의 난도를 떠나서 규칙 자체가 생소한 경우에는 마지막에 실제 적용례를 들어주는 것이 일반적이다. 사례가 주어진 문제라면 굳이 고집스럽게 원칙만 들여다보지 말고 사례를 통해 직관적으로 규칙을 이해하는 것이 더 효율적이다. 의외로 사례를 들여다보지 않고 주어진 조건만으로 풀이하려는 수험생들이 많은데 비효율적인 방식이라고 할 수 있다.

(2) 풀이법의 전환

규칙을 적용하는 문제에는 크게 2가지의 접근법이 있다. 하나는 단순하게 직접 대입하여 수치를 구하는 것이고, 또 하나는 계산 없이 규칙의 구조를 이용하여 정오를 판별하는 것이다. 여기에 정석은 없다. 문제를 풀어가면서 '이것은 복잡하게 논리를 따질 것이 아니라 그냥 계산하는 것이 빠르겠다.'라는 생각이 든다면 전자를, '주어진 규칙 등을 적절히 변형하면 계산이 필요 없을 것 같다.'라는 생각이 든다면 후자를 선택하면 된다. 즉, 문제를 풀어가는 과정에서 풀이법을 변경할 수 있는 능력, 다시 말해 빠른 태세전환이 필요한 유형이 바로 이러한 유형이다.

03 생각해 볼 부분

출장비, 여행경비 등을 계산하는 문제는 문제해결능력에서 매년 적어도 한 문제 이상 출제되는데, 비슷한 유형으로 놀이공원이나 박물관 입장료 계산, 식당이나 카페의 메뉴 가격 계산 등이 출제되고 있다. 이러한 유형은 계산하는 데 시간이 오래 걸릴 뿐만 아니라 장소, 시간, 추가비용, 예외 조건 등이 항목별로 모두 다르고 복잡해서 조금만 방심해도 실수하기 쉽다. 따라서 효율적인 시간관리를 위해 이러한 유형의 문제는 일단 패스하고 시간이 남는다면 마지막에 풀이하는 것이 효율적이다.

다음 글을 근거로 판단할 때, 국제행사의 개최도시로 선정될 곳은?

甲은 대한민국에서 열리는 국제행사의 개최도시를 선정하기 위해 다음과 같은 후보도시 평가표를 만들었다. 이에 따른 점수와 국제해양기구의 의견을 모두 반영하여, 합산점수가 가장 높은 도시를 선정하고자 한다.

〈후보도시 평가표〉

구분	서울	인천	대전	부산	제주
1) 회의 시설 : 1,500명 이상 수용가능한 대회의장 보유 등	A	A	C	B	C
2) 숙박 시설 : 도보거리에 특급 호텔 보유 등	A	B	A	A	C
3) 교통 : 공항접근성 등	B	A	C	B	B
4) 개최 역량 : 대규모 국제행사 개최 경험 등	A	C	C	A	B

※ A : 10점, B : 7점, C : 3점

〈국제해양기구의 의견〉

• 외국인 참석자의 편의를 위해 '교통'에서 A를 받은 도시의 경우 추가로 5점을 부여해 줄 것
• 바다를 끼고 있는 도시의 경우 추가로 5점을 부여해 줄 것
• 예상 참석자가 2,000명 이상이므로 '회의 시설'에서 C를 받은 도시는 제외할 것

① 서울
② 인천
③ 대전
④ 부산
⑤ 제주

정답 | 해설

회의 시설에서 C를 받은 도시는 제외한다고 하였으므로 대전과 제주를 제외한 뒤 서울과 인천, 부산을 놓고 판단하자.

구분	서울	인천	부산
회의 시설	10점	10점	7점
숙박 시설	10점	7점	10점
교통	7점	10점	7점
개최 역량	10점	3점	10점
*가산점	–	10점	5점
합산점수	37점	40점	39점

따라서 국제행사의 개최도시로 선정될 곳은 합산점수가 가장 높은 인천이다.

정답 ②

제시문 접근법
제시문을 살펴보면 도시별로 등급이 매겨져 있고 각주에 등급별 점수가 제시되어 있음을 확인할 수 있다. 이를 통해 A, B, C로 제시되어 있는 등급을 점수로 변환하는 문제라는 것을 유추해볼 수 있다. 다음으로 의견에서는 예외적인 규칙들을 제시하고 있다. 결국은 이를 모두 이용해야 정답을 끌어낼 수 있다는 것을 짐작하게 한다.

체크할 부분
다양한 변수들 중 일부를 제거할 수 있는 조건이 있다면 이를 가장 먼저 반영해야 한다. 이 문제의 경우 의견의 마지막 항목이 그것이다.

01 | 인원의 배치, 선발

| 문제 1 |

K공사에서는 동절기에 인력을 감축하여 운영한다. 다음 〈조건〉을 고려할 때, 동절기 업무시간 단축 대상자는 누구인가?

〈동절기 업무시간 단축 대상자 현황〉

성명	업무성과 평가	통근거리	자녀 유무
최나래	C	3km	×
박희영	B	5km	○
이지규	B	52km	×
박슬기	A	55km	○
황보연	D	30km	○
김성배	B	75km	×
이상윤	C	60km	×
이준서	B	70km	○
김태란	A	68km	○
한지혜	C	50km	×

조건

• K공사의 동절기 업무시간 단축 대상자는 총 2명이다.
• 업무성과 평가에서 상위 40% 이내에 드는 경우 동절기 업무시간 단축 대상 후보자가 된다.
  (단, A>B>C>D로 매기고, 동순위자 발생 시 동순위자를 모두 고려한다)
• 통근거리가 50km 이상인 경우에만 동절기 업무시간 단축 대상자가 될 수 있다.
• 동순위자 발생 시 자녀가 있는 경우에는 동절기 업무시간 단축 대상 우선순위를 준다.
• 위의 조건에서 대상자가 정해지지 않은 경우, 통근거리가 가장 먼 직원부터 대상자로 선정한다.

① 황보연, 이상윤
② 박슬기, 김태란
③ 이준서, 김태란
④ 김성배, 이준서
⑤ 이지규, 김성배

정답 | 해설

최나래, 황보연, 이상윤, 한지혜는 업무성과 평가에서 상위 40%(인원이 10명이므로 4명)에 해당하지 않으므로 대상자가 아니다. 업무성과 평가 결과에서 40% 이내에 드는 사람은 4명까지이지만 B를 받은 사람 4명을 동순위자로 보아 6명이 대상자 후보가 된다. 이 6명 중 박희영은 통근거리가 50km 미만이므로 대상자에서 제외된다. 나머지 5명 중에서 자녀가 없는 이지규, 김성배는 우선순위에서 밀려나고, 나머지 3명 중에서는 통근거리가 가장 먼 순서대로 이준서, 김태란이 동절기 업무시간 단축 대상자로 선정된다.

정답 ③

| 문제 2 |

K공사는 신용정보 조사를 위해 계약직 한 명을 채용하려고 한다. 지원자격이 다음과 같을 때, 지원자 중 업무에 가장 적합한 사람은?

자격구분	지원자격
학력	고졸 이상
전공	제한 없음
병역	제한 없음
기타	1. 금융기관 퇴직자 중 1967년 이전 출생자로 신용부문 근무경력 10년 이상인 자 2. 검사역 경력자 및 민원처리 업무 경력자 우대 3. 채용공고일(2024. 04. 14.) 기준 퇴직일로부터 2년을 초과하지 아니한 자 4. 퇴직일로부터 최근 3년 이내 감봉 이상의 징계를 받은 사실이 없는 자 5. 신원이 확실하고 업무수행에 결격사유가 없는 자 6. 당사 채용에 결격사유가 없는 자

	성명	출생연도	근무처	입사일 / 퇴사일	비고
①	이도영	1965	Y은행 여신관리부	1995. 04. 10. ~2022. 08. 21.	2021. 11. 1개월 감봉 처분
②	김춘재	1966	M보험사 마케팅전략부	1997. 03. 03. ~2022. 07. 07.	–
③	박영진	1954	C신용조합 영업부	1977. 11. 12. ~2019. 10. 27.	2017. 03. 견책 처분
④	홍도경	1963	P은행 신용부서	1987. 09. 08. ~2022. 04. 28.	–
⑤	최인하	1960	Z캐피탈 신용관리부	1987. 02. 15. ~2021. 12. 10.	–

정답 해설

기타의 자격조건에 부합하는 사람을 찾아보면, 1967년 이전 출생자로 신용부서에서 24년간 근무하였고, 채용공고일을 기준으로 퇴직일로부터 2년을 초과하지 않은 홍도경 지원자가 가장 적합하다.

오답분석
① 퇴직일로부터 최근 3년 이내 1개월 감봉 처분을 받았다.
②·③ 신용부문 근무경력이 없다.
⑤ 채용공고일 기준 퇴직일로부터 2년을 초과하였다.

정답 ④

| 문제 3 |

D항공사는 현재 신입사원을 모집하고 있으며, 지원자격은 다음과 같다. 〈보기〉 중 D항공사 지원자격에 부합하지 않는 사람은 모두 몇 명인가?

〈D항공사 대졸공채 신입사원 지원자격〉

- 4년제 정규대학 모집대상 전공 중 학사학위 이상 소지한 자(졸업예정자 지원 불가)
- TOEIC 750점 이상인 자(국내 응시 시험에 한함)
- 병역필 또는 면제자로 학업성적이 우수하고, 해외여행에 결격사유가 없는 자

※ 공인회계사, 외국어 능통자, 통계 전문가, 전공 관련 자격 보유자 및 장교 출신 지원자 우대

모집분야		대상 전공
일반직	일반관리	• 상경, 법정 계열 • 통계 / 수학, 산업공학, 신문방송, 식품공학(식품 관련 학과) • 중국어, 러시아어, 영어, 일어, 불어, 독어, 서반아어, 포르투갈어, 아랍어
	운항관리	• 항공교통, 천문기상 등 기상 관련 학과 - 운항관리사, 항공교통관제사 등 관련 자격증 소지자 우대
전산직		컴퓨터공학, 전산학 등 IT 관련 학과
시설직		• 전기부문 : 전기공학 등 관련 전공 - 전기기사, 전기공사기사, 소방설비기사(전기) 관련 자격증 소지자 우대 • 기계부문 : 기계학과, 건축설비학과 등 관련 전공 - 소방설비기사(기계), 전산응용기계제도기사, 건축설비기사, 공조냉동기사, 건설기계기사, 일반기계기사 등 관련 자격증 소지자 우대 • 건축부문 : 건축공학 관련 전공(현장 경력자 우대)

보기

지원자	지원분야	학력	전공	병역사항	TOEIC 점수	참고사항
A	전산직	대졸	컴퓨터공학	병역필	820점	• 중국어, 일본어 능통자이다. • 해외 비자가 발급되지 않는 상태이다.
B	시설직 (건축부문)	대졸	식품공학	면제	930점	• 건축현장 경력이 있다. • 전기기사 자격증을 소지하고 있다.
C	일반직 (운항관리)	대재	항공교통학과	병역필	810점	• 전기공사기사 자격증을 소지하고 있다. • 학업 성적이 우수하다.
D	시설직 (기계부문)	대졸	기계학과	병역필	745점	• 건축설비기사 자격증을 소지하고 있다. • 장교 출신 지원자이다.
E	일반직 (일반관리)	대졸	신문방송학과	미필	830점	• 소방설비기사 자격증을 소지하고 있다. • 포르투갈어 능통자이다.

① 2명   ② 3명

③ 4명   ④ 5명

⑤ 없음

PART 1

정답 해설

- A : 해외 비자가 발급되지 않는 상태라, 해외여행에 결격사유가 있다.
- B : 지원분야와 관련이 없는 전공이다.
- C : 대학 재학 중이므로 지원이 불가능하다.
- D : TOEIC 점수가 750점 이상이 되지 않는다.
- E : 병역 미필로 지원이 불가능하다.

따라서 A ~ E 5명 모두 지원자격 조건에 부합하지 않는다.

정답 ④

02 | 절차의 이해

| 문제 1 |

다음은 B은행손해보험 고객지원센터에 접수된 질문사항들이다. 아래의 보험금 청구 절차 안내문을 토대로 고객들의 질문에 답변할 때, 적절하지 않은 것은?

〈보험금 청구 절차 안내문〉

단계	구분	내용
Step 1	사고 접수 및 보험금청구	피보험자, 가해자, 피해자가 사고발생 통보 및 보험금 청구를 합니다. 접수는 가까운 영업점에 관련 서류를 제출합니다.
Step 2	보상팀 및 보상담당자 지정	보상처리 담당자가 지정되어 고객님께 담당자의 성명, 연락처를 SMS로 전송해 드립니다. 자세한 보상관련 문의사항은 보상처리 담당자에게 문의하시면 됩니다.
Step 3	손해사정법인 (현장확인자)	보험금 지급여부 결정을 위해 사고현장조사를 합니다. (공인된 손해사정법인에게 조사업무를 위탁할 수 있음)
Step 4	보험금 심사 (심사자)	보험금 지급여부를 심사합니다.
Step 5	보험금 심사팀	보험금 지급여부가 결정되면 피보험자 예금통장에 보험금이 입금됩니다.

※ 3만 원 초과 10만 원 이하 소액통원의료비를 청구할 경우, 보험금 청구서와 병원영수증, 질병분류기호(질병명)가 기재된 처방전만으로 접수가 가능합니다.

※ 의료기관에서 환자가 요구할 경우 처방전 발급 시 질병분류기호(질병명)가 기재된 처방전 2부 발급이 가능합니다.

※ 온라인 접수 절차는 B은행손해보험 홈페이지에서 확인하실 수 있습니다.

① Q : 자전거를 타다가 팔을 다쳐서 병원비가 56,000원이 나왔습니다. 보험금을 청구하려고 하는데 제출할 서류는 어떻게 되나요?

A : 고객님의 의료비는 10만 원이 넘지 않는 관계로 보험금 청구서와 병원영수증, 진단서가 필요합니다.

② Q : 사고를 낸 당사자도 보험금을 청구할 수 있나요?

A : 네, 고객님. 사고의 가해자와 피해자 모두 보험금을 청구하실 수 있습니다.

③ Q : 사고 접수는 인터넷으로 접수가 가능한가요?

A : 네, 가능합니다. 자세한 접수 절차는 B은행손해보험 홈페이지에서 확인하실 수 있습니다.

④ Q : 질병분류기호가 기재된 처방전은 어떻게 발급하나요?

A : 처방전 발급 시 해당 의료기관에 질병분류기호를 포함해달라고 요청하시면 됩니다.

⑤ Q : 보험금은 언제쯤 지급받을 수 있을까요?

A : 보험금은 사고가 접수된 후에 사고현장을 조사하여 보험금 지급여부를 심사한 다음 지급됩니다. 고객님마다 개인차가 있을 수 있으니 보다 정확한 사항은 보상처리 담당자에게 문의 바랍니다.

정답 해설

3만 원 초과, 10만 원 이하의 소액통원의료비를 청구할 시 진단서 없이 보험금 청구서와 병원 영수증, 질병분류기호(질병명)가 기재된 처방전만으로 접수가 가능하다.

오답분석

② 피보험자, 가해자, 피해자가 사고발생 통보 및 보험금 청구를 할 수 있다.

③ 온라인 접수 절차는 홈페이지에서 확인할 수 있다.

④ 의료기관에서 환자가 요구할 경우, 처방전 발급 시에 질병분류기호(질병명)가 기재된 처방전 2부 발급이 가능하다.

⑤ 사고가 접수된 후에 사고현장을 조사하고 보험금 지급여부를 심사한 뒤에 지급된다. 자세한 보상관련 문의사항은 보상처리 담당자에게 문의하면 된다.

정답 ①

※ 귀하는 H사의 재난안전팀에 근무하는 J사원이다. 다음 재해 발생 보고 단계별 프로세스 자료를 읽고 이어지는 질문에 답하시오. [2~3]

<표>
〈재해 발생 보고 단계별 프로세스〉

1단계 사고현황 파악	작업내용	물체의 설치·해체작업, 운반작업, 운전작업 등
	발생형태	추락, 협착, 낙하·비래, 전도, 충돌, 붕괴, 감전, 폭발 등
	원인	위험환경, 낙하물, 가설물, 중량물, 전기설비, 회전기계 등
2단계 간접원인 분석	기술적 원인	건물·기계장치의 설계 불량, 구조재료의 부적절, 조작기준의 부적절 등
	교육적 원인	작업과정의 위험성 및 그것을 완전히 수행하는 방법에 대한 무지, 경시, 이해부족, 훈련미숙, 나쁜 습관, 경험 부족 등
	신체적 원인	두통·현기증·간질 등의 질병, 근시·난청 등의 불구, 수면부족 등으로 인한 피로, 체격 부적당, 음주 등
	정신적 원인	태만·반항·불만 등의 태도 불량, 초조·긴장·불화 등의 정신적인 동요, 편협·외고집 등의 성격상 결함, 지능적 결함 등
	관리적 원인	작업기준의 불명확, 점검제도의 결함, 부적절한 작업자 배치, 근로의욕의 침체 등 관리상의 결함 등
3단계 직접원인 분석	물적 원인	불안정한 상태
	인적 원인	불안전한 행동
4단계 인과관계 분석	분석한 직·간접원인과 작업내용, 발생형태, 기인물 간의 연관성 분석	
5단계 대책수립	분석 결과에 따라 위험요소 제거를 위한 대책 마련	
6단계 데이터베이스화	분석 결과 데이터 축적 후 향후 위험 예측을 위한 자료로 활용	

| 문제 2 |

계획예방정비공사를 하던 작업자가 보일러 10층에서 추락해 사망하는 사고가 발생하여 귀하는 안전사고의 분석체계를 작성하였다. 다음 중 '원인'에 들어갈 수 있는 내용으로 적절하지 않은 것은?

1단계 사고현황 파악	작업내용	보일러 내부 작업발판 설치
	발생형태	추락
	원인	작업발판
2단계 간접원인 분석	교육적 원인	안전대 사용규정 무시
	정신적 원인	재해발생 2달 전 모친상
	관리적 원인	고위험 작업장소의 관리감독 부재
3단계 직접원인 분석	물적 원인	(불안전한 상태) 작업 위치에 부적절한 안전대
	인적 원인	(불안전한 행동) 고소 작업 시 안전 고리 미체결
4단계 인과관계 분석	규정과 방침의 시행·관리감독 미흡과 작업자 신상관리 미흡	
5단계 대책수립	• (교육적 요인 제거) 고위험 고소 작업자 대상 작업 전 특별안전교육 실시 • (관리적 요인 제거) 고위험 작업현장 안전 관리자 상주 • (직접적 요인 제거) 추락방지용 안전대 2중 Lock – 완강기 및 생명줄 연결	
6단계 데이터베이스화	안전사고 분석체계 시스템을 이용하여 데이터베이스 구축	

① 고위험 고소 작업자 대상의 미비한 안전교육에 의한 교육적 원인

② 작업현장의 침체된 근로 분위기에 의한 간접적 원인

③ 고위험 장소의 안전관리 부족에 의한 관리적 원인

④ 고소 작업 시 안전대 착용 후 안전고리 미체결에 의한 직접적 원인

⑤ 작업자의 사적 문제에 의한 정신적 원인

정답 **해설**

작업현장의 근로 분위기에 대한 내용은 간접원인 분석에 기재되어 있지 않다.

정답 ②

| 문제 3 |

귀하는 신입사원 교육을 맡고 있다. 안전사고 분석체계에 대해서 신입사원에게 자세히 설명하고자 할 때, 다음 중 적절하지 않은 것은?

① 1단계에서는 운반·운전작업 등 재해자가 하고 있던 작업내용이 반드시 파악되어야 합니다.
② 예를 들어 작업자가 로프에 매달린 채로 작업을 하다가 연결고리가 헐거워져 추락하였다면 기인물은 로프의 연결고리라고 할 수 있습니다.
③ 작업과정을 숙지할 때 훈련을 열심히 했지만 사고가 났다면 교육자의 책임이므로 교육적 원인이라고 볼 수 있습니다.
④ 경험이 없는 작업자가 고난이도의 작업에 배치되거나 작업점검표가 제대로 작성되지 않았다면 관리적 원인이라고 볼 수 있습니다.
⑤ 다섯 가지의 간접원인을 분석한 후 사고현장의 불안전한 상태나 사고자의 행동 등 사고에 직접적으로 영향을 준 원인을 분석해야 합니다.

정답 해설

훈련을 열심히 했는데 사고가 발생했다면 교육자의 책임으로 보기 힘들고, 결과적으로 교육적 원인이라고 볼 수 없다.

정답 ③

| 문제 4 |

다음은 S사 제품의 공정 절차와 이에 대한 〈조건〉이다. 공장에서 10시간 동안 기계를 작동했을 때, 가 공정으로 시작하는 공정 과정의 완제품 개수와 나 공정으로 시작하여 만들어지는 완제품 개수의 차이는 몇 개인가?

〈공정표〉

공정	선행공정	소요시간(분)
가	준비단계	30
나	없음	15
다	가	60
라	나	35
마	다	20
바	라 또는 마	45

조건

- 준비단계는 공정을 시작하기 전 기계 점검 및 작동 예열 시간으로 20분이 소요된다(단, 가 공정을 할 때마다 준비단계를 먼저 시행한다).
- 나 공정은 준비단계 없이 바로 시작할 수 있다.
- 공정 사이 제품의 이동시간은 무시한다.
- 가, 나 공정은 동시 시작이 가능하고, 공정 과정은 두 가지이다.
- 가 공정으로 시작하는 제품은 7개, 나 공정으로 시작하는 제품은 3개 생산이 가능하다.
- 공정 과정은 선행 공정에 따라 정해지고, 마지막 공정인 바 공정에서는 동시가동이 가능하다.

① 10개 　　　　　　　　　② 7개

③ 5개 　　　　　　　　　　④ 3개

⑤ 1개

정답 | 해설

가 공정으로 시작하는 공정 과정은 '준비단계 - 가 - 다 - 마 - 바'로 총소요시간은 20+30+60+20+45=175분이다. 나 공정으로 시작하는 공정 과정은 '나 - 라 - 바'로 총소요시간은 15+35+45=95분이다. 각 공정에서 10시간(600분) 동안 한 공정 과정이 끝나는 횟수는 첫 번째 공정은 $\frac{600}{175}$ ≒3번, 두 번째 공정은 $\frac{600}{95}$ ≒6번이다.

따라서 두 공정 과정에서 생산되는 완제품 개수의 차이는 3×7-6×3=21-18=3개이다.

정답 ④

03 | 규정에 의한 순서결정

| 문제 1 |

자동차 회사에서 기계설비를 담당하는 귀하는 12월 주말근무표 초안을 작성하였는데, 이를 토대로 대체근무자를 미리 반영하려고 한다. 다음 중 귀하가 배정한 인원으로 옳지 않은 것은?

• 주말근무 규정
① 1 ~ 3팀은 순차적으로 주말근무를 실시한다.
② 주말근무 후에는 차주 월요일(토요일 근무자) 및 화요일(일요일 근무자)을 휴무일로 한다.
③ 주말 이틀 연속 근무는 금한다.
④ 주말근무 예정자가 개인사정으로 인하여 근무가 어렵다면, 해당 주 휴무이거나 혹은 근무가 없는 팀의 일원 1명과 대체한다.

• 12월 주말 근무표

구분	1주 차		2주 차		3주 차		4주 차	
	5일(토)	6일(일)	12일(토)	13일(일)	19일(토)	20일(일)	26일(토)	27일(일)
근무자	1팀	2팀	3팀	1팀	2팀	3팀	1팀	2팀

• 기계설비팀 명단
1팀 : 강단해(팀장), 마징가, 차도선, 이방원, 황이성, 강의찬
2팀 : 사차원(팀장), 박정훈, 이도균, 김선우, 정선동, 박아천
3팀 : 마강수(팀장), 이정래, 하선오, 이광수, 김동수, 김대호

	휴무예정일자	휴무예정자	사유	대체근무자	대체근무일
①	12/5(토)	차도선	가족여행	하선오	12/12(토)
②	12/12(토)	이정래	지인 결혼식	박정훈	12/27(일)
③	12/19(토)	이도균	건강검진	이방원	12/13(일)
④	12/20(일)	이광수	가족여행	강의찬	12/26(토)
⑤	12/27(일)	박아천	개인사정	김대호	12/12(토)

정답 해설

12/5(토)에 근무하기로 예정된 1팀 차도선이 개인사정으로 근무를 대체하려고 할 경우, 그 주에 근무가 없는 3팀의 한 명과 바꿔야한다. 대체근무자인 하선오는 3팀에 소속된 인원이긴 하나, 대체근무일이 12/12(토)로 1팀인 차도선이 근무하게 될 경우 12/13(일)에도 1팀이 근무하는 날이기 때문에 '주말 이틀 연속 근무는 금한다.'는 세 번째 주말근무 규정에 어긋나 옳지 않다.

정답 ①

다음 글을 근거로 판단할 때, A ~ G에게 기내식을 제공하는 순서로 옳은 것은?

■ **기내식 종류별 제공 순서**
1. 어린이 식사를 가장 먼저 제공한다.
   ※ 어린이 식사는 미리 주문한 사람에 한하여 제공하며, 어린이와 동승한 자의 식사도 함께 제공한다.
2. 특별식을 두 번째로 제공한다.
   ※ 특별식에는 채식, 저칼로리식, 저탄수화물식, 저염식이 있으며, 미리 주문한 사람에 한하여 제공한다.
3. 일반식을 마지막으로 제공한다. 순서는 다음과 같다. 기체의 가장 앞쪽과 가장 뒤쪽부터 중간쪽 방향으로 제공한다. 단, 같은 열에서는 창가에서 내측 방향으로 제공한다.

■ **탑승자 정보**
- A : 어린이와 동승했으며 어린이 식사를 미리 주문하였다.
- B : 특별식을 주문하지 않았으며, 동승한 친구는 자신이 먹을 채식을 미리 주문하였다.
- C : 혼자 탑승하였으며 특별식을 주문하지 않았다.
- D : 어린이와 동승하였으나 어린이 식사를 주문하지 않았다.
- E : 혼자 탑승하였으며 저칼로리식을 미리 주문하였다.
- F : 성인인 친구와 동승하였으며 특별식을 주문하지 않았다.
- G : 혼자 탑승하였으며 특별식을 주문하지 않았다.

■ **탑승자의 좌석 배치도**

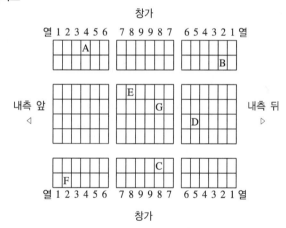

① A－B－E－F－D－C－G
② A－E－B－F－D－G－C
③ A－E－F－B－D－C－G
④ B－F－A－D－G－C－E
⑤ B－F－A－D－E－G－C

정답 해설

어린이 식사를 미리 주문한 A에게 가장 먼저 제공하고, 저칼로리식(특별식)을 미리 주문한 E에게 두 번째로 제공한다. 다음으로는 좌측 2열 창가에 있는 F, 우측 2열 창가에서 두 번째에 있는 B, 중앙 5열에 있는 D, 좌측 8열 창가에서 두 번째에 있는 C, 중앙 8열에 있는 G의 순으로 제공한다.

정답 ③

문제 3

면접시험에서 순서대로 면접을 진행한 응시자들 중 다음 〈조건〉에 따라 평가 점수가 가장 높은 6명이 합격할 때, 합격자를 높은 점수 순서대로 나열한 것은?(단, 동점인 경우 먼저 면접을 진행한 응시자를 우선으로 한다)

> **조건**
> - 면접관 5명이 부여한 점수 중 최고점과 최저점을 제외한 나머지 면접관 3명이 부여한 점수의 평균과 보훈 가점의 합으로 평가한다.
> - 최고점과 최저점이 1개 이상일 때는 1명의 점수만 제외한다.
> - 소수점 셋째 자리에서 반올림한다.

〈지원자 면접 점수〉

(단위 : 점)

구분	면접관 1	면접관 2	면접관 3	면접관 4	면접관 5	보훈 가점
A	80	85	70	75	90	–
B	75	90	85	75	100	5
C	70	95	85	85	85	–
D	75	80	90	85	80	–
E	80	90	95	100	85	5
F	85	75	95	90	80	–
G	80	75	95	90	95	10
H	90	80	80	85	100	–
I	70	80	80	75	85	5
J	85	80	100	75	85	–
K	85	100	70	75	75	5
L	75	90	70	100	70	–

① G – A – C – F – E – L
② D – A – F – L – H – I
③ E – G – B – C – F – H
④ G – E – B – C – F – H
⑤ G – A – B – F – E – L

정답 해설

조건에 따라 최고점과 최저점을 제외한 3명의 면접관의 평균과 보훈 가점을 더한 총점은 다음과 같다.

구분	총점	순위	구분	총점	순위
A	$\dfrac{80+85+75}{3}=80$점	7위	G	$\dfrac{80+90+95}{3}+10≒98.33$점	1위
B	$\dfrac{75+90+85}{3}+5≒88.33$점	3위	H	$\dfrac{90+80+85}{3}=85$점	4위
C	$\dfrac{85+85+85}{3}=85$점	4위	I	$\dfrac{80+80+75}{3}+5≒83.33$점	5위
D	$\dfrac{80+85+80}{3}≒81.67$점	6위	J	$\dfrac{85+80+85}{3}≒83.33$점	5위
E	$\dfrac{90+95+85}{3}+5=95$점	2위	K	$\dfrac{85+75+75}{3}+5≒83.33$점	5위
F	$\dfrac{85+90+80}{3}=85$점	4위	L	$\dfrac{75+90+70}{3}≒78.33$점	8위

따라서 총점이 가장 높은 6명의 합격자를 면접을 진행한 순서대로 나열하면 G−E−B−C−F−H이다.

정답 ④

04 | 투표의 결과

| 문제 1 |

한 선거구에 A ~ E 5명의 후보가 출마하여, 다음 투표 방식에 따라 투표 결과를 얻었다. 아래의 당선자 결정방식에 따를 때 당선자는?

〈투표 방식과 투표 결과〉

• 유권자는 한 장의 투표용지에 가장 선호하는 1순위 후보 한 명과 다음으로 선호하는 2순위 후보 한 명을 기표한다.
• 유권자 1,000명이 모두 투표에 참여한 투표 결과를 정리하면 다음과 같다.

기표내용		투표자 수(명)
1순위	2순위	
A	B	250
A	C	100
B	C	200
C	A	200
D	C	150
E	C	100

〈당선자 결정방식〉

1순위 표 과반수를 획득한 자를 당선자로 한다. 단, 1순위 표 과반수를 획득한 자가 없는 경우에는 다음에 의한다.

① 1순위 최소 득표자는 후보에서 제외된다. 이때 제외된 후보자가 획득한 표는 그 투표용지에 2순위로 기표된 후보에게 넘겨진다. 이 표들은 넘겨받은 후보의 1순위 표와 합산된다.
② 과반수 득표자가 나올 때까지 ①의 과정을 반복한다.

① A   ② B
③ C   ④ D
⑤ E

정답 해설

- 1단계 : 1순위 최다 투표자는 A(350표)인데, 이는 과반수에 미치지 못하므로 다음 단계로 넘어간다.
- 2단계 : 1단계의 최소 득표자는 E(100표)인데, 이는 그 투표용지에 2순위로 기표된 C에 합산된다. 따라서 A(350표), C(300표), B(200표), D(150표)가 되는데 여전히 A의 득표수가 과반수에 미치지 못하므로 다음 단계로 넘어간다.
- 3단계 : 2단계의 최소 득표자는 D(150표)인데, 이는 그 투표용지에 2순위로 기표된 C에 합산된다. 따라서 C(450표), A(350표), B(200표)가 되는데 여전히 C의 득표수가 과반수에 미치지 못하므로 다음 단계로 넘어간다.
- 4단계 : 3단계의 최소 득표자는 B(200표)인데, 이는 그 투표용지에 2순위로 기표된 C에 합산된다.

따라서 C(650표), A(350표)가 되어 과반수를 획득한 C가 당선된다.

정답 ③

| 문제 2 |

Y국가에서는 대통령 선거에서 과반수 득표를 한 당선자가 나올 때까지 최하위 득표자를 제외하면서 투표를 계속 진행하는 방식의 선거제도를 두고 있다. 다음 〈조건〉에 따라 나타날 수 있는 결과로 옳은 것은?

> **조건**
> • 1차 투표 결과, 후보 A, B, C, D의 득표율은 각각 33%, 28%, 21%, 16%이다.
> • 유권자는 자신이 지지하는 후보가 탈락하지 않는 경우 지지 후보를 바꾸지 않는다.
> • 후보 B와 C를 지지하는 유권자들의 이념적 성향이 유사하다. 따라서 두 후보 중 한 사람이 탈락하는 경우 탈락한 후보의 지지자는 모두 다음 투표에서 이념적 성향이 유사한 후보에게 투표한다.

① 1차 투표 이후 D후보를 지지하는 유권자의 선택과 상관없이 최종적으로 A후보가 선출된다.

② D후보를 지지하는 유권자의 75%가 1차 투표 이후 C후보를 지지한다면 최종적으로 C후보가 선출된다.

③ 1차 투표 이후 D후보를 지지하는 유권자가 모두 A후보를 지지하는 경우 2차 투표에서 A후보가 선출된다.

④ D후보를 지지하는 유권자가 1차 투표 이후 모두 기권한다면 2차 투표에서 당선자가 결정되어 3차 투표는 불필요하다.

⑤ 1차 투표 이후 D후보를 지지하는 유권자의 절반은 A후보를 그리고 절반은 B후보를 지지하는 경우 3차 투표는 불필요하다.

D후보를 지지하는 유권자들 중 C후보를 지지하지 않는 4%의 유권자들이 A, B 중 어느 후보를 지지하더라도 C가 선출되는 것에는 변함이 없으므로 옳은 내용이다.

구분	A	B	C	D
1차 투표	33	28	21	16(탈락)
2차 투표	33 ~ 37	28(탈락) ~ 32	33	12(C), 4(A, B)
3차 투표	33 ~ 37	C지지	61 ~ 65	12(C), 4(A, B)

오답분석

① D후보를 지지하는 유권자들이 C후보를 지지하는 경우 C후보가 선출되므로 옳지 않은 내용이다.

구분	A	B	C	D
1차 투표	33	28	21	16(탈락)
2차 투표	33	28(탈락)	37	C지지
3차 투표	33	C지지	65	C지지

③ 2차 투표에서도 A후보는 과반수 득표를 하지 못하므로 옳지 않은 내용이다.

구분	A	B	C	D
1차 투표	33	28	21	16(탈락)
2차 투표	49	28	21(탈락)	A지지

④ 2차 투표에서 과반수 득표(41% 이상)를 얻은 후보가 없으므로 옳지 않은 내용이다.

구분	A	B	C	D
1차 투표	33	28	21	16(탈락)
2차 투표	33	28	21	기권

⑤ 2차 투표에서 과반수 득표(50% 이상)를 얻은 후보가 없으므로 옳지 않은 내용이다.

구분	A	B	C	D
1차 투표	33	28	21	16(탈락)
2차 투표	41	36	21	8(A), 8(B)

정답 ②

K공사는 직원들의 복지를 위해 복지프로그램을 선정하여 주말마다 시행하고자 한다. 다음은 후보 프로그램들에 대한 심사위원들의 평가와 직원들의 선호투표 결과이다. 〈조건〉에 따라 프로그램을 선정하여 시행한다고 할 때, 〈보기〉 중 항상 옳은 것을 모두 고르면?

〈세부사항〉

- 심사위원 점수는 직원 복지에 대한 각 복지프로그램의 예상 기여도에 따라 심사위원 A, B, C가 100점 만점에서 5의 배수로 부여한 점수를 나타낸 것이다.
- 직원 선호투표 득표수는 직원 1,100명을 대상으로 1인 1표제로 선호하는 프로그램에 투표하도록 한 후 각 프로그램의 득표수를 기록한 것이다.
- 빈칸은 아직 공개되지 않은 점수 및 득표수이다.

〈심사위원 점수〉

(단위 : 점)

프로그램 심사위원	자전거트래킹	자수교실	독서토론	요가교실
A	90	70	80	70
B	75	75		65
C	80		85	90

〈직원 선호투표 득표수〉

(단위 : 점)

구분	자전거트래킹	자수교실	독서토론	요가교실
득표수	280	260	220	

조건

- 선정점수가 가장 높은 프로그램 1개를 선정하여 시행한다.
- 선정점수는 심사점수와 선호점수를 합산하여 산출한다.
- 심사점수는 심사위원 점수 중 최저점수 1개를 제외한 나머지 점수를 합산하여 산출한다.
- 선호점수는 직원 선호투표 10표당 2점으로 환산하여 선호점수를 산출한다.

보기

ㄱ. 자전거트래킹은 어떠한 경우에도 선정될 수 없다.
ㄴ. 선정될 가능성이 있는 프로그램은 2개뿐이다.
ㄷ. 자수교실은 C심사위원이 부여한 점수에 따라 선정될 수 있다.
ㄹ. 독서토론이 선정되기 위해서는 적어도 B심사위원으로부터 90점을 받아야 한다.

① ㄱ, ㄴ
② ㄱ, ㄷ
③ ㄴ, ㄷ
④ ㄴ, ㄹ
⑤ ㄱ, ㄴ, ㄹ

정답 해설

선호투표에 참여한 직원 수는 1,100명이므로 요가교실 득표수는 1,100−280−260−220=340점이다.

심사점수에서 자수교실의 경우 C심사위원의 점수가 70점 미만인 경우 심사점수는 70+75=145점이며, 75점을 초과할 경우 70점인 A심사위원의 점수를 제외하고 최대 75+100=175점까지 가능하다.

독서토론의 경우, B심사위원의 점수가 80점 미만인 경우 심사점수가 80+85=165점이며, 85점을 초과할 경우 최대 100+85=185점까지 가능하다.

또한 선호점수는 (득표수의 가중치)×0.2를 하여 각 프로그램의 선정점수를 나타내면 다음과 같다.

(단위 : 점)

구분	자전거트래킹	자수교실	독서토론	요가교실
심사점수	90+80=170	145 ~ 175	165 ~ 185	70+90=160
선호점수	280×0.2=56	260×0.2=52	220×0.2=44	340×0.2=68
선정점수	226	197 ~ 227	209 ~ 229	228

ㄱ. 위 표에 따르면 선정될 프로그램은 단 1개인데, 자전거트래킹은 이미 요가교실보다 선정점수가 낮으므로 선정될 수 없다.

ㄴ. 자전거트래킹은 ㄱ의 설명에 따라 선정될 가능성이 없고, 자수교실은 최대점수가 227점으로 요가교실보다 낮으므로 선정될 수 없다. 반면, 독서토론의 경우 B심사위원으로부터 100점을 받는다면 요가교실보다 높은 선정점수인 229점을 얻어 선정될 수 있다. 하지만 독서토론이 B심사위원으로부터 100점 미만인 점수를 받는다면 요가교실이 선정된다. 따라서 선정될 가능성이 있는 프로그램은 독서토론, 요가교실 2개뿐이다.

오답분석

ㄷ. 자수교실은 C심사위원한테 최대점수 100점을 받더라도 선정점수가 요가교실보다 낮으므로 선정될 수 없다.

ㄹ. 독서토론이 선정되려면 B심사위원으로부터 100점을 받아야 하므로 옳지 않다.

정답 ①

05 | 규정의 단순이해

| 문제 1 |

다음 중 기초생활수급자 선정과 관련된 서술로 옳지 않은 것은?

> **가. 기초생활수급자 선정 기준**
> 부양의무자가 없거나, 부양의무자가 있어도 부양능력이 없거나 또는 부양을 받을 수 없는 자로서 소득인 정액이 최저생계비 이하인 자
> ※ 부양능력이 있는 부양의무자가 있어도 부양을 받을 수 없는 경우란, 부양의무자가 교도소 등에 수용되거나 병역 법에 의해 징집·소집되어 실질적으로 부양을 할 수 없는 경우와 가족관계 단절 등을 이유로 부양을 거부하거나 기피하는 경우 등을 가리킨다.
>
> **나. 매월 소득인정액 기준**
> - (소득인정액)=(소득평가액)+(재산의 소득환산액)
> - (소득평가액)=(실제소득)-(가구특성별 지출비용)
>
> **다. 가구별 매월 최저생계비**
> (단위 : 만 원)
>
> | 1인 | 2인 | 3인 | 4인 | 5인 | 6인 |
> |---|---|---|---|---|---|
> | 42 | 70 | 94 | 117 | 135 | 154 |
>
> **라. 부양의무자의 범위**
> 수급권자의 배우자, 수급권자의 1촌 직계혈족 및 그 배우자, 수급권자와 생계를 같이 하는 2촌 이내의 혈족

① 소득인정액이 최저생계비 이하인 자로서 부양의무자가 없으면 기초생활수급자로 선정된다.
② 소득인정액은 소득평가액과 재산의 소득환산액을 합한 것이다.
③ 수급권자의 삼촌은 부양의무자에 해당되지 않는다.
④ 두 가구의 소득평가액이 같을 때, 재산의 소득환산액이 높은 가구가 다른 가구보다 소득인정액이 더 높다.
⑤ 소득평가액은 실제소득에서 가구특성별 지출비용을 합한 것이다.

정답 해설

매월 소득인정액 기준에 따르면 소득평가액은 실제소득에서 가구특성별 지출비용을 뺀 것이다.

정답 ⑤

| 문제 2 |

A고객은 3일 후 떠날 3주간의 제주도 여행에 대비하여 가족 모두 여행자 보험에 가입하고자 B은행에 방문하였다. 이에 K사원이 A고객에게 여행자 보험 상품을 추천하고자 할 때, K사원의 설명으로 적절하지 않은 것은?(단, A고객 가족의 나이는 만 14세, 17세, 45세, 51세, 75세이다)

〈B은행 여행자 보험〉

- 가입연령 : 만 1 ~ 79세(인터넷 가입 만 19 ~ 70세)
- 납입방법 : 일시납
- 납입기간 : 일시납
- 보험기간 : 2일 ~ 최대 1개월
- 보장내용

보장의 종류	보험금 지급사유	지급금액
상해사망 및 후유장해	여행 중 사고로 상해를 입고 그 직접적인 결과로 사망하거나 후유장해상태가 되었을 때	− 사망 시 가입금액 전액 지급 − 후유장해 시 장해정도에 따라 가입금액의 30 ~ 100% 지급
질병사망	여행 중 발생한 질병으로 사망 또는 장해지급률 80% 이상의 후유장해가 남았을 경우	가입금액 전액 지급
휴대품 손해	여행 중 우연한 사고로 휴대품이 도난 또는 파손되어 손해를 입은 경우	가입금액 한도 내에서 보상하되 휴대품 1개 또는 1쌍에 대하여 20만 원 한도로 보상(단, 자기부담금 1만 원 공제)

- 유의사항
  − 보험계약 체결일 기준 만 15세 미만자의 경우 사망은 보장하지 않음
  − 보장금액과 상해, 질병 의료실비에 관한 보장내용은 홈페이지 참조

---

① 고객님, 가족 모두 가입하시려면 반드시 은행에 방문해주셔야 합니다.
② 고객님, 만 14세 자녀의 경우 본 상품에 가입하셔도 사망보험금은 지급되지 않습니다.
③ 고객님, 여행 도중 귀중품을 분실하셨을 경우에 분실물의 수량과 관계없이 최대 20만 원까지 보상해드립니다.
④ 고객님, 후유장해 시 보험금은 장해정도에 따라 차등지급됩니다.
⑤ 고객님, 보험가입 시 보험금은 한 번만 납입하시면 됩니다.

정답 해설

가입금액 한도 내에서 보상하되 휴대품 손해로 인한 보상 시 휴대품 1개 또는 1쌍에 대해서만 20만 원 한도로 보상한다.

정답 ③

| 문제 3 |

다음은 K공사의 스마트워크 구축과 관련한 현장방문 안내 설명문이다. 다음 〈조건〉을 바탕으로 현장방문 계획을 세운다고 할 때 옳지 않은 것은?

1. **방문시간**
   평일 10:00 ~ 17:00(주말 및 공휴일 휴관)

2. **신청방법**
   • 10인 이하 : 별도 신청 후 청사주변 및 17층 자율관람
   • 10인 이상
     − 사전예약제로 운영(방문희망일 3일 전까지 신청 가능)
     − 안내 직원에 따라 방문코스별 관람
   ※ 6세 이하 어린이는 보호자를 동반하여야 합니다.

3. **방문코스 및 소요 시간(사전예약자에 한함)**

구분	소요 시간	안내 내용	주요 방문지
A코스	20분	스마트워크 사무실 및 협업공간 관람	17층(휴게공간 및 전망대) → 6층(회의공간) → 5층(지식창조공간)
B코스	40분	사무실, 물관리센터 및 협업공간 관람	1층(스마트워크 프레젠테이션) → 17층(휴게공간 및 전망대) → 6층(회의공간) → 5층(지식창조공간) → 4층(물관리센터)

   ※ 코스 및 소요 시간은 상황에 따라 변경될 수 있음
   ※ 스마트워크 및 물관리센터 프레젠테이션 : 15인 이상 방문 단체는 사전예약 시 관람 가능

4. **관람료 : 무료**

5. **방문 시 유의사항**
   • 직원들이 근무하는 공간이니 정숙해 주시고 뛰어다니는 행위는 삼가십시오.
   • 핸드폰은 진동모드로 전환해 주십시오.
   • 건물 내에는 음식물 반입이 금지됩니다.
   • 진열장 및 전시품을 손으로 만질 수 없습니다.
   • 플래시, 삼각대를 이용해 사진을 찍는 행위는 금하고 있습니다.
   • 관람예절을 지키지 않아 타인의 관람에 피해를 주는 경우, 관람을 제한할 수 있습니다.

6. **찾아오시는 길(본사)**
   주소 : 전라남도 나주시 그린로 20(빛가람동 358) K공사

7. **방문신청(전화)**
   경영지원처 대리 정○○(전화 : 061-123-4568)

> **조건**
>
> • 대상 : K공사에 취업을 희망하는 A대학교 학생
> • 인원 : 15명
> • 방문희망일 : 2024년 8월 10일(토)
> • 기타 : 스마트워크에 대한 프레젠테이션과 물관리센터 공간 관람을 필요로 함
> • 별도의 사전예약은 하지 않음

① 주말 및 공휴일은 휴관하니 평일 수업이 많이 없는 금요일 1시로 방문시간을 정해야겠어.

② 관람 요청 내용에 따르면 B코스를 선택해야 해.

③ 스마트워크 및 물관리센터 프레젠테이션은 기본 인원이 15인 이상이니 우리는 관람할 수 있겠어.

④ 적어도 8월 7일까지는 관람 신청을 해야 해.

⑤ 10인 이하일 경우는 별도 신청 후 청사주변 및 17층 자율관람을 하지만 우리는 안내 직원에 따라 코스별 관람을 해야 해.

정답 | 해설

스마트워크 및 물관리센터 프레젠테이션은 B코스에 해당하고, 15인 이상 방문 단체는 사전예약 시 관람할 수 있다.

정답 ③

| 문제 4 |

다음은 B은행의 전세자금대출 관련 설명서의 일부이다. 홈페이지의 Q&A 담당인 A사원이 게시판에 올라온 질문에 잘못 답변한 것은?

◆ **대출대상자**

부동산중개업소를 통해 임대차계약(임차보증금이 있는 월세계약 포함)을 체결하고 5% 이상의 계약금을 지급한 임차인으로 다음 요건을 모두 충족하는 고객[임대인이 주택사업자(법인 임대사업자 포함)인 경우에는 부동산중개업소를 통하지 않은 자체계약서 인정 가능]
- 대출신청일 현재 만 19세 이상인 고객
- 대출신청일 현재 임대차계약기간이 1년 이상 남은 고객
- 임차보증금이 수도권(서울특별시 포함) 4억 원, 그 외 지역의 경우 3억 원 이하여야 함[단, 임대인이 주택사업자(법인 임대사업자 포함)인 경우 임차보증금 제한 없음]
- 임차권의 대항력 및 우선변제권을 확보한 고객 또는 확보할 수 있는 고객
- 외국인 및 재외국민이 아닌 고객

◆ **대상주택**

전 지역 소재 주택으로서 다음의 조건을 모두 갖추어야 함
- 임대인에 따라 다음 주택을 대상으로 함
  - 임대인이 개인인 경우 : 아파트(주상복합아파트 포함), 연립주택, 다세대주택, 단독주택, 다가구주택, 주거용 오피스텔
  - 임대인이 주택사업자(법인 임대사업자 포함)인 경우 : 아파트(주상복합아파트 포함), 연립주택, 주거용 오피스텔
- 소유권에 대한 권리침해 사항(경매신청, 압류, 가압류, 가처분, 가등기 등)이 없어야 함
- 전입세대열람내역 확인 시 타 세대의 전입내역이 없을 것(단, 단독주택 및 다가구주택은 여러 세대가 공동 거주하므로 다른 세대의 전입내역이 있는 경우에도 취급 가능)
- 미등기 건물 또는 건축물대장상 위반건축물이 아닌 경우
- 선순위채권이 존재하는 경우 주택가격의 60% 이내일 것
- 임대인이 외국인, 해외거주자인 경우 취급할 수 없음

① Q : 아직 계약금을 내지 않았는데, 전세자금대출을 받아 계약금을 먼저 내고 싶습니다.

   A : 부동산중개업소를 통해 임대차계약(임차보증금이 있는 월세계약 포함)을 체결하고 5% 이상의 계약금을 지급하여야만 대출을 진행할 수 있습니다.

② Q : 내년에 입주 예정인 만 18세 예비 대학생입니다. 올해 대출을 받아 내년에 입주하고 싶은데, 가능한가요?

   A : 대출신청일 현재 만 19세 이상이셔야 합니다.

③ Q : 다음 달이 전세계약 만기라 대출을 받고 싶습니다.

   A : 대출 신청일 현재 임대차계약기간이 1년 이상 남아야 합니다.

④ Q : 최근 준공 완료한 건물이라 아직 등기부등본에 조회가 안 되는 것 같습니다. 대출부터 진행할 수 있나요?

   A : 미등기 건물은 대출이 불가합니다.

⑤ Q : 필리핀에서 한국으로 귀화한 지 2년이 지났습니다. 다른 조건을 만족하면 대출이 가능한가요?

   A : 외국인인 경우 대출이 불가합니다.

정답 | 해설

외국인 및 재외국민의 경우 대출이 불가한데, 질문자의 경우 한국으로 귀화한 임차인이기 때문에 다른 조건이 충족되면 대출이 가능하다.

정답 ⑤

06 | 이동수단의 선택

| 문제 1 |

식음료 제조회사에 근무하고 있는 사원 L씨는 울산에 있는 공장에 업무차 방문하기 위해 교통편을 알아보고 있는 중이다. L씨는 목요일 오전 업무를 마치고 오후 12시에 출발이 가능하며, 당일 오후 3시까지 공장에 도착해야 한다. 다음 자료를 보고 L씨가 선택할 교통편으로 가장 적절한 것은?(단, 도보이동 시간은 고려하지 않는다)

▲ 울산 공장 위치 및 전화번호
　　울산광역시 울주군 기성면 망양리 00-0(전화번호 : 052-123-4567)

▲ 회사에서 이동수단 장소까지의 소요 시간

출발지	도착지	소요 시간
회사	김포공항	40분
	고속버스터미널	15분
	서울역	30분

▲ 이동수단별 소요 시간

구분	운행 요일	출발지	출발시각	소요 시간
비행기	매일	김포공항	(정각기준)30분 간격	1시간
고속버스	월/수/금	고속버스터미널	매 시 정각	4시간 20분
KTX	매일	서울역	매 시 정각	2시간 15분

▲ 공장까지의 소요 시간

교통편	출발지	소요 시간
버스	울산공항	1시간 50분
	울산터미널	1시간 30분
	울산역	1시간 20분
택시	울산공항	30분
	울산터미널	50분
	울산역	15분
공항 리무진 버스	울산공항	1시간 5분

① KTX - 택시

② KTX - 버스

③ 비행기 - 택시

④ 비행기 - 공항 리무진 버스

⑤ 고속버스 - 택시

정답 **해설**

회사에서 김포공항까지 40분, 김포공항에서 울산공항까지 1시간, 울산공항에서 택시를 타고 공장까지 30분이 걸리므로 비행기와 택시를 이용하면 총 2시간 10분이 소요된다. 회사에서 오후 12시에 출발한다면 김포공항에서는 (정각기준) 30분 간격으로 비행기를 탈 수 있으므로 오후 1시에 출발하여 울산 공장에 오후 2시 30분에 도착한다. 그러므로 이동수단을 비행기와 택시를 이용하는 것이 가장 적절하다.

오답분석

① 회사에서 서울역까지 30분, 서울역에서 울산역까지 2시간 15분, 울산역에서 택시를 타고 공장까지 15분이 걸리므로 KTX와 택시를 이용하면 총 3시간이 소요된다. 오후 12시에 회사에서 출발하면 서울역에서 오후 1시 열차를 탈 수 있으며, 공장에는 오후 3시 30분에 도착하므로 적절하지 않다.

② 회사에서 서울역까지 30분, 서울역에서 울산역까지 2시간 15분, 울산역에서 버스를 타고 공장까지 1시간 20분이 걸리므로 KTX와 버스를 이용하면 이동시간만 총 4시간 5분이 소요된다. 오후 3시까지 도착할 수 없기 때문에 적절하지 않다.

④ 회사에서 김포공항까지 40분, 김포공항에서 울산공항까지 1시간, 울산공항에서 공항 리무진 버스를 타고 공장까지 1시간 5분이 걸리므로 비행기와 공항 리무진 버스를 이용하면 총 2시간 45분이 소요된다. 회사에서 12시에 출발해 김포공항에 12시 40분에 도착하면 오후 1시에 비행기를 탈 수 있다. 울산공항에 도착하는 시간은 2시이며, 공장에는 3시 5분에 도착하므로 적절하지 않다.

⑤ 고속버스는 일주일에 세 번, 월·수·금요일에만 운행하므로 목요일에 이동해야 하는 L씨에게는 적절하지 않다.

정답 ③

| 문제 2 |

김과장은 4월 3일 월요일부터 2주 동안 미얀마, 베트남, 캄보디아의 해외지사를 방문한다. 원래는 모든 일정이 끝난 4월 14일 입국 예정이었으나, 현지 사정에 따라 일정이 변경되어 4월 15일 23시에 모든 일정이 마무리된다는 것을 출국 3주 전인 오늘 알게 되었다. 이를 바탕으로 가장 효율적인 항공편을 다시 예약하려고 한다. 어떤 항공편을 이용해야 하며, 취소 수수료를 포함하여 드는 총비용은 얼마인가?(단, 늦어도 4월 16일 자정까지는 입국해야 하며, 비용에 상관없이 시간이 적게 걸릴수록 효율적이다)

◆ 해외지점 방문 일정

대한민국 인천 → 미얀마 양곤(M지사) → 베트남 하노이(V지사) → 베트남 하노이(H지사) → 캄보디아 프놈펜(C지사) → 대한민국 인천

※ 마지막 날에는 프놈펜 S호텔에서 지점장과의 만찬이 있다.

◆ 항공권 취소 수수료

구분	출발 전 50~31일	출발 전 30~21일	출발 전 20일~당일 출발	당일 출발 이후(No-Show)
일반운임	13,000원	18,000원	23,000원	123,000원

◆ 항공편 일정

• 서울과 프놈펜의 시차는 2시간이며, 서울이 더 빠르다.
• 숙박하고 있는 프놈펜 S호텔은 공항에서 30분 거리에 위치하고 있다.

항공편	출발 PNH, 프놈펜 (현지 시각 기준)	도착 ICN, 서울 (현지 시각 기준)	비용	경유 여부
103	4/16 11:10	4/17 07:10	262,500원	1회 쿠알라룸푸르
150	4/16 18:35	4/17 07:10	262,500원	1회 쿠알라룸푸르
300	4/16 06:55	4/16 16:25	582,900원	1회 호치민
503	4/16 23:55	4/17 07:05	504,400원	직항
402	4/16 14:30	4/17 13:55	518,100원	1회 광주(중국)
701	4/16 08:00	4/16 22:10	570,700원	2회 북경 경유, 광주(중국) 체류

① 503 항공편, 522,400원   ② 300 항공편, 600,900원
③ 503 항공편, 527,400원   ④ 300 항공편, 605,900원
⑤ 503 항공편, 600,900원

• 항공편 예약

김과장은 시간이 적게 걸리는 항공편을 효율적이라고 본다. 따라서 시간이 적게 걸리는 항공편을 순서대로 나열하면 '503(5시간 10분) − 300(7시간 30분) − 150(10시간 35분) − 701(12시간 10분) − 103(18시간) − 402(21시간 25분)'이다(프놈펜과 서울의 시차 2시간을 적용해서 계산해야 한다).

그러나 주어진 조건에 따라 김과장은 4월 16일 자정 이전에 입국해야 하므로, 503 항공편은 5시간 10분이 걸리지만 4월 17일 오전 7시 5분에 도착하여 적합하지 않다. 따라서 503 항공편 다음으로 시간이 적게 소요되고 4월 16일 16시 25분에 도착하는 300 항공편을 예약하면 된다.

• 비용(취소 수수료 포함)

 − 김과장이 다시 예약할 300 항공편 : 582,900원

 − 취소 수수료(출발 30 ~ 21일 전 가격) : 18,000원

 따라서 (총비용)=(300 항공편 가격)+(취소 수수료)=600,900원이다.

01 유형의 이해

다른 유형의 문제들이 일상생활에서 실제로 접할 수 있는 규칙들에서 출제된다면 이 유형의 경우는 그와는 달리 실제로는 접하기 어렵지만 상상 속에서 가능한 규칙들로 제시된다. 때문에 이 유형의 문제들은 출제자의 상상력이 허용하는 한 매우 다양한 형태의 모습으로 출제되는데, 외형상으로는 이 문제가 어느 유형인지 가늠하기 어려운 경우가 많아 상대적으로 어렵게 느껴지기도 한다. 하지만 NCS 수준에서는 출제되는 규칙의 내용과 예외가 많지 않아 의외로 난도가 낮은 경우가 대부분이다.

02 접근법

(1) 규칙에서 시키는 대로 고분고분 따라가자

이 유형의 문제를 처음 만나게 되면 생소한 규칙으로 인해 지레 겁부터 먹는 경우가 많아 전체 페이스가 무너질 수 있다. 하지만, 실상 내용을 살펴보면 복잡한 논리적 추론과정 없이 단순히 규칙만 차근히 따라가면 풀리는 경우가 대부분이다. 단, 이 규칙들에는 거의 대부분 예외 사항이 존재하며 이 예외가 정답을 결정하는 데에 결정적인 역할을 하는 만큼 이를 놓쳐서는 안 된다.

(2) 기존의 지식을 개입시키지 마라

이 유형에서는 이동의 방향이나 사칙연산의 일반적인 규칙을 해당 문제를 위해 변형하는 경우가 많다. 하지만 풀이 시간이 부족한 경우 자신이 평소 알고 있는 사전지식을 이용해 빠르게 풀어버리는 수험생들이 상당히 많으며 출제자 또한 그런 상황을 잘 알고 있다. 따라서 선택지에는 그렇게 풀이한 답 역시 선택지에 존재하기 마련이며 그 문제는 자신은 맞았다고 생각했지만 실제로는 틀린, 왜 점수가 낮게 나왔는지 알 수 없는 미궁에 빠져버리게 된다. 평소 문제를 풀 때 자신의 점수가 예상보다 늘 낮게 나온다면 혹 이와 같은 경우에 해당하는 것은 아닌지 자문해 보기 바란다.

03 생각해 볼 부분

사그라들지 않는 코딩 열풍에 따라 코딩을 응용한 유형의 문제는 점점 더 많이 출제될 것으로 예상된다. 하지만 그렇다고 해서 몇몇 수험생들처럼 NCS의 문제를 풀기 위해 코딩을 별도로 공부할 필요는 없다. 코딩이라는 것은 규칙 자체를 만드는 작업인데, 이미 시험지에는 그 규칙이 자세히 쓰여져 있기 때문이다. 코딩은 입사에 성공한 이후에 자기계발의 차원에서 공부하도록 하자.

A씨가 근무하는 회사는 출근할 때 카드 또는 비밀번호를 입력하여야 한다. 어느 날 A씨는 카드를 집에 두고 출근을 하여 비밀번호로 근무지에 출입하고자 한다. 그러나 비밀번호가 잘 기억이 나지 않아 당혹해하였다. 네 자리 숫자의 비밀번호에 대해서 다음과 같은 〈조건〉이 주어진다면, A씨가 이해한 내용으로 옳지 않은 것은?

조건

- 비밀번호를 구성하고 있는 각 숫자는 소수가 아니다.
- 6과 8 중에서 단 하나만이 비밀번호에 들어간다.
- 비밀번호는 짝수로 시작한다.
- 비밀번호의 각 숫자는 큰 수부터 차례로 나열되어 있다.
- 같은 숫자는 두 번 이상 들어가지 않는다.

① 비밀번호는 짝수이다.
② 비밀번호의 앞에서 두 번째 숫자는 4이다.
③ 단서를 모두 만족하는 비밀번호는 모두 세 개이다.
④ 비밀번호는 1을 포함하지만 9는 포함하지 않는다.
⑤ 단서를 모두 만족하는 비밀번호 중 가장 작은 수는 6410이다.

정답 해설

문제에서 주어진 단서를 분석하면 다음과 같다.
- 비밀번호를 구성하는 숫자는 소수가 아니므로 {0, 1, 4, 6, 8, 9} 중에서 4자리 조합이다.
  소수 : 1과 자기 자신만으로 나누어지는 1보다 큰 양의 정수(예 2, 3, 5, 7…)
- 비밀번호는 짝수로 시작하며 가장 큰 수부터 차례로 4가지 숫자가 나열되므로, 9는 제외되고 8 또는 6으로 시작한다.
- 단, 8과 6은 단 하나만 비밀번호에 들어가므로 서로 중복하여 사용할 수 없다. 그러므로 8410 또는 6410이라는 두 가지 숫자의 조합밖에 나오지 않는다.

오답분석

① 두 비밀번호 모두 0으로 끝나므로 짝수이다.
② 두 비밀번호의 앞에서 두 번째 숫자는 4이다.
④ 두 비밀번호 모두 1을 포함하지만 9는 포함하지 않는다.
⑤ 두 비밀번호 중에서 작은 수는 6410이다.

정답 ③

07 | 암호

| 문제 1 |

다음 글을 근거로 판단할 때, 사용자 아이디 KDHong의 패스워드로 가장 안전한 것은?

- 패스워드를 구성하는 문자의 종류는 4가지로, 알파벳 대문자, 알파벳 소문자, 특수문자, 숫자이다.
- 세 가지 종류 이상의 문자로 구성된 경우, 8자 이상의 패스워드는 10점, 7자 이하의 패스워드는 8점을 부여한다.
- 두 가지 종류 이하의 문자로 구성된 경우, 10자 이상의 패스워드는 10점, 9자 이하의 패스워드는 8점을 부여한다.
- 동일한 문자가 연속되어 나타나는 패스워드는 2점을 감점한다.
- 아래 키보드 가로열상에서 인접한 키에 있는 문자가 연속되어 나타나는 패스워드는 2점을 감점한다. 예 $^\wedge_6$과 $\&_7$은 인접한 키로, 6과 7뿐만 아니라 $^\wedge$와 7도 인접한 키에 있는 문자이다.
- 사용자 아이디 전체가 그대로 포함된 패스워드는 3점을 감점한다.
- 점수가 높을수록 더 안전한 패스워드이다.

※ 특수문자는 !, @, #, $, %, ^, &, *, (,) 뿐이라고 가정한다.

〈키보드〉

① 10H&20Mzw
② KDHong!
③ asjpeblove
④ SeCuRiTy*
⑤ 1249dhqtgml

정답 해설

점수부여 기준에 따라 각각의 선택지에 대해 점수를 계산하면 다음과 같다.

구분	패스워드	글자수(3)	글자수(2)	동일문자	인접키	아이디	점수
①	10H&20Mzw	10		0	0	0	10
②	KDHong!	8		0	0	−3	5
③	asjpeblove		10	0	−2	0	8
④	SeCuRiTy*	10		0	−2	0	8
⑤	1249dhqtgml		10	0	−2	0	8

따라서 점수가 가장 높은 ①이 가장 안전하다.

정답 ①

| 문제 2 |

다음 글에 근거할 때, 〈보기〉의 암호문을 해석하여 찾아낸 원문으로 옳은 것은?

아래의 암호표를 이용하여 암호문을 만드는 방법은 다음과 같다. 암호문은 암호화하고자 하는 원문의 알파벳과 암호 변환키의 알파벳을 조합하여 만든다. 먼저 원문 알파벳을 표의 맨 왼쪽 줄에서 찾고, 암호 변환키의 알파벳을 표의 맨 위쪽 줄에서 찾아 그 교차점에 있는 알파벳을 암호문으로 한다.

〈암호표〉

→ 암호 변환키

↓ 원문

	A	B	C	D	E	F	G	H	I	J	K	L	M	N
A	A	B	C	D	E	F	G	H	I	J	K	L	M	N
B	B	C	D	E	F	G	H	I	J	K	L	M	N	A
C	C	D	E	F	G	H	I	J	K	L	M	N	A	B
D	D	E	F	G	H	I	J	K	L	M	N	A	B	C
E	E	F	G	H	I	J	K	L	M	N	A	B	C	D
F	F	G	H	I	J	K	L	M	N	A	B	C	D	E
G	G	H	I	J	K	L	M	N	A	B	C	D	E	F
H	H	I	J	K	L	M	N	A	B	C	D	E	F	G
I	I	J	K	L	M	N	A	B	C	D	E	F	G	H
J	J	K	L	M	N	A	B	C	D	E	F	G	H	I
K	K	L	M	N	A	B	C	D	E	F	G	H	I	J
L	L	M	N	A	B	C	D	E	F	G	H	I	J	K
M	M	N	A	B	C	D	E	F	G	H	I	J	K	L
N	N	A	B	C	D	E	F	G	H	I	J	K	L	M

〈예시〉

원문	F	A	C	E
암호 변환키	C	E	G	I
암호문	H	E	I	M

보기

암호 변환키	BHEMGI
암호문	IBNMIE

① HIJACK
② HIDDEN
③ HANDLE
④ JINGLE
⑤ JACKIE

정답 해설

주어진 보기와 암호문을 통해 역으로 원문을 추론할 수 있다. 먼저 암호 변환키 B열에서 암호문이 I로 나오는 것은 H이므로 원문의 첫 단어는 H가 된다. 이와 같은 방식으로 암호 변환키 H열에서 암호문이 B로 나오는 것은 I, 변환키 E에서 암호문이 N으로 나오는 것은 J이므로 같은 방식으로 나머지 암호문을 분석해보면 정답은 'HIJACK'가 됨을 알 수 있다.

정답 ①

08 | 네트워크 경로

| 문제 1 |

물류회사에서 근무 중인 귀하에게 화물운송기사 두 명이 찾아와 운송시간에 대한 질문을 하였다. 주요 도시 간 이동시간 자료를 참고했을 때, 두 기사에게 안내해야 할 시간은?(단, 귀하와 두 기사는 A도시에 위치하고 있다)

> K기사 : 저는 여기서 화물을 싣고 E도시로 운송한 후에 C도시로 가서 다시 화물을 싣고 여기로 돌아와야 하는데 시간이 얼마나 걸릴까요? 최대한 빨리 마무리지었으면 좋겠는데….
>
> P기사 : 저는 여기서 출발해서 모든 도시를 한 번씩 거쳐 다시 여기로 돌아와야 해요. 만약에 가장 짧은 이동시간으로 다녀오면 얼마나 걸릴까요?

〈주요 도시 간 이동시간〉

(단위 : 시간)

출발도시 \ 도착도시	A	B	C	D	E
A	–	1.0	0.5	–	–
B	–	–	–	1.0	0.5
C	0.5	2.0	–	–	–
D	1.5	–	–	–	0.5
E	–	–	2.5	0.5	–

※ 화물을 싣고 내리기 위해 각 도시에서 정차하는 시간은 고려하지 않음
※ '–' 표시가 있는 구간은 이동이 불가능함

	K기사	P기사		K기사	P기사
①	4시간	4시간	②	4.5시간	5시간
③	4.5시간	5.5시간	④	5.5시간	5시간
⑤	5.5시간	5.5시간			

---

1) K기사가 거쳐야 할 경로는 'A도시 → E도시 → C도시 → A도시'이다. A도시에서 E도시로 바로 갈 수 없으므로 다른 도시를 거쳐야 하는데, 가장 짧은 시간 내에 A도시에서 E도시로 갈 수 있는 경로는 B도시를 경유하는 것이다. 따라서 K기사의 운송경로는 'A도시 → B도시 → E도시 → C도시 → A도시'이며, 이동시간은 1.0+0.5+2.5+0.5=4.5시간이다.

2) P기사는 A도시에서 출발하여 모든 도시를 한 번씩 거친 뒤 다시 A도시로 돌아와야 한다. 해당 조건이 성립하는 운송경로의 경우는 다음과 같다.
   - A도시 → B도시 → D도시 → E도시 → C도시 → A도시
     - 이동시간 : 1.0+1.0+0.5+2.5+0.5=5.5시간
   - A도시 → C도시 → B도시 → E도시 → D도시 → A도시
     - 이동시간 : 0.5+2.0+0.5+0.5+1.5=5시간

   따라서 P기사가 운행할 최소 이동시간은 5시간이다.

정답 ②

| 문제 2 |

다음 행렬의 셀 내의 숫자는 해당 지점 간의 거리(km)를 나타낸다(예 A – C 사이에는 운송로가 존재하고 거리는 2km이며, 숫자가 없는 셀은 운송로가 존재하지 않음을 의미한다). 이 경우 출발지 S에서 목적지 F까지의 최단거리는 몇 km인가?

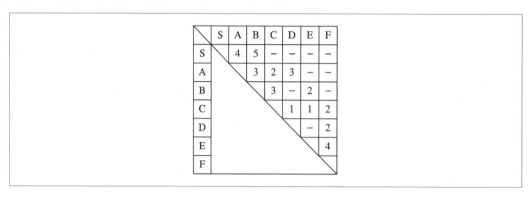

	S	A	B	C	D	E	F
S		4	5	–	–	–	–
A			3	2	3	–	–
B				3	–	2	–
C					1	1	2
D						–	2
E							4
F							

① 5km
② 6km
③ 7km
④ 8km
⑤ 9km

표를 도식화하면 다음과 같다.

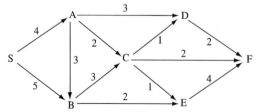

최단경로는 S → A → C → F이다. 따라서 최단거리는 4+2+2=8km이다.

정답 ④

| 문제 3 |

출발지 O부터 목적지 D 사이에 그림과 같은 운송망이 주어졌을 때, 최단경로와 관련된 설명으로 옳지 않은 것은?(단, 구간별 숫자는 거리를 나타낸다)

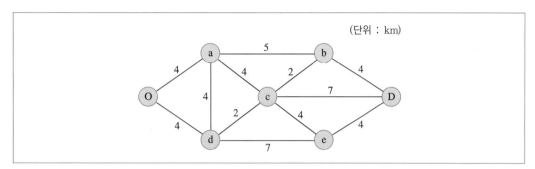

① b를 경유하는 O에서 D까지의 최단거리는 12km이다.
② O에서 c까지 최단거리는 6km이다.
③ a를 경유하는 O에서 D까지의 최단거리는 13km이다.
④ e를 경유하는 O에서 D까지의 최단거리는 15km이다.
⑤ O에서 D까지 최단거리는 12km이다.

정답 해설

e를 경유하는 O에서 D까지 최단경로는 O → d → c → e → D로 최단거리는 14km이다.

오답분석

① b를 경유하는 O에서 D까지의 최단경로는 O → d → c → b → D로 최단거리는 12km이다.
② O에서 c까지의 최단거리는 O → d → c로 6km이다.
③ a를 경유하는 O에서 D까지의 최단경로는 O → a → b → D로 최단거리는 13km이다.
⑤ O에서 D까지 최단경로는 ①의 12km이다.

정답 ④

09 | 코딩의 응용

| 문제 1 |

다음 글을 근거로 판단할 때, 〈보기〉에서 옳은 설명을 모두 고르면?

- '○○코드'는 아래 그림과 같이 총 25칸(5×5)으로 이루어져 있으며, 각 칸을 흰색으로 채우거나 검정색으로 채우는 조합에 따라 다른 코드가 만들어진다.

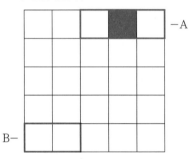

- 상단 오른쪽의 3칸(A)은 항상 '흰색 – 검정색 – 흰색'으로 ○○코드의 고유표시를 나타낸다.
- 하단 왼쪽의 2칸(B)은 코드를 제작한 지역을 표시하는 것으로 전 세계를 총 4개의 지역으로 분류하고, 갑 지역은 '흰색 – 흰색'으로 표시한다.
- ※ 코드를 회전시키는 경우는 고려하지 않는다.

> **보기**
>
> ㄱ. 갑지역에서 만들 수 있는 코드 개수는 100만 개를 초과한다.
> ㄴ. 갑지역에서 만들 수 있는 코드와 다른 지역에서 만들 수 있는 코드는 최대 20칸이 동일하다.
> ㄷ. 각 칸을 기존의 흰색과 검정색뿐만 아니라 빨간색과 파란색으로도 채울 수 있다면, 만들 수 있는 코드 개수는 기존보다 100만 배 이상 증가한다.
> ㄹ. 만약 상단 오른쪽의 3칸(A)도 다른 칸과 마찬가지로 코드 만드는 것에 사용토록 개방한다면, 만들 수 있는 코드 개수는 기존의 6배로 증가한다.

① ㄱ, ㄴ   ② ㄱ, ㄷ

③ ㄴ, ㄹ   ④ ㄱ, ㄷ, ㄹ

⑤ ㄴ, ㄷ, ㄹ

정답 해설

ㄱ. 주어진 블록에서 A와 B로 미리 할당되지 않은 칸이 총 20개이고 각 칸은 흰색이나 검정색으로 채울 수 있으므로 가능한 코드의 수는 $2^{20} = (1,024)^2$이다. 이는 100만 개를 초과하는 수치이므로 옳은 내용이다.

ㄷ. ㄱ과 같은 논리로 가능한 코드의 수는 $4^{20}(=2^{40})$으로 나타낼 수 있는데 이는 $(2^{20})^2$로 변형할 수 있다. ㄱ에서 기존에 가능한 코드의 수가 2^{20}, 즉 100만 이상이라고 하였으므로 $(2^{20})^2$는 (백만 이상)×(백만 이상)으로 나타낼 수 있다. 따라서 만들 수 있는 코드의 개수는 기존보다 백만 배 이상 증가하므로 옳은 내용이다.

오답분석

ㄴ. A와 B로 지정되지 않은 20칸은 다른 지역에서 만든 것과 동일할 수 있으며, A의 3칸 역시 코드가 같다면 같게 나타날 수 있다. 또한 B도 (검정색 – 흰색), (흰색 – 검정색)의 지역코드를 가지는 지역이 존재하며 이 경우 1칸이 역시 흰색으로 같을 수 있으므로 최대 24칸이 동일할 수 있게 된다.

ㄹ. 오른쪽 3칸이 코드를 위해 개방된다면 추가되는 경우의 수는 8가지이다. 즉, 기존의 코드 각각에 대해 8가지의 코드가 추가되는 것이므로 새로운 경우의 수는 $2^{20} \times 8$로 나타낼 수 있다. 따라서 만들 수 있는 코드 개수는 기존의 8배로 증가하므로 옳지 않은 내용이다.

정답 ②

| 문제 2 |

다음 그림처럼 ❶가 1회 이동할 때는 선을 따라 한 칸 움직인 지점에서 우측으로 45도 꺾어서 한 칸 더 나아가는 방식으로 움직인다. 하지만 ❶가 이동하려는 경로상에 장애물(⊠)이 있으면 움직이지 못한다. 〈보기〉의 A~E에서 ❶가 3회 이하로 이동해서 위치할 수 있는 곳만을 모두 고르면?

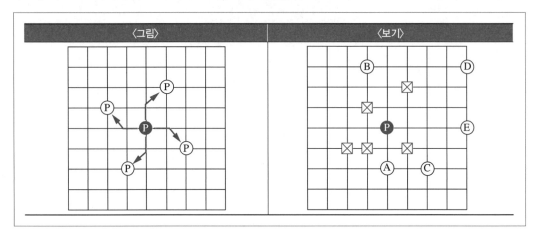

① A, B

② B, D

③ A, C, E

④ B, D, E

⑤ C, D, E

A~E 중 ❶를 3회 이하로 이동해서 위치할 수 있는 곳은 B와 D뿐이며 그 경로를 그림에 표시하면 다음과 같다. 나머지 A, C, E는 주어진 조건을 따를 경우 3회 이하로 이동하여 위치할 수 없다.

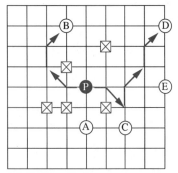

따라서 답은 B, D가 된다.

정답 ②

PART 2

적용

01 유형의 이해

문제해결능력에서 무엇인가를 계산해야 하는 문제는 절반을 훨씬 넘는 비중을 차지하는데, 이는 사칙연산에 약한 수험생에게는 시간을 잡아먹는 문제가 될 수 있고, 평소에 조건이나 단서를 놓치는 등의 실수가 잦은 수험생에게는 오답을 체크할 확률이 높은 문제가 되기도 한다. 따라서 평소에 문제를 최대한 많이 풀어 자신의 강점과 약점을 파악한 후, 풀 수 없는 문제는 패스하고 풀 수 있는 문제에 집중하여 정답률을 높이는 것이 핵심적인 전략이라고 할 수 있다. 한 가지 확실한 것은 아무리 계산 문제에 자신이 없다고 하여도 이 문제들을 모두 스킵해서는 절대로 좋은 점수를 얻을 수 없다는 사실이다.

02 접근법

(1) 복잡한 수식

문제들 중에는 복잡한 수식이 제시된 것들이 종종 등장하는 편이다. 여기서 확실히 알아두어야 할 것은 출제자는 무조건 그 수식을 직접 계산하여 구체적인 수치를 도출하게끔 문제 구성을 하지 않는다는 것이다. 여러분들이 준비하는 시험은 공학수학이 아니라 NCS임을 명심하자.

(2) 단위의 통일

공간적인 개념을 통해 계산을 해야 하는 문제는 풀이의 편의를 위해 그림으로 그려 직관적으로 판단하는 것이 좋다. 단, 그림을 그릴 때 기준에 일관성이 있어야 한다. 통상 이러한 문제는 주어지는 자료가 많은 편인데 어느 부분은 시간 단위로, 다른 부분은 분 단위로 제시된 경우에 이것을 하나로(가급적 분 단위) 통일하는 것이 좋다는 의미이다. 풀이하면서 바꾸면 된다고 생각할 수 있으나 실전에서는 그것이 말처럼 쉽지 않다. 그림으로 정리가 끝난 후에는 기계적인 풀이만 할 수 있게끔 정리하는 것이 좋다.

(3) 연립방정식

문제를 풀다 보면 연립방정식의 원리를 이용한 문제들이 상당히 많이 출제된다는 사실을 알 수 있다. 하지만 단순히 연립방정식을 이용해 특정 변수의 값을 구하는 것이 핵심 포인트가 되지는 않을 것이라는 것을 생각해 본다면 반드시 다른 방법이 있을 것이라는 의문을 가져야 한다. 물론 실전에서 이러한 접근법이 떠오르는 것은 하루아침에 이루어지지 않는다. 평소 문제를 풀 때 단순히 산수만으로 풀이해야 하는 것은 없다는 생각을 가지고 의식적으로 접근하는 습관이 필요하다. 그런데 만약 실전에서 연립방정식으로 푸는 것 이외의 방법이 떠오르지 않는다면 바로 연립방정식으로 풀어야 한다. 위에서 서술한 내용은 어디까지나 평소에 공부할 때의 접근법이지 시험장에서도 풀이 방법의 연구를 하라는 의미는 아니기 때문이다.

03 생각해 볼 부분

최적화 방법을 찾아야 하는 계산 문제는 수리능력과는 접근 방식이 조금 달라서 대부분 대소비교만을 요구하는 편이다. 따라서 주어진 자료를 모두 계산하려고 하기보다는 공통적으로 포함되는 항목이 있다면 이 부분은 과감히 제거하고 계산하는 것이 바람직하다.

다음 글과 상황을 근거로 판단할 때, 甲이 납부해야 할 수수료를 바르게 짝지은 것은?

특허에 관한 절차를 밟는 사람은 다음 각 호의 수수료를 내야 한다.

1. 특허출원료
    가. 특허출원을 국어로 작성된 전자 문서로 제출하는 경우 : 매건 46,000원. 다만 전자 문서를 특허청에서 제공하지 아니한 소프트웨어로 작성하여 제출한 경우에는 매건 56,000원으로 한다.
    나. 특허출원을 국어로 작성된 서면으로 제출하는 경우 : 매건 66,000원에 서면이 20면을 초과하는 경우 초과하는 1면마다 1,000원을 가산한 금액
    다. 특허출원을 외국어로 작성된 전자 문서로 제출하는 경우 : 매건 73,000원
    라. 특허출원을 외국어로 작성된 서면으로 제출하는 경우 : 매건 93,000원에 서면이 20면을 초과하는 경우 초과하는 1면마다 1,000원을 가산한 금액
2. 특허심사청구료 : 매건 143,000원에 청구범위의 1항마다 44,000원을 가산한 금액

〈상황〉

甲은 청구범위가 3개 항으로 구성된 총 27면의 서면을 작성하여 1건의 특허출원을 하면서, 이에 대한 특허심사도 함께 청구한다.

	국어로 작성한 경우	외국어로 작성한 경우
①	66,000원	275,000원
②	73,000원	343,000원
③	348,000원	343,000원
④	348,000원	375,000원
⑤	349,000원	375,000원

제시된 상황에서는 전자 문서가 아닌 서면으로 제출하였으므로 특허출원료 산정 시 '나'와 '라' 조항이 적용된다.

i) 국어로 작성한 경우
- 특허출원료 : $66,000+(7\times1,000)=73,000$원
- 특허심사청구료 : $143,000+(44,000\times3)=275,000$원
- 수수료 총액 : $348,000$원

ii) 외국어로 작성한 경우
- 특허출원료 : $93,000+(7\times1,000)=100,000$원
- 특허심사청구료 : $275,000$원
- 수수료 총액 : $375,000$원

정답 ④

제시문 접근법
제시문을 살펴보면 크게 특허출원료와 특허심사청구료로 나누어져 있다는 것을 알 수 있다. 특히 첫 번째 항목인 특허출원료는 국어 / 외국어, 전자 문서 / 서면의 각각의 경우에 따라 4가지로 나뉘어 있다. 따라서 해당 단어들에 표시를 해두고 넘어가도록 한다. 상황은 외견상으로는 특별한 것이 없으므로 넘어가도록 한다.

선택지 접근법
국어로 작성한 경우와 외국어로 작성한 경우로 나누어져 있다. 위의 제시문 스캐닝 과정을 통해서 국어와 외국어 각각에 대해 전자 문서와 서면 제출로 나뉘어 있다는 점을 이미 확인하였다. 따라서 위의 상황을 다시 확인하여 어느 것에 해당하는지를 파악한다. 주어진 상황은 '서면'으로 제출하는 경우임을 확인하고 해당되는 항목인 나, 라 항목만 검토하도록 하자.

체크할 부분
위의 접근법에서는 흔히 'Up & Down'이라고 불리는 풀이법을 이용해 분석하였다. 이는 문제를 한번 풀어본 상태에서 다시 분석한 것이 아니라 필자가 이 문제를 처음 접했을 때 사용했던 방법이다. 즉, 문제를 효율적으로 풀이하기 위해서는 위에서부터 순차적으로 묵묵히 내려와서는 안 된다. 물론, 그렇게 해도 문제는 풀 수 있다. 하지만 '가'와 '다'의 세부항목을 읽기 위해 불필요하게 소모되었던 시간은 다시 되돌릴 수 없다는 점을 명심하자.

10 | 대상의 선정

| 문제 1 |

다음은 국내 자동차 3개사의 2024년형 중형 신차(디젤 / 가솔린)의 구매 및 유지 비용을 비교한 자료이다. S사의 각 부서에서 자료를 고려하여 부서 특성과 구매 목적, 기호에 맞는 업무용 자동차를 구매하려고 할 때, 적절하지 않은 것은?

모델	A		B		C	
엔진유형	1.7 디젤	1.6 가솔린	1.7 디젤	1.6 가솔린	1.7 디젤	1.6 가솔린
구매가(만 원)	2,460	2,410	2,480	2,530	2,460	2,515
연비(km/L)	17	12.5	16.5	13.0	16.0	13.5
연간 연료 사용량(L)	882	1,200	909	1,154	938	1,111
연간 연료비(만 원)	123	192	127	185	131	178
5년 주행 시 연료비(만 원)	615	960	635	925	655	890

※ 1년 주행거리 15,000km 기준
※ 유가 : 디젤 1,400원, 가솔린 1,600원 기준

① 기획부서에서는 5년 교체 주기를 고려하여, 가솔린 차량 중 구매가와 5년 주행 시 연료비의 합이 가장 작은 A모델 1.6가솔린 차량을 선택하였다.

② 영업부서에서는 장거리 출장이 잦아 연비가 좋은 차를 선호하므로 A모델 1.7 디젤 차량을 선택하였다.

③ 해외영업부서에서는 외부 바이어용 차량으로 디젤과 비교해 소음과 진동이 적은 가솔린 차량을 우선 구매하고자 하며 사용 빈도가 높지 않은 것을 고려해 구매가가 저렴한 A모델 1.6 가솔린 차량을 선택하였다.

④ 인사부서에서는 최소 5년 이상 사용할 업무용 차량으로 승차감이 좋은 B모델을 선호하였고, 그중 디젤과 가솔린 차량의 장단점을 비교하다 5년을 주행할 경우 차량 구매가와 연료비를 합쳐 340만 원을 절약할 수 있는 B모델 1.7 디젤 차량을 선택하였다.

⑤ 총무부서에서는 다양한 행사 도구를 실어야 하는 업무 지원용 차량으로 힘이 좋은 디젤 차량을 선호하였고, 주행거리가 많아 보통 2~3년마다 차량을 교체하기 때문에 차량 구매가와 연간 연료비를 모두 감안하여 C모델 1.7 디젤 차량을 선택하였다.

A ~ C모델의 디젤 차량 구매가와 연간 연료비의 합을 구하면 다음과 같다.

• A모델 : 2,460+123=2,583만 원
• B모델 : 2,480+127=2,607만 원
• C모델 : 2,460+131=2,591만 원

따라서 디젤 차량 구매가와 연간 연료비의 합이 가장 저렴한 모델은 A모델이므로 A모델 1.7 디젤 차량을 선택해야 한다.

오답분석

① A ~ C모델의 가솔린 차량 구매가와 5년 주행 시 연료비의 합을 구하면 다음과 같다.

• A모델 : 2,410+960=3,370만 원
• B모델 : 2,530+925=3,455만 원
• C모델 : 2,515+890=3,405만 원

따라서 가솔린 차량 구매가와 5년 주행 시 연료비의 합이 가장 저렴한 모델은 A모델이므로 적절한 선택이다.

② 6종류의 자동차 중 연비가 가장 좋은 차량은 A모델의 1.7 디젤 차량이므로 적절한 선택이다.

③ 가솔린 차량 중 구매가가 가장 저렴한 차량은 A모델 1.6 가솔린 차량이므로 적절한 선택이다.

④ B모델의 디젤 차량과 가솔린 차량의 차량 구매가와 5년 주행 시 연료비의 합을 구하면 다음과 같다.

• 디젤 차량 : 2,480+635=3,115만 원
• 가솔린 차량 : 2,530+925=3,455만 원

디젤 차량을 선택했을 때 절약할 수 있는 금액은 3,455-3,115=340만 원이므로 적절한 선택이다.

정답 ⑤

| 문제 2 |

S공사의 인재개발원에 근무하고 있는 H씨는 신입사원 교육을 위한 스크린을 구매하려고 한다. 다음 〈조건〉에 따라 스크린을 구매할 때 가장 적절한 것은?

> **조건**
> • 조명도는 5,000lx 이상이어야 한다.
> • 예산은 150만 원이다.
> • 제품에 이상이 생겼을 때 A/S가 신속해야 한다.
> • 위 조건을 모두 충족할 시 가격이 저렴한 제품을 가장 우선으로 선정한다.
> ※ lux(럭스) : 조명이 밝은 정도를 말하는 조명도에 대한 실용단위로 기호는 lx이다.

		가격(만 원)	조명도(lx)	특이사항
①	A스크린	180	8,000	2년 무상 A/S 가능
②	B스크린	120	6,000	해외직구(해외 A/S)
③	C스크린	100	3,500	미사용 전시 제품
④	D스크린	150	5,000	미사용 전시 제품
⑤	E스크린	130	7,000	2년 무상 A/S 가능

정답 해설

가격, 조명도, A/S 등의 요건이 주어진 조건에 모두 부합한다.

오답분석
① 예산이 150만 원이라고 했으므로 예산을 초과하였다.
② 신속한 A/S가 조건이므로 해외 A/S만 가능하여 적절하지 않다.
③ 조명도가 5,000lx 미만이므로 적절하지 않다.
④ 가격과 조명도도 적절하고 특이사항도 문제없지만 가격이 저렴한 제품을 우선으로 한다고 하였으므로 D스크린보다는 E스크린이 적절하다.

정답 ⑤

| 문제 3 |

귀하는 비품 담당자로서 지폐 계수기 구매 사업을 진행하여야 한다. 구매 가능한 제품은 A ~ E의 5개 제품이고, 회사별 제품의 비교 평가서 및 구매 지침이 아래와 같을 때, 어느 제품을 선정해야 하는가?(단, 구매 지침을 모두 만족하는 다수의 제품 중 가장 저렴한 제품을 선택한다)

〈지폐 계수기 비교 평가 결과〉

구분	위폐감별	분당 계수 속도	투입구 용량	두께 조절 여부	가격	A/S
A제품	UV	1,400장	250장	가능	20만 원	방문
B제품	IR	1,500장	250장	가능	25만 원	1일 소요
C제품	UV / IR 선택 가능	1,500장	250장	불가능	35만 원	방문
D제품	UV	1,500장	250장	가능	22만 원	방문
E제품	UV	1,500장	250장	가능	21만 원	7일 소요

〈구매 지침〉

- 위폐감별 방식은 UV 방식이나 IR 방식이어야 한다.
- 방문 A/S가 가능하여야 하나 불가한 경우 수리 기일이 3일 이내인 업체를 선정한다.
- 원화와 규격이 다른 외화 또한 계수가 가능하여야 한다.
- 계수 속도가 가능한 한 빠르고 투입구 용량은 큰 것이 좋다.

① A제품　　　　　　　　　　　② B제품
③ C제품　　　　　　　　　　　④ D제품
⑤ E제품

정답 해설

첫 번째 구매 지침은 5개 회사 모두 만족한다.
두 번째 구매 지침에 따라 수리 기일이 7일 소요되는 E제품이 제외된다.
세 번째 구매 지침에 따라 지폐 두께 조절이 불가능한 C제품이 제외된다.
네 번째 구매 지침에 따라 A · B · D제품 중 분당 계수 속도가 가장 느린 A제품이 제외된다.
따라서 B제품과 D제품 중에 가격이 가장 저렴한 D제품을 선정해야 한다.

정답　④

11 │ 타당성 조사

| 문제 1 |

다음은 A사의 공장에서 물류센터까지의 수송량과 수송비용에 관한 자료이다. 제시된 자료와 〈조건〉에 근거한 설명으로 옳지 않은 것은?

〈공장에서 물류센터까지의 수송량〉

(단위 : 개)

공장＼물류센터	서울	부산	대구	광주
구미	0	200	( )	( )
청주	300	( )	0	0
덕평	300	0	0	0

〈공장에서 물류센터까지의 개당 수송비용〉

(단위 : 천 원/개)

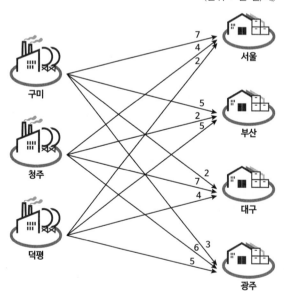

※ 예시 : '청주 —2→ 부산'은 청주 공장에서 부산 물류센터까지의 개당 수송비용이 2천 원임을 의미함

> **조건**
>
> - 해당 공장에서 각 물류센터까지의 수송량의 합은 해당 공장의 '최대 공급량'보다 작거나 같다.
> - 각 공장에서 해당 물류센터까지의 수송량의 합은 해당 물류센터의 '최소 요구량'보다 크거나 같다.
> - 공장별 '최대 공급량'은 구미 600개, 청주 500개, 덕평 300개이다.
> - 물류센터별 '최소 요구량'은 서울 600개, 부산 400개, 대구 200개, 광주 150개이다.
> - (수송비용)=(수송량)×(개당 수송비용)
> - 총수송비용은 각 공장에서 각 물류센터까지의 수송비용의 합이다.

① 청주 공장에서 부산 물류센터까지의 수송량은 200개이다.

② 총수송비용을 최소화할 때, 구미 공장에서 광주 물류센터까지의 수송량은 150개이다.

③ 총수송비용의 최소 금액은 405만 원이다.

④ 구미 공장에서 서울 물류센터까지의 개당 수송비용이 7천 원에서 8천 원으로 증가해도 총수송비용의 최소 금액은 증가하지 않는다.

⑤ 구미 공장의 '최대 공급량'이 600개에서 550개로 줄어들면, 총수송비용의 최소 금액은 감소한다.

정답 해설

전체 수송량이 고정되어 있지 않은 상황에서 총수송비용을 최소화하기 위해서는 결국 전체 수송량을 최소화해야 한다. 이는 결국 구미 공장에서 대구 물류센터와 광주 물류센터로 수송하는 물량을 최소 요구량만큼만 배정해야 함을 의미한다. 따라서 구미 공장에서 광주 물류센터까지의 수송량은 150개가 되어야 한다. 총수송비용의 최소 금액은 구미 공장에서의 공급량이 550인 상태, 즉 구미 공장에서 대구 물류센터까지의 수송량이 200, 광주 물류센터까지의 수송량이 150인 경우에 성립한다. 따라서 최대 공급량이 600개에서 550개로 줄어든다고 하여도 총수송비용의 최소 금액은 감소하지 않는다.

오답분석

① 청주 공장에서 부산 물류센터까지의 수송량을 x개라 할 때, 주어진 조건을 토대로 부등식을 작성하면 다음과 같다.

 ⅰ) $500 \geq 300 + x$, $200 \geq x$

 ⅱ) $400 \leq 200 + x$, $200 \leq x$

이를 연립하여 풀면 x는 200임을 알 수 있다.

② 위의 해설을 통해 옳은 설명임을 알 수 있다.

③ 총수송비용은 청주에서 부산까지의 수송량이 200개로 고정된 상태에서 위에서 언급한 것처럼 구미 공장에서 대구 물류센터와 광주 물류센터로 수송하는 물량을 최소 요구량만큼 배정한 상태에서 가능하다. 따라서 $[\{(5 \times 200) + (2 \times 200) + (3 \times 150)\} + \{(4 \times 300) + (2 \times 200)\} + (2 \times 300)] \times$(천 원)=405만 원이 된다.

④ 구미 공장에서 서울 물류센터까지의 수송량이 0이므로 이의 수송비용이 증가한다고 해도 총수송비용의 최소 금액은 변하지 않는다.

정답 ⑤

| 문제 2 |

P외식업체는 고객 전용 주차장의 공간이 협소하여 외부 주차장을 활용하려고 한다. 외부 주차장을 이용하는 방식은 월 임대료를 내고 사용하는 방법과 주차권을 발행하여 계산하는 방법이 있다. 다음 중 어떠한 방법이 더 경제적이며 그 차이는 얼마인가?

■ **외부 주차장 이용방법**
   1) 월 임대료 납부 시 : 월 1,500만 원 1회 납부, 주차 대수 무관
   2) 주차권 발행 시 : 1회 주차권 3시간 이용가능, 주차권 1장당 3,000원 납부

■ **요일별 방문고객현황**

구분	월요일	화요일	수요일	목요일	금요일	토요일	일요일
방문 고객수(평균)	150명	180명	170명	175명	250명	400명	450명
차량보유비율	62%	55%	50%	68%	80%	92%	88%

※ 휴무일을 고려하여 1개월을 4주와 동일한 것으로 간주함
※ 방문고객의 수 및 차량보유비율은 지난 1년간 수집한 통계치를 근거로 작성됨
※ 방문고객 1명당 1장의 주차권을 제공함

    외부 주차장 이용방식   **금액 차이**
① 월 임대료를 납부한다.   920,000원
② 주차권을 발행한다.   920,000원
③ 월 임대료를 납부한다.   1,320,000원
④ 주차권을 발행한다.   1,320,000원
⑤ 월 임대료를 납부한다.   920,000원

정답　해설

지난 1년간 수집한 데이터에 근거한 통계자료(평균치)로 산정한 주차권 발행 방식의 1개월 주차비용은 다음과 같다.
• 월요일 : $150 \times 0.62 \times 3,000 = 279,000$원
• 화요일 : $180 \times 0.55 \times 3,000 = 297,000$원
• 수요일 : $170 \times 0.5 \times 3,000 = 255,000$원
• 목요일 : $175 \times 0.68 \times 3,000 = 357,000$원
• 금요일 : $250 \times 0.8 \times 3,000 = 600,000$원
• 토요일 : $400 \times 0.92 \times 3,000 = 1,104,000$원
• 일요일 : $450 \times 0.88 \times 3,000 = 1,188,000$원
∴ (1주간 주차비용)=4,080,000원 → (1개월 주차비용)=$4,080,000 \times 4 = 16,320,000$원
따라서 월 임대료(1,500만 원)를 지불하는 것이 더 경제적이며, 1,320,000원이 차이가 난다.

정답 ③

12 | 요금의 계산

| 문제 1 |

다음은 K공사의 주택용 전력(저압) 전기요금표이다. 자료를 참고하여 전기요금을 계산하고자 할 때, 월 사용량이 600kWh일 경우 전기사용에 대한 청구요금으로 옳은 것은?(단, 10원 미만은 절사한다)

<주택용 전력(저압) 전기요금표>

기본요금		전력량 요금	
200kWh 이하 사용	910원	처음 200kWh까지	93.3원/kWh
201kWh ~ 400kWh 사용	1,600원	다음 200kWh까지	187.9원/kWh
400kWh 초과 사용	7,300원	400kWh 초과	280.6원/kWh
청구요금		(기본요금)+(전력량 요금)+(부가세)+(전력기반기금)	

※ 전력량 요금은 주택용 요금 누진제가 적용된다(10원 미만 절사).
  – 주택용 요금 누진제는 사용량이 증가함에 따라 순차적으로 높은 단가가 적용되며, 현재 200kWh 단위로 3단계로
   운영되고 있다. 예를 들어, 월 300kWh를 사용한 가정은 처음 200kWh에 대해서는 kWh당 93.3원이 적용되고,
   나머지 100kWh에 대해서는 187.9원이 적용돼 총 37,450원의 전력량 요금이 부과된다.
※ (부가세)=[(기본요금)+(전력량 요금)]×10%(10원 미만 절사)
※ (전력기반기금)=[(기본요금)+(전력량 요금)]×3.7%(10원 미만 절사)

① 136,040원
② 140,050원
③ 145,080원
④ 152,060원
⑤ 167,080원

우선 월 사용량 600kWh의 기본요금은 7,300원이다(∵ 400kWh 초과 사용). 주택용 요금 누진제를 적용하여 전력량 요금을 계산하면 200kWh×93.3원/kWh+200kWh×187.9원/kWh+200kWh×280.6원/kWh=112,360원이다. 부가세는 (기본요금)+(전력량 요금)의 10%이므로 (7,300+112,360)×0.1=11,960원(∵ 10원 미만 절사)이며, 전력기반기금은 (기본요금)+(전력량 요금)의 3.7%이므로 (7,300+112,360)×0.037≒4,420원(∵ 10원 미만 절사)이다. 따라서 청구요금은 7,300+112,360+11,960+4,420=136,040원이다.

정답 ①

| 문제 2 |

다음은 P시의 가정용 수도요금 기준과 계산 방법에 관한 자료이다. P시의 주민 K씨는 다음의 자료를 이용하여 K씨 건물의 수도요금을 계산해 보고자 한다. K씨 건물의 2개월 수도 사용량이 $400m^3$, 세대수가 4세대 계량기 구경이 20mm인 경우 요금 총액은 얼마인가?

〈사용요금 요율표(1개월 기준)〉

구분	사용 구분(m^3)	m^3당 단가(원)	구분	사용 구분(m^3)	m^3당 단가(원)
상수도	0 이상 30 이하	360	하수도	0 이상 30 이하	360
	30 초과 50 이하	550		30 초과 50 이하	850
	50 초과	790		50 초과	1,290
물이용 부담금	1m^{3}당	170		유출지하수 1m^{3}당 360원	

〈계량기 구경별 기본요금(1개월 기준)〉

구경(mm)	요금(원)	구경(mm)	요금(원)	구경(mm)	요금(원)	구경(mm)	요금(원)
15	1,080	40	16,000	100	89,000	250	375,000
20	3,000	50	25,000	125	143,000	300	465,000
25	5,200	65	38,900	150	195,000	350	565,000
32	9,400	75	52,300	200	277,000	400	615,000

〈요금 총액 계산방법〉

1) 상수도 요금 : ①+②원(원 단위 절사)	① (사용요금)=(1세대 1개월 요금)×(세대수)×(개월 수) ② (기본요금)=(계량기 구경별 기본요금)×(개월 수)
2) 하수도 요금 : 원(원 단위 절사)	(하수도 요금)=(1세대 1개월 요금)×(세대수)×(개월 수)
3) 물이용 부담금 : 원(원 단위 절사)	(물이용 부담금)=(1세대 1개월 요금)×(세대수)×(개월 수)
요금총계	(상수도 요금)+(하수도 요금)+(물이용 부담금)

※ [세대당 월평균 사용량(m^3)]=[사용량(m^3)]÷(개월 수)÷(세대 수)
※ (1세대 1개월 요금)=(세대당 월평균 사용량)×(요율)
※ 상수도 및 하수도 요율 적용은 사용 구분별로 해당 구간의 요율을 적용한다.
  예 세대당 월평균 사용량이 60m^{3}인 경우에 가정용 상수도 요금
    → (30m^3×360원)+(20m^3×550원)+(10m^3×790원)
※ 물이용 부담금 요율 적용은 사용 구분 없이 1m^{3}당 170원을 적용한다.

① 470,800원 ② 474,600원
③ 484,800원 ④ 524,800원
⑤ 534,600원

세대당 월평균 사용량을 구하면 $400 \div 2 \div 4 = 50\text{m}^3$이다.

ⅰ) 상수도 요금
  • 사용요금
    1세대 1개월 요금은 사용요금 요율표를 적용하면 $(30 \times 360) + (20 \times 550) = 21,800$원이다. 즉, 사용요금은 $21,800 \times 4 \times 2 = 174,400$원이다.
  • 기본요금
    기본요금은 계량기 구경이 20mm이므로, $3,000 \times 2 = 6,000$원이다.
  그러므로 상수도 요금은 사용요금과 기본요금을 합친 $174,400 + 6,000 = 180,400$원이다.

ⅱ) 하수도 요금
  1세대 1개월 요금은 사용요금 요율표를 적용하면 $(30 \times 360) + (20 \times 850) = 27,800$원이다.
  그러므로 하수도 요금은 $27,800 \times 4 \times 2 = 222,400$원이다.

ⅲ) 물이용 부담금
  1세대 1개월 요금은 사용요금 요율표를 적용하면 $50 \times 170 = 8,500$원이다.
  그러므로 물이용 부담금은 $8,500 \times 4 \times 2 = 68,000$원이다.

따라서 K씨 건물의 요금 총액은 $180,400 + 222,400 + 68,000 = 470,800$원이다.

정답 ①

| 문제 3 |

다음은 K사의 여비 규정과 국외여비정액표이다. 이 회사의 A이사가 아래 여행 일정에 따라 국외출장을 가는 경우, 총일비, 총숙박비, 총식비는 각각 얼마인가?(단, 국가 간 이동은 모두 항공편으로 한다)

〈여비 규정〉

여비의 종류(제1조)

여비는 운임·일비·숙박비·식비·이전비·가족여비 및 준비금 등으로 구분한다.

여행일수의 계산(제2조)

여행일수는 여행에 실제로 소요되는 일수에 의한다. 국외여행의 경우에는 국내 출발일은 목적지를, 국내 도착일은 출발지를 여행하는 것으로 본다.

여비의 구분계산(제3조)

① 여비 각 항목은 구분하여 계산한다.

② 같은 날에 여비액을 달리하여야 할 경우에는 많은 액을 기준으로 지급한다. 다만 숙박비는 숙박지를 기준으로 한다.

일비·숙박비·식비의 지급(제4조)

① 국외여행자의 경우는 국외여비정액표에서 정하는 바에 따라 지급한다.

② 일비는 여행일수에 따라 지급한다.

③ 숙박비는 숙박하는 밤의 수에 따라 지급한다. 다만 항공편 이동 중에는 따로 숙박비를 지급하지 아니한다.

④ 식비는 여행일수에 따라 이를 지급한다. 다만 항공편 이동 중 당일의 식사 기준시간이 모두 포함되어 있는 경우는 식비를 제공하지 않는다.

⑤ 식사 시간은 현지 시각 08시(조식), 12시(중식), 18시(석식)를 기준으로 한다.

〈국외여비정액표〉

(단위 : 달러)

구분	국가등급	일비	숙박비	식비(1일 기준)
이사	다	80	233	102
	라	70	164	85

〈A이사의 여행 일정〉

- 1일 차 : (06:00) 출국
- 2일 차 : (07:00) 갑국(다 등급지역) 도착
  (18:00) 만찬
- 3일 차 : (09:00) 회의
  (15:00) 갑국 출국
  (17:00) 을국(라 등급지역) 도착
- 4일 차 : (09:00) 회의
  (18:00) 만찬
- 5일 차 : (22:00) 을국 출국
- 6일 차 : (20:00) 귀국

※ 시각은 현지 기준이고, 날짜변경선의 영향은 없는 것으로 가정한다.

	총일비(달러)	총숙박비(달러)	총식비(달러)
①	440	561	374
②	440	725	561
③	450	561	374
④	450	561	561
⑤	450	725	561

PART 2

정답 해설

사용되는 금액을 표로 정리하면 다음과 같다.

(단위 : 달러)

구분	일비	숙박비	식비
1일 차	80	−(항공이동)	−(항공이동)
2일 차	80	233	102
3일 차	80(많은 금액 기준)	164	102
4일 차	70	164	85
5일 차	70	−(항공이동)	85
6일 차	70	−(항공이동)	−(항공이동)
합계	450	561	374

따라서 총일비는 450달러, 총숙박비는 561달러, 총식비는 374달러이다.

정답 ③

13 | 급여액의 결정

| 문제 1 |

육아휴직급여를 담당하는 인사부 K사원은 최근 육아휴직 신청 인원 명단을 받아 휴직 기간 동안 지급될 급여를 계산해 보고해야 한다. 육아휴직급여 지원이 다음과 같을 때, A~C 세 사람이 받을 수 있는 급여액을 모두 합한 것은?

〈육아휴직급여〉

근로자가 만 8세 이하 또는 초등학교 2학년 이하의 자녀를 양육하기 위하여 남녀 고용 평등과 일·가정 양립 지원에 관한 법률 제19조에 의한 육아휴직을 30일 이상 부여받은 경우 지급되는 급여입니다.

■ 해당 조건 및 혜택
- 육아휴직 기간 : 1년 이내
- 육아휴직 개시일 이전에 피보험 단위 기간이 180일 이상
- 육아휴직 개시일 이후 1월부터 종료일 이후 12월 이내 신청
- 육아휴직 첫 3개월 동안은 월 통상임금의 100분의 80(상한액 : 월 150만 원, 하한액 : 월 70만 원), 나머지 기간에 대해서는 월 통상임금의 100분의 40(상한액 : 월 100만 원, 하한액 : 월 50만 원)을 지급함
- 아빠의 달 : 동일한 자녀에 대하여 부모가 순차적으로 휴직할 경우 두 번째 사용자의 첫 3개월 급여는 통상임금의 100%(최대 150만 원, 둘째 아이에 대해서는 200만 원)를 지원

〈신청 인원〉

신청인	성별	자녀	통상임금	육아휴직 기간	비고
A씨	여성	6살(첫째)	220만 원	8개월	-
B씨	남성	3살(둘째)	300만 원	1년	아빠의 달
C씨	남성	8살(첫째)	90만 원	6개월	-

① 2,580만 원

② 2,739만 원

③ 2,756만 원

④ 2,912만 원

⑤ 2,929만 원

ⅰ) A씨(8개월)
- 처음 3개월 : 220만×0.8=176만 원 → 150만 원(∵ 상한액) → 150만×3=450만 원
- 나머지 기간 : 220만×0.4=88만 원×5=440만 원
- ∴ 450만+440만=890만 원

ⅱ) B씨(1년, 아빠의 달+둘째)
- 처음 3개월 : 300만×1.0=300만 원 → 200만 원(∵ 상한액) → 200만×3=600만 원
- 나머지 기간 : 300만×0.4=120만 원 → 100만 원(∵ 상한액) → 100만×9=900만 원
- ∴ 600만+900만=1,500만 원

ⅲ) C씨(6개월)
- 처음 3개월 : 90만×0.8=72만×3=216만 원
- 나머지 기간 : 90만×0.4=36만 원 → 50만 원(∵ 하한액) → 50만×3=150만 원
- ∴ 216만+150만=366만 원

따라서 세 사람이 받을 수 있는 육아휴직급여는 890만+1,500만+366만=2,756만 원이다.

정답 ③

| 문제 2 |

K공사는 올해 4분기 성과급을 지급하고자 한다. 성과급 지급 기준과 김대리의 성과평가가 다음과 같을 때, 김대리가 4분기에 지급받을 성과급으로 옳은 것은?

〈성과급 지급 기준〉

- 성과급은 직원의 성과평가 점수에 따라 지급한다.
- 성과평가는 다음 항목들이 아래의 비율로 구성되어 있다.

구분	성과평가				
	분기실적	직원평가	연수내역	조직기여도	합계
일반직	70%	30%	20%	10%	100%
	총점의 70% 반영				
특수직	60%	40%	20%	30%	100%
	총점의 50% 반영				

- 각 평가등급에 따른 가중치

(단위 : 점)

구분	분기실적	직원평가	연수내역	조직기여도
최우수	10	10	10	10
우수	8	6	8	8
보통	6	4	5	6
미흡	4	2	3	4

- 성과평가 점수에 따른 성과급 지급액

점수구간	성과급 지급액	
	일반직	특수직
8.4 이상	120만 원	150만 원
7.6 이상 8.4 미만	105만 원	115만 원
6.8 이상 7.6 미만	95만 원	100만 원
6.0 이상 6.8 미만	80만 원	85만 원
6.0 미만	65만 원	75만 원

〈성과평가〉

구분	부서	분기실적	직원평가	연수내역	조직기여도
김대리	시설관리 (특수직)	우수	최우수	보통	보통

① 120만 원   ② 115만 원

③ 100만 원   ④ 95만 원

⑤ 75만 원

정답 **해설** ────────────────────────────────────○

김대리는 특수직에 해당되므로 성과평가 구성 중 특수직 구분에 따른다. 김대리에 대한 평가등급에 따라 가중치와 구성비를 고려한 항목별 점수는 다음과 같다.

구분	분기실적	직원평가	연수내역	조직기여도	총점
점수	$0.6 \times 8 = 4.8$	$0.4 \times 10 = 4.0$	$0.2 \times 5 = 1.0$	$0.3 \times 6 = 1.8$	$4.4 + 1.0 + 1.8 = 7.2$
	$[0.5 \times (4.8 + 4.0)] = 4.4$				

따라서 김대리는 성과평가 점수는 6.8 이상 7.6 미만 구간에 해당되므로, 100만 원의 성과급을 지급받게 된다.

정답 ③

| 문제 3 |

다음은 A기업의 여비 규정이다. 대구로 출장을 다녀 온 B과장의 지출 내역을 토대로 여비를 정산했을 때, B과장은 총 얼마를 받는가?

여비의 종류(제1조)
여비는 운임·숙박비·식비·일비 등으로 구분한다.
1. 운임 : 여행 목적지로 이동하기 위해 교통수단을 이용함에 있어 소요되는 비용을 충당하기 위한 여비
2. 숙박비 : 여행 중 숙박에 소요되는 비용을 충당하기 위한 여비
3. 식비 : 여행 중 식사에 소요되는 비용을 충당하기 위한 여비
4. 일비 : 여행 중 출장지에서 소요되는 교통비 등 각종 비용을 충당하기 위한 여비

운임의 지급(제2조)
1. 운임은 철도운임·선박운임·항공운임으로 구분한다.
2. 국내운임은 [별표 1]에 따라 지급한다.

일비·숙박비·식비의 지급(제3조)
1. 국내 여행자의 일비·숙박비·식비는 [별표 1]에 따라 지급한다.
2. 일비는 여행일수에 따라 지급한다.
3. 숙박비는 숙박하는 밤의 수에 따라 지급한다. 다만, 출장 기간이 2일 이상인 경우의 지급액은 출장 기간 전체의 총액 한도 내 실비로 계산한다.
4. 식비는 여행일수에 따라 지급한다.

[별표 1] 국내 여비 지급표

철도운임	선박운임	항공운임	일비(1인당)	숙박비(1박당)	식비(1일당)
실비 (일반실)	실비 (2등급)	실비	20,000원	실비 (상한액 40,000원)	20,000원

〈B과장의 지출 내역〉

(단위 : 원)

항목	1일 차	2일 차	3일 차	4일 차
KTX운임(일반실)	43,000	–	–	43,000
대구 시내 버스요금	5,000	4,000	–	2,000
대구 시내 택시요금	–	–	10,000	6,000
식비	15,000	45,000	35,000	15,000
숙박비	45,000	30,000	35,000	–

① 286,000원   ② 304,000원
③ 328,000원   ④ 356,000원
⑤ 366,000원

정답 해설 ○

규정에 따르면 여비를 운임·숙박비·식비·일비로 구분하고 있다.
• 운임 : 철도·선박·항공운임에 대해서만 지급한다고 규정하고 있으므로, 버스 또는 택시요금에 대해서는 지급하지 않는다. 따라서 철도운임만 지급되며 일반실 기준으로 실비로 지급하므로 여비는 43,000+43,000=86,000원이다.
• 숙박비 : 1박당 실비로 지급하되, 그 상한액은 40,000원이다. 그러나 출장 기간이 2일 이상인 경우에는 출장 기간 전체의 총액 한도 내에서 실비로 지급한다고 하였으므로, 3일간의 숙박비는 총 120,000원 내에서 실비가 지급된다. 따라서 B과장이 지출한 숙박비 45,000+30,000+35,000=110,000원 모두 여비로 지급된다.
• 식비 : 1일당 20,000원으로 여행일수에 따라 지급된다. 총 4일이므로 80,000원이 지급된다.
• 일비 : 1인당 20,000원으로 여행일수에 따라 지급된다. 총 4일이므로 80,000원이 지급된다.
따라서 B과장이 정산 받은 여비의 총액은 86,000+110,000+80,000+80,000=356,000원이다.

정답 ④

14 | 할인

| 문제 1 |

다음은 A사 피자 1판 주문 시 구매 방식별 할인 혜택과 비용을 나타낸 자료이다. 이에 근거했을 때 정가가 12,500원인 A사 피자 1판을 가장 싸게 살 수 있는 구매 방식은?

〈구매 방식별 할인 혜택과 비용〉

구매 방식	할인 혜택과 비용
스마트폰 앱	정가의 25% 할인
전화	정가에서 1,000원 할인 후, 할인된 가격의 10% 추가 할인
회원카드와 쿠폰	회원카드로 정가의 10% 할인 후, 할인된 가격의 15%를 쿠폰으로 추가 할인
직접 방문	정가의 30% 할인. 교통비용 1,000원 발생
교환권	A사 피자 1판 교환권 구매비용 10,000원 발생

※ 구매 방식은 한 가지만 선택함

① 스마트폰 앱
② 전화
③ 회원카드와 쿠폰
④ 직접 방문
⑤ 교환권

정답 해설

구매 방식별 비용을 구하면 다음과 같다.
- 스마트폰 앱 : $12,500 \times 0.75 = 9,375$원
- 전화 : $(12,500 - 1,000) \times 0.9 = 10,350$원
- 회원카드와 쿠폰 : $(12,500 \times 0.9) \times 0.85 \fallingdotseq 9,563$원
- 직접 방문 : $(12,500 \times 0.7) + 1,000 = 9,750$원
- 교환권 : 10,000원

따라서 피자 1판을 가장 싸게 살 수 있는 구매 방식은 스마트폰 앱이다.

정답 ①

| 문제 2 |

다음 〈조건〉에서 2024년 5월 중에 스킨과 로션을 1병씩 살 때, 총할인액이 가장 큰 경우는?(단, 2024년 5월 1일 기준 스킨과 로션은 남아 있으며, 다 썼다는 말이 없으면 그 화장품은 남아 있다고 가정한다)

> **조건**
> • 화장품 정가는 스킨 1만 원, 로션 2만 원이다.
> • 화장품 가게에서는 매달 15일에 전 품목 20% 할인 행사를 한다.
> • 화장품 가게에서는 달과 날짜가 같은 날(1월 1일, 2월 2일 등)에 A사 카드를 사용하면 정가의 10%를 할인해 준다.
> • 총할인액은 할인액에 체감 비용(화장품을 다 써서 느끼는 불편)을 뺀 것이다.
> • 체감 비용은 스킨과 로션 모두 하루에 500원씩이다.
> • 체감 비용을 계산할 때, 화장품을 다 쓴 당일은 포함하고 구매한 날은 포함하지 않는다.
> • 화장품을 다 쓴 당일에 구매하면 체감 비용은 없으며, 화장품이 남은 상태에서 새 제품을 구입할 때도 체감 비용은 없다.

① 3일에 스킨만 다 써서 5일에 A사 카드로 스킨과 로션을 살 경우
② 13일에 로션만 다 써서 당일 로션을 사고, 15일에 스킨을 살 경우
③ 10일에 스킨과 로션을 다 써서 15일에 스킨과 로션을 같이 살 경우
④ 3일에 스킨만 다 써서 당일 스킨을 사고, 13일에 로션을 다 써서 15일에 로션만 살 경우
⑤ 3일에 스킨과 로션을 다 써서 당일 스킨과 로션을 살 경우

정답 해설

스킨은 다 쓴 날 구입했으므로 체감 비용이 없으나 로션은 2일 동안 사용하지 못했으므로 체감 비용은 1,000원이다. 또한 15일에 로션을 구입했으므로 할인액은 4,000원이다. 따라서 총할인액은 3,000원이다.

오답분석

① 2일 동안 스킨을 사용하지 못했으므로 체감 비용은 1,000원이며, 달과 날짜가 같은 5월 5일에 A사 카드로 스킨과 로션을 구입했으므로 할인액은 3,000원이다. 따라서 총할인액은 2,000원이다.
② 로션을 다 쓴 날 구입했으므로 체감 비용은 없으며, 15일에 스킨을 구입했으므로 할인액은 2,000원이다. 따라서 총할인액은 2,000원이다.
③ 5일 동안 스킨과 로션을 사용하지 못했으므로 체감 비용은 5,000원이며, 15일에 로션과 스킨을 구입했으므로 할인액은 6,000원이다. 따라서 총할인액은 1,000원이다.
⑤ 스킨과 로션을 다 쓴 날 구입했으므로 체감 비용은 없으며, 총할인액은 0원이다.

정답 ④

15 | 인사평정

| 문제 1 |

S공사 인력지원실 인사부의 P사원은 직원들의 근무평정 업무를 수행하고 있다. 가점평정 기준표를 참고했을 때, P사원이 K과장에게 부여해야 할 가점은?

〈가점평정 기준표〉

구분		내용	가점	인정범위	비고
근무 경력		본부 근무 1개월 (본부, 연구원, 인재개발원 또는 정부부처 파견근무기간 포함)	0.03점 (최대 1.8점)	1.8점	동일 근무기간에 다른 근무경력 가점과 원거리, 장거리 및 특수지
		지역본부 근무 1개월 (지역본부 파견근무기간 포함)	0.015점 (최대 0.9점)	1.8점	가점이 중복될 경우 원거리, 장거리 및 특수지 근무가점은 $\frac{1}{2}$만 인정
		원거리 근무 1개월	0.035점 (최대 0.84점)		
		장거리 근무 1개월	0.025점 (최대 0.6점)		
		특수지 근무 1개월	0.02점 (최대 0.48점)		
내부 평가		내부 평가 결과 최상위 10%	월 0.012점	0.5점	현 직급에 누적됨 (승진 후 소멸)
		내부 평가 결과 차상위 10%	월 0.01점		
제안	제안상 결정 시	금상	0.25점	0.5점	수상 당시 직급에 한정함
		은상	0.15점		
		동상	0.1점		
	시행 결과평가	탁월	0.25점	0.5점	제안상 수상 당시 직급에 한정함
		우수	0.15점		

〈K과장 가점평정 사항〉

- 입사 후 36개월 동안 본부에서 연구원으로 근무
- 지역본부에서 24개월 근무
  - 지역본부에서 24개월 근무 중 특수지에서 12개월 동안 파견근무
- 본부로 복귀 후 현재까지 총 23개월 근무
- 팀장(직급 : 과장)으로 승진 후 현재까지
  - 내부 평가 결과 최상위 10% 총 12회
  - 내부 평가 결과 차상위 10% 총 6회
  - 금상 2회, 은상 1회, 동상 1회 수상
  - 시행결과평가 탁월 2회, 우수 1회

① 3.284점   ② 3.454점

③ 3.604점   ④ 3.854점

⑤ 3.974점

정답 | **해설**

- 본부에서 36개월 동안 연구원으로 근무 : 0.03×36=1.08점
- 지역본부에서 24개월 근무 : 0.015×24=0.36점
- 특수지에서 12개월 동안 파견근무(지역본부 근무경력과 중복되어 절반만 인정) : 0.02×12÷2=0.12점
- 본부로 복귀 후 현재까지 총 23개월 근무 : 0.03×23=0.69점
- 현재 팀장(과장) 업무 수행 중
  - 내부 평가 결과 최상위 10% 총 12회 : 0.012×12=0.144점
  - 내부 평가 결과 차상위 10% 총 6회 : 0.01×6=0.06점
  - 금상 2회, 은상 1회, 동상 1회 수상 : (0.25×2)+(0.15×1)+(0.1×1)=0.75점 → 0.5점(∵ 인정범위)
  - 시행 결과평가 탁월 2회, 우수 1회 : (0.25×2)+(0.15×1)=0.65점 → 0.5점(∵ 인정범위)

따라서 K과장의 가점은 1.08+0.36+0.12+0.69+0.144+0.06+0.5+0.5=3.454점이다.

정답 ②

| 문제 2 |

다음은 성적 평적 기준표에 따라 산출한 Z교과목 성적산출 자료이다. 〈보기〉에서 옳은 설명을 모두 고르면?

K대학교 교과목 성적 평정(학점)은 총점을 기준으로 상위 점수부터 하위 점수까지 A⁺, A⁻, B⁺ ~ F 순으로 책정한다. 등급별 비율은 아래 성적 평정 기준표를 따르되, 상위 등급의 비율을 최대 기준보다 낮게 배정할 경우에는 잔여 비율을 하위 등급 비율에 가산하여 배정할 수 있다. 예컨대 A등급 배정 비율은 10 ~ 30%이나, 만일 25%로 배정한 경우에는 잔여 비율인 5%를 하위 등급 하나에 배정하거나 여러 하위 등급에 나누어 배정할 수 있다. 한편 A, B, C, D 각 등급 내에서 +와 −의 비율은 교수 재량으로 정할 수 있다.

〈성적 평정 기준표〉

등급	A		B		C		D		F
학점	A⁺	A⁻	B⁺	B⁻	C⁺	C⁻	D⁺	D⁻	0 ~ 40
비율(%)	10 ~ 30		20 ~ 35		20 ~ 40		0 ~ 40		

※ 평정 대상 총원 중 해당 등급 인원 비율

〈Z교과목 성적산출 자료〉

성명	총점	순위	성명	총점	순위
양다경	99	1	양대원	74	11
이지후	97	2	권치원	72	12
이태연	93	3	김도윤	68	13
남소연	89	4	권세연	66	14
김윤채	86	5	남원중	65	15
엄선민	84	6	권수진	64	16
이태근	79	7	양호정	61	17
김경민	78	8	정호채	59	18
이연후	77	9	이신영	57	19
엄주용	75	10	전희연	57	19

※ 평정 대상은 총 20명임

보기

ㄱ. 평정 대상 전원에게 C⁺ 이상의 학점을 부여할 수 있다.
ㄴ. 79점을 받은 학생이 받을 수 있는 가장 낮은 학점은 B이다.
ㄷ. 5명에게 A등급을 부여하면, 최대 8명의 학생에게 B⁺를 부여할 수 있다.
ㄹ. 59점을 받은 학생에게 부여할 수 있는 학점은 C⁺, C⁻, D⁺, D⁻, F 중 하나이다.

① ㄱ, ㄴ　　　　　　　　　　　② ㄱ, ㄹ

③ ㄷ, ㄹ　　　　　　　　　　　④ ㄱ, ㄷ, ㄹ

⑤ ㄴ, ㄷ, ㄹ

정답　해설

먼저 주어진 성적 평정 기준표의 수치와 비율을 인원 수로 변환하여 판단하면, 등급별 세부학점은 교수 재량으로 정할 수 있으므로 여기서는 감안하지 않는다.

등급	A	B	C	D	F
인원 수(명)	2~6	4~7	4~8	0~8	0~8

ㄱ. D와 F등급의 최소비율이 각각 0%이므로 모든 학생들에게 C등급 이상을 부여할 수 있으며 C등급 내에서 C^+와 C^-의 비율은 교수 재량이므로 C등급에 해당하는 모든 학생들에게 C^+를 부여하는 것도 가능하다.

ㄷ. A등급에 최대로 할당 가능한 인원이 6명인데 만약 이보다 1명 적은 5명을 할당했다면 이 1명을 B등급에 배정할 수 있다. 따라서 B등급에 할당할 수 있는 최대 인원수는 8명이 되며, B등급 내에서 B^+를 부여할 것인지의 여부는 교수의 재량이므로 이 8명 모두에게 B^+를 부여할 수 있다.

ㄹ. 59점을 받은 학생은 18등을 기록한 정호채 학생인데 이 학생이 받을 수 있는 최고 등급을 살펴보면 다음과 같다. 만약 A와 B등급에 최대 기준치만큼 배정한다면 13등까지 배정되게 되어 14등부터는 다음 등급인 C등급을 받을 수 있다. 이때 C등급 내에서 C^+와 C^- 중 어떤 것을 부여할 것인지는 교수의 재량이므로 C^+와 C^- 모두 받을 수 있다. 또한 C등급을 최소 인원인 4명만 할당하면 18등부터는 D등급을 받을 수 있다. 이때 D^+와 D^- 중 어떤 것을 부여할 것인지는 교수의 재량이므로 D^+와 D^-를 모두 받을 수 있다. 마지막으로 D등급에서 최소 인원인 0명을 할당하면 F등급도 받을 수 있다. 따라서 59점을 받은 정호채 학생이 받을 수 있는 학점은 C^+. C^-, D^+, D^-, F 중 하나이다.

오답분석

ㄴ. 79점을 받은 학생은 7등을 기록한 이태근 학생이다. 만약 A등급과 B등급에 각각 최소 기준인 2명과 4명을 할당한다면 이 학생은 C등급을 받게 된다.

정답 ④

스포츠 경기

01 유형의 이해

문제를 풀다 보면 운동경기 내지는 게임의 결과를 통해 순위를 결정하거나 우승팀을 찾아내는 유형을 종종 만나게 된다. 이러한 문제들은 크게는 앞서 설명한 규칙의 적용 유형에 해당하지만 경우의 수를 따져야 한다는 점에서 논리퍼즐 유형으로 볼 수도 있다. 물론, 이러한 문제들은 승점은 어떻게 계산되는지, 또 동점자의 경우는 어떻게 처리해야 하는지에 대한 규칙이 주어진다. 하지만 이 유형은 꼭 스포츠 경기에 국한되어 출제되는 것은 아니며, 기본 아이디어를 유지하면서 다른 소재의 문제로도 자주 출제되고 있다. 여기서는 그중 미리 알아두면 도움이 될 출제 포인트들을 정리해 본다.

02 접근법

(1) 승점계산

대부분의 경우에 승리팀이 얻는 승점은 3점이며, 무승부인 경우 1점, 패할 경우는 0점을 얻게 된다. 하지만 간혹 승리할 경우 2점이 주어지는 경우도 존재한다. 이 유형은 승점제도가 변경되었을 때 우승팀이 바뀌는지의 여부를 묻는 문제로 종종 출제되곤 한다.

(2) 승 − 패 − 무승부

이는 수리능력에서도 종종 만나게 되는 유형인데, 모든 참가팀의 경기 수가 동일하다면 모든 팀의 승수의 합은 패수의 합과 동일하며 무승부의 합은 반드시 짝수가 되어야 한다. 이를 좀 더 생각해보면 득점의 합은 실점의 합과 동일하다는 것을 알 수 있다.

(3) 승점이 같은 경우

크게 득실차가 많은 팀, 득점이 많은 팀 중 하나로 제시된다.

(4) 리그전

만약 n개의 팀이 다른 모든 팀들과 1번씩 경기하는 경우 전체 경기의 수는 $(n-1)+(n-2)+\cdots+1$이다.

(5) 토너먼트

만약 n개의 팀이 참가하는 토너먼트가 있다고 하면, 이 토너먼트 대회의 총 경기 수는 $(n-1)$이다.

`03` 생각해 볼 부분

물론 위의 산식들은 예외가 없는 일반적인 경우에만 가능하다. 대부분의 문제에서는 일반적인 경우를 토대로 문제를 구성하지만 간혹 부전승과 같이 예외적인 경우가 등장하기도 한다. 이런 경우는 아쉽게도 직접 경우를 따져보는 방법 이외에는 지름길이 없다. 하지만 가장 중요한 것은 문제에서 제시되는 경기 규칙이다. 이 규칙들은 내용의 생소함으로 인해 규칙을 파악하는 데 시간이 다소 소요될 수 있다. 따라서 무턱대고 규칙을 이해하려고 하기보다는 일단 선택지의 사례를 규칙에 하나씩 대입해가며 거꾸로 규칙을 이해하는 방법이 효율적이다.

다음 〈조건〉을 근거로 판단할 때, 〈보기〉에서 옳은 것만을 모두 고르면?

조건

- △△배 씨름대회는 아래와 같은 대진표에 따라 진행되며, 11명의 참가자는 추첨을 통해 동일한 확률로 A부터 K까지의 자리 중에서 하나를 배정받아 대회에 참가한다.

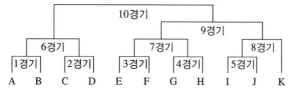

- 대회는 첫째 날에 1경기부터 시작되어 10경기까지 순서대로 매일 하루에 한 경기씩 쉬는 날 없이 진행되며, 매 경기에서는 무승부 없이 승자와 패자가 가려진다.
- 각 경기를 거듭할 때마다 패자는 제외시키면서 승자끼리 겨루어 최후에 남은 두 참가자 간에 우승을 가리는 승자 진출전 방식으로 대회를 진행한다.

보기

ㄱ. 이틀 연속 경기를 하지 않으면서 최소한의 경기로 우승할 수 있는 자리는 총 5개이다.
ㄴ. 첫 번째 경기에 승리한 경우 두 번째 경기 전까지 3일 이상을 경기 없이 쉴 수 있는 자리에 배정될 확률은 50% 미만이다.
ㄷ. 총 4번의 경기를 치러야 우승할 수 있는 자리에 배정될 확률이 총 3번의 경기를 치르고 우승할 수 있는 자리에 배정될 확률보다 높다.

① ㄱ　　　　　　　　　　　　　　② ㄴ
③ ㄷ　　　　　　　　　　　　　　④ ㄱ, ㄷ
⑤ ㄴ, ㄷ

정답 해설

총 4번의 경기를 치러야 우승할 수 있는 자리는 E~J까지의 6개이고, 총 3번의 경기를 치르고 우승할 수 있는 자리는 A~D, K의 5개이므로 전자에 배정될 확률이 더 높다.

오답분석

ㄱ. 대진표상에서 우승을 하기 위해 최소한으로 치러야 하는 경기는 3경기이며, 이에 해당하는 자리는 A~D, K이다. 그러나 K는 8경기를 승리한 이후 다음날 곧바로 9경기를 치르게 되므로 조건에 부합하지 않는다. 따라서 총 4만 해당한다.

ㄴ. 첫 번째 경기에 승리한 경우, 두 번째 경기 전까지 3일 이상을 경기 없이 쉴 수 있는 자리는 A~F까지의 6개로 $\frac{6}{11} \times 100 ≒$ 54.5%이다.

정답 ③

제시문 접근법
제시문의 대진표는 마지막의 K가 1라운드를 건너뛰고 2라운드에 진출하는 것을 확인할 수 있다. 이것이 결국은 문제 풀이에 중요한 단서가 될 것으로 예상할 수 있다.

선택지 접근법
선택지를 외형으로만 파악하면 특징적인 것이 없다. 단, 여기서 주목할 것은 선택지가 ㄱ, ㄴ, ㄷ 3개만 주어져 있다는 것이다. 이러한 유형은 세 개의 선택지 모두를 판단해야 한다. 만약 선택지가 ㄱ, ㄴ, ㄷ, ㄹ의 4개로 주어졌다면 풀이 순서의 변화를 통해 선택지 1~2개 정도는 생략할 수 있지만 3개가 주어지는 경우는 그런 일이 절대로 발생하지 않는다.

체크할 부분
〈조건〉을 분석해보면 전체 내용 중 문제 풀이에 의미가 있는 것은 대진표와 두 번째 조건뿐이라는 것을 알 수 있다. 첫 번째와 세 번째 조건은 그야말로 당연한 내용으로 전형적인 허수 정보에 해당한다. 또한 대진표를 살펴보면, 나머지 경기의 진행 방향과 9경기의 방향이 반대라는 점을 확인할 수 있다. 이런 부분은 반드시 출제 포인트가 되므로 놓치지 말자.

16 | 승점의 계산

| 문제 1 |

A ~ D 네 팀이 참여하여 체육대회를 하고 있다. 다음 순위 결정 기준과 각 팀의 현재까지 득점 현황에 근거하여 판단할 때, 항상 옳은 추론을 〈보기〉에서 모두 고르면?

〈순위 결정 기준〉

• 각 종목의 1위에게는 4점, 2위에게는 3점, 3위에게는 2점, 4위에게는 1점을 준다.
• 각 종목에서 획득한 점수를 합산한 총점이 높은 순으로 종합 순위를 결정한다.
• 총점에서 동점이 나올 경우에는 1위를 한 종목이 많은 팀이 높은 순위를 차지한다.
 – 만약 1위 종목의 수가 같은 경우에는 2위 종목이 많은 팀이 높은 순위를 차지한다.
 – 만약 1위 종목의 수가 같고, 2위 종목의 수도 같은 경우에는 공동 순위로 결정한다.

〈득점 현황〉

종목명＼팀명	A	B	C	D
가	4	3	2	1
나	2	1	3	4
다	3	1	2	4
라	2	4	1	3
마	?	?	?	?
합계	?	?	?	?

※ 종목별 순위는 반드시 결정되고, 동순위는 나오지 않는다.

보기

ㄱ. A팀이 종목 마에서 1위를 한다면 종합 순위 1위가 확정된다.
ㄴ. B팀이 종목 마에서 C팀에게 순위에서 뒤처지면 종합 순위에서도 C팀에게 뒤처지게 된다.
ㄷ. C팀은 종목 마의 결과와 관계없이 종합 순위에서 최하위가 확정되었다.
ㄹ. D팀이 종목 마에서 2위를 한다면 종합 순위 1위가 확정된다.

① ㄱ
② ㄹ
③ ㄱ, ㄴ
④ ㄴ, ㄷ
⑤ ㄷ, ㄹ

정답 해설 ───○

종목 마를 제외한 팀별 종목별 득점의 합계는 다음과 같다.

팀명	A	B	C	D
합계	11	9	8	12

종목 가 ~ 라에서 팀별 1, 2위를 차지한 횟수는 다음과 같다.

순위 \ 팀명	A	B	C	D
1위	1	1	0	2
2위	1	1	1	1

ㄹ. A팀이 종목 마에서 1위를 차지하여 4점을 받는다면, 총점은 15점이고 1위를 차지한 횟수는 2번, 2위를 차지한 횟수는 1번이
   된다. 이때 D팀이 종목 마에서 2위를 차지하면, 합계는 15점, 1위를 차지한 횟수는 2번으로 A팀과 같고 2위를 차지한 횟수는
   2번이 된다. 따라서 D팀이 종합 1위, A팀이 종합 2위가 된다.

오답분석

ㄱ. D팀이 종목 마에서 2위를 한다면 D가 종합 순위 1위가 확정되므로 옳지 않은 내용이다.
ㄴ. B팀과 C팀의 가, 나, 다, 라 종목의 득점 합계의 차이는 1점이고 B팀이 C팀보다 1위를 차지한 횟수가 더 많다. 따라서 B팀이
   종목 마에서 C팀에게 한 등급 차이로 순위에서 뒤처지면 득점의 합계는 같게 되지만, 순위 횟수에서 B팀이 C팀보다 우수하므로
   종합 순위에서 B팀이 C팀보다 높게 된다.
ㄷ. C팀이 2위를 하고 B팀이 4위를 하거나, C팀이 1위를 하고 B팀이 3위 이하를 했을 경우에는 B팀이 최하위가 된다.

정답 ②

| 문제 2 |

다음 글을 근거로 판단할 때, 〈보기〉에서 옳은 설명을 모두 고르면?

X축구대회에는 모두 32개 팀이 참가하여 한 조에 4개 팀씩 8개 조로 나누어 경기를 한다. 각 조의 4개 팀이 서로 한 번씩 경기를 하여 '승점 − 골득실차 − 다득점 − 승자승 − 추첨'의 순서에 의해 각 조의 1, 2위 팀이 16강에 진출한다. 각 팀은 16강에 오르기까지 총 3번의 경기를 치르게 되며, 매 경기마다 승리한 팀은 승점 3점을 얻게 되고, 무승부를 기록한 팀은 승점 1점, 패배한 팀은 0점을 획득한다.

그중 1조에 속한 A, B, C, D팀은 현재까지 각 2경기씩 치렀으며, 그 결과는 A : B=4 : 1, A : D=1 : 0, B : C=2 : 0, C : D=2 : 1이었다. 아래의 표는 그 결과를 정리한 것이다. 내일 각 팀은 16강에 오르기 위한 마지막 경기를 치르는데, A팀은 C팀과, B팀은 D팀과 경기를 갖는다.

〈마지막 경기를 남겨 놓은 각 팀의 전적〉

구분	승	무	패	득 / 실점	승점
A팀	2	0	0	5 / 1	6
B팀	1	0	1	3 / 4	3
C팀	1	0	1	2 / 3	3
D팀	0	0	2	1 / 3	0

> **보기**
>
> ㄱ. A팀이 C팀과의 경기에서 이긴다면, A팀은 B팀과 D팀의 경기 결과에 상관없이 16강에 진출한다.
> ㄴ. A팀이 C팀과 1 : 1로 비기고 B팀이 D팀과 0 : 0으로 비기면 A팀과 B팀이 16강에 진출한다.
> ㄷ. C팀과 D팀이 함께 16강에 진출할 가능성은 전혀 없다.
> ㄹ. D팀은 마지막 경기의 결과에 관계없이 16강에 진출할 수 없다.

① ㄱ, ㄴ   ② ㄱ, ㄹ
③ ㄷ, ㄹ   ④ ㄱ, ㄴ, ㄷ
⑤ ㄴ, ㄷ, ㄹ

정답 해설

ㄱ. A팀이 C팀과의 경기에서 이긴다면 A팀은 승점 9점이 되며, 나머지 경기에서 B팀이 D팀을 꺾는다고 해도 B팀의 승점은 6점에 그치므로 A팀의 1위 자리에는 영향을 주지 않는다. 따라서 A팀은 다른 경기 결과에 무관하게 16강에 진출한다.

ㄴ. 잔여 경기가 모두 비기는 것으로 끝나는 경우의 결과는 다음과 같다.

구분	승	무	패	득 / 실점(득실차)	승점
A팀	2	1	0	6 / 2(+4)	7
B팀	1	1	1	3 / 4(−1)	4
C팀	1	1	1	3 / 4(−1)	4
D팀	0	1	2	1 / 3(−2)	1

따라서 A팀이 1위가 되며, B팀과 C팀은 승점 4점으로 동률이 된다. 그런데 B팀과 C팀은 득점과 실점이 동일하므로 결국 승자승 원칙에 의해 B팀이 2위로 16강에 진출하게 된다(이미 B팀은 C팀에게 2 : 0으로 승리한 바 있다).

ㄷ. C팀과 D팀이 함께 16강에 진출한다는 것은 결국 A팀과 B팀 모두 탈락한다는 것을 의미한다. 하지만 D팀이 남은 경기에서 얻을 수 있는 승점은 3점에 불과한 반면, A팀은 이미 6점을 얻은 상태이다. 따라서 어떠한 경우에도 C팀과 D팀이 같이 16강에 진출할 수 없다.

오답분석

ㄹ. 만약 D팀이 마지막 경기에서 B팀에 승리를 거두고 A팀이 C팀에 승리를 거둔다면 B, C, D팀은 모두 승점이 3점으로 동일하게 된다. 그런데 만약 A팀이 C팀을 1골 차 이상으로 이기고, D팀이 B팀을 역시 1골 차 이상으로 이긴다면 골득실에 의해 D팀이 조 2위로 16강에 진출할 수 있다.

정답 ④

| 문제 3 |

다음 상황에서 기존의 승점제와 새로운 승점제를 적용할 때, A팀의 순위로 바르게 짝지어진 것은?

〈상황〉

- 대회에 참가하는 팀은 총 13팀이다.
- 각 팀은 다른 모든 팀과 한 번씩 경기를 한다.
- A팀의 최종 성적은 5승 7패이다.
- A팀과의 경기를 제외한 12팀 간의 경기는 모두 무승부이다.
- 기존의 승점제는 승리 시 2점, 무승부 시 1점, 패배 시 0점을 부여한다.
- 새로운 승점제는 승리 시 3점, 무승부 시 1점, 패배 시 0점을 부여한다.

	기존의 승점제	새로운 승점제
①	8위	1위
②	8위	8위
③	13위	1위
④	13위	5위
⑤	13위	13위

정답 해설

A팀의 최종 성적이 5승 7패이고, 나머지 팀들 간의 경기는 모두 무승부였다고 하였으므로 이를 토대로 팀들의 최종전적을 정리한 후 승점을 계산하면 다음과 같다.

구분	최종전적	기존 승점	새로운 승점
A팀	5승 0무 7패	10	15
7팀	1승 11무 0패	13	14
5팀	0승 11무 1패	11	11

따라서 A팀은 기존의 승점제에 의하면 최하위인 13위이며, 새로운 승점제에 의하면 1위를 차지한다.

정답 ③

17 | 조편성

| 문제 1 |

다음 글을 근거로 판단할 때, 사자바둑기사단이 선발할 수 있는 출전선수 조합의 총 가짓수는?

- 사자바둑기사단과 호랑이바둑기사단이 바둑시합을 한다.
- 시합은 일대일 대결로 총 3라운드로 진행되며, 한 명의 선수는 하나의 라운드에만 출전할 수 있다.
- 호랑이바둑기사단은 1라운드에는 갑을, 2라운드에는 을을, 3라운드에는 병을 출전시킨다.
- 사자바둑기사단은 라운드별로 이길 수 있는 확률이 0.6 이상이 되도록 7명의 선수(A ~ G) 중 3명을 선발한다.
- A ~ G가 갑, 을, 병에 대하여 이길 수 있는 확률은 다음과 같다.

선수	갑	을	병
A	0.42	0.67	0.31
B	0.35	0.82	0.49
C	0.81	0.72	0.15
D	0.13	0.19	0.76
E	0.66	0.51	0.59
F	0.54	0.28	0.99
G	0.59	0.11	0.64

① 18가지 ② 17가지
③ 16가지 ④ 15가지
⑤ 14가지

정답 해설

사자바둑기사단은 라운드별로 이길 수 있는 확률이 0.6 이상이 되도록 3명을 선발한다고 하였으므로 이를 기준으로 판단하면 다음과 같다.

갑을 상대로 승률이 0.6 이상인 선수는 C와 E뿐이므로 2가지의 경우가 존재한다. 따라서 1라운드 이후의 라운드는 이 2가지의 경우의 수로 나누어 판단한다.

- 1라운드에서 C가 출전하는 경우
  2라운드에서 가능한 경우는 A와 B가 출전하는 것이며, 이 경우 각각에 대해 3라운드에서 D, F, G가 출전할 수 있으므로 6가지 경우의 수가 존재한다.
- 1라운드에서 E가 출전하는 경우
  2라운드에서 가능한 경우는 A, B, C가 출전하는 것이며, 이 경우 각각에 대해 3라운드에서 D, F, G가 출전할 수 있으므로 9가지의 경우의 수가 존재한다.

따라서 총 6+9=15가지의 경우의 수가 존재함을 알 수 있다.

정답 ④

| 문제 2 |

어느 부처의 시설과에 A ~ F 총 6명의 직원이 있다. 이들 가운데 반드시 4명의 직원으로만 팀을 구성하여 부처회의에 참석해 달라는 요청이 있었다. 만일 E가 불가피한 사정으로 그 회의에 참석할 수 없게 된 상황에서 아래의 〈조건〉을 모두 충족시켜야만 한다면 몇 개의 팀이 구성될 수 있는가?

> **조건**
> • A 또는 B는 반드시 참석해야 한다. 하지만 A, B가 함께 참석할 수 없다.
> • D 또는 E는 반드시 참석해야 한다. 하지만 D, E가 함께 참석할 수 없다.
> • 만일 C가 참석하지 않게 된다면 D도 참석할 수 없다.
> • 만일 B가 참석하지 않게 된다면 F도 참석할 수 없다.

① 0개 ② 1개
③ 2개 ④ 3개
⑤ 4개

정답 해설

먼저 문제에서 E가 참석할 수 없다고 하였고 두 번째 조건에서 D 또는 E는 반드시 참석해야 해야 한다고 하였으므로 D는 반드시 참석한다는 것을 알 수 있다. 다음으로 첫 번째 조건에서 A와 B가 함께 참석할 수는 없지만 둘 중 한 명은 반드시 참석해야 한다고 하였으므로 (A, D)와 (B, D)의 조합이 가능함을 알 수 있다. 그리고 세 번째 조건을 대우 명제로 바꾸면 'D가 참석한다면 C도 참석한다.'가 되므로 (A, C, D)와 (B, C, D)의 조합이 가능함을 알 수 있다. 그런데 마지막 네 번째 조건에서 B가 참석하지 않으면 F도 참석하지 못한다고 하였으므로 (A, D, C)의 조합은 가능하지 않다는 것을 알 수 있다(∵ 4명의 직원으로 팀을 구성). 따라서 가능한 팀의 조합은 (B, C, D, F)의 1개라는 것을 알 수 있다.

정답 ②

| 문제 3 |

S사 직원 A ~ F 6명은 설문조사를 위해 2인 1조로 나누어 외근을 나가려고 한다. 다음 〈조건〉에 따라 조를 구성한다면, 한 조가 될 수 있는 두 사람은 누구인가?

> **조건**
> • A는 C나 D와 함께 갈 수 없다.
> • B는 반드시 D 아니면 F와 함께 가야 한다.
> • C는 반드시 E 아니면 F와 함께 가야 한다.
> • A가 C와 함께 갈 수 없다면, A는 반드시 F와 함께 가야 한다.

① A, E   ② B, D
③ B, F   ④ C, D
⑤ C, F

정답 해설

다음의 논리 순서를 따라 주어진 조건을 정리하면 쉽게 접근할 수 있다.
• 첫 번째, 네 번째 조건 : A는 반드시 F와 함께 외근을 나간다.
• 두 번째 조건 : F는 A와 외근을 나가므로 B는 반드시 D와 함께 외근을 나간다. 즉, C는 E와 함께 외근을 나간다.
따라서 A와 F, B와 D, C와 E가 함께 외근을 나간다.

정답 ②

18 | 토너먼트전

| 문제 1 |

다음은 A기업 4개 팀 체육대회의 종목별 대진표 및 중간경기 결과와 종목별 승점 배점표이다. 이에 근거하여 남은 경기 결과에 따른 최종 대회 성적에 대한 설명으로 옳지 않은 것은?

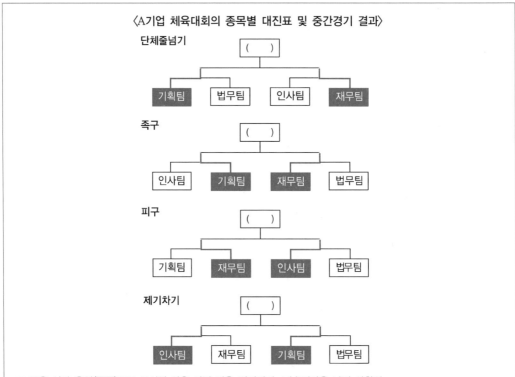

〈A기업 체육대회의 종목별 대진표 및 중간경기 결과〉

단체줄넘기
( )
기획팀 / 법무팀 / 인사팀 / 재무팀

족구
( )
인사팀 / 기획팀 / 재무팀 / 법무팀

피구
( )
기획팀 / 재무팀 / 인사팀 / 법무팀

제기차기
( )
인사팀 / 재무팀 / 기획팀 / 법무팀

※ 굵은 선과 음영(■)으로 표시된 팀은 이긴 팀을 의미하며, 결승전만을 남긴 상황임

〈종목별 승점 배점표〉

종목 순위	단체줄넘기	족구	피구	제기차기
1위	120	90	90	60
2위	80	60	60	40
3·4위	40	30	30	20

1) 최종 대회 성적은 종목별 승점 합계가 가장 높은 팀이 종합 우승, 두 번째로 높은 팀이 종합 준우승임
2) 승점 합계가 동일한 팀이 나올 경우, 단체줄넘기 종목의 순위가 높은 팀이 최종 순위가 높음
3) 모든 경기에 무승부는 없음

① 남은 경기 결과와 상관없이 법무팀은 종합 우승을 할 수 없다.

② 재무팀이 남은 경기 중 2종목에서 이기더라도 기획팀이 종합 우승을 할 수 있다.

③ 기획팀이 남은 경기에서 모두 지면, 재무팀이 종합 우승을 한다.

④ 재무팀이 남은 경기에서 모두 지더라도 재무팀은 종합 준우승을 한다.

⑤ 인사팀이 남은 경기에서 모두 이기더라도 인사팀은 종합 우승을 할 수 없다.

정답 해설

재무팀이 2종목에서 이긴 상황에서 기획팀이 최대의 승점을 얻을 수 있는 경우는 다음과 같다.

ⅰ) 재무팀과의 맞대결을 펼친 단체줄넘기에서 승리

ⅱ) 족구에서는 기획팀이 재무팀에 패배

ⅲ) 피구에서는 재무팀이 인사팀에 승리

ⅳ) 제기차기에서는 기획팀이 인사팀에 승리

그런데 이 경우 재무팀이 얻은 승점은 280점인데 반해 기획팀은 270점에 그치므로 기획팀이 종합 우승을 할 수는 없게 된다.

오답분석

① 법무팀은 모든 종목에서 결승에 진출하지 못했으므로 현재까지 얻은 120점이 최종 획득점수이다. 그런데 기획팀의 경우 진출한 3종목의 결승전에서 모두 패하더라도 210점을 획득하므로 법무팀보다 승점이 높게 된다. 따라서 법무팀은 남은 경기 결과에 상관없이 종합 우승을 할 수 없다.

③ 기획팀이 남은 경기에서 모두 지면 얻게 되는 승점은 210점이며, 피구에서 인사팀이 재무팀을 이겼다고 가정하더라도 재무팀의 승점은 290점이 된다. 한편 이 경우 인사팀이 얻게 되는 승점은 220점에 불과하므로 결국 재무팀이 종합 우승을 차지하게 된다.

④ 재무팀이 남은 경기에서 모두 패하면 얻게 되는 승점은 220점이며, 기획팀과 인사팀의 승점은 마지막 제기차기의 결승결과에 따라 달라지게 된다. 만약 인사팀이 승리하게 되면 인사팀은 220점, 기획팀은 280점을 얻게 되고, 기획팀이 승리하게 되면 인사팀은 200점, 기획팀은 300점을 얻게 된다. 이를 정리하면 다음과 같다.

ⅰ) 인사팀 승리 : 기획팀(280점), 재무팀(220점), 인사팀(220점)

ⅱ) 기획팀 승리 : 기획팀(300점), 재무팀(220점), 인사팀(200점)

ⅰ)에 따르면 재무팀과 인사팀 중 단체줄넘기 종목의 순위가 높은 재무팀의 최종 순위가 더 높으므로 재무팀이 남은 경기에서 모두 지더라도 재무팀은 종합 준우승을 한다.

⑤ 인사팀이 남은 경기인 피구와 제기차기에서 모두 이긴다면 인사팀이 얻을 수 있는 승점 합계는 220점이며 인사팀이 1위를 차지한 피구·제기차기에서 재무팀은 80점, 기획팀은 70점을 확보하게 된다. 그런데 단체줄넘기와 족구는 모두 기획팀과 재무팀이 결승에 진출한 상태이므로 어느 조합의 결과가 나오더라도 인사팀보다 최종 순위가 높다. 따라서 인사팀은 종합 우승을 할 수 없다.

정답 ②

19 | 리그전

| 문제 1 |

다음 〈조건〉에 따라 A팀과 B팀이 왼손 팔씨름 시합을 한다. 첫 번째 경기 시작 전에 B팀에서는 A팀이 첫 번째 경기에 장사를 출전시킨다는 확실한 정보를 입수했다고 할 때, 〈보기〉에서 옳은 것을 모두 고르면?

조건

- A팀과 B팀은 각각 장사 1명, 왼손잡이 1명, 오른손잡이 2명(총 4명)으로 구성되어 있다.
- 한 사람당 한 경기에만 출전할 수 있으며, 총 네 번의 경기를 치러 승점의 합이 많은 팀이 우승을 차지한다. 이때, 이길 경우 3점, 비길 경우 1점, 질 경우는 0점의 승점이 주어진다.
- 양 팀은 첫 번째 경기 시작 전에 경기별 출전선수 명단을 심판에게 제출해야 하며, 제출한 선수명단은 변경할 수 없다.
- 각 팀에 속하는 팀원의 특징은 아래와 같다.
  - 장사 : 왼손잡이, 오른손잡이 모두에게 이긴다.
  - 왼손잡이 : 장사에게는 지고 오른손잡이에게는 이긴다.
  - 오른손잡이 : 장사, 왼손잡이 모두에게 진다.
- 누구든 같은 특징의 상대를 만나면 비긴다.

보기

ㄱ. B팀도 첫 번째 경기에 장사를 출전시키면 최대 승점 5점을 얻을 수 있다.
ㄴ. B팀이 첫 번째 경기에 왼손잡이를 출전시키면 최대 승점 4점을 얻을 수 있다.
ㄷ. B팀이 첫 번째 경기에 오른손잡이를 출전시키면 최대 승점 7점을 얻을 수 있다.
ㄹ. A팀이 첫 번째 경기에 장사를 출전시키고 두 번째 경기에 왼손잡이를 출전시킨다는 확실한 정보를 B팀이 입수한다면, B팀은 우승할 수 있으며 이때의 승점은 7점이다.

---

① ㄱ, ㄷ   ② ㄴ, ㄷ
③ ㄴ, ㄹ   ④ ㄱ, ㄴ, ㄹ
⑤ ㄱ, ㄷ, ㄹ

ㄱ. 아래와 같이 B팀이 첫 번째 경기에 장사를 출전시키면 승점 5점을 얻을 수 있다.

구분	경기 1	경기 2	경기 3	경기 4
A팀	장사	왼손	오른손	오른손
B팀	장사	오른손	왼손	오른손
승점(B팀)	1	0	3	1

ㄷ. 아래와 같이 B팀이 첫 번째 경기에 오른손잡이를 출전시키면 승점 7점을 얻을 수 있다.

구분	경기 1	경기 2	경기 3	경기 4
A팀	장사	왼손	오른손	오른손
B팀	오른손	장사	왼손	오른손
승점(B팀)	0	3	3	1

ㄹ. 아래와 같이 A팀이 첫 번째 경기에 장사를 출전시키고, 두 번째 경기에 왼손잡이를 출전시킨다면 B팀은 승점 7점을 얻어 우승할 수 있다.

구분	경기 1	경기 2	경기 3	경기 4
A팀	장사	왼손	오른손	오른손
B팀	오른손	장사	왼손	오른손
승점(B팀)	0	3	3	1

ㄴ. 아래와 같이 B팀이 첫 번째 경기에 왼손잡이를 출전시키면 최대 승점 5점을 얻을 수 있다.

구분	경기 1	경기 2	경기 3	경기 4
A팀	장사	왼손	오른손	오른손
B팀	왼손	장사	오른손	오른손
승점(B팀)	0	3	1	1

정답 ⑤

| 문제 2 |

다음 〈조건〉에 따를 때, 발생할 수 없는 상황을 〈보기〉에서 모두 고르면?

조건

1. 양동, 남헌, 보란, 예슬 네 사람은 시급한 현안 문제를 해결하기 위하여 결성된 태스크포스팀의 팀원이다. 이들은 임무를 수행하기 위해 서로 다른 지역에 파견된 상태이다.
2. 네 사람은 오직 스마트폰의 MOFA톡 애플리케이션만을 이용하여 메시지를 전송한다.
3. MOFA톡은 오로지 1대1 메시지 전송만이 가능하다.
4. 상호 '친구'로 등록한 경우 두 사람은 서로 메시지를 전송할 수 있다.
5. 만약 한 사람(A)이 상대방(B)을 '친구' 목록에서 삭제한 경우, 그 사람(A)은 상대방(B)에게 자신의 메시지를 전송할 수 없다. 그러나 상대방(B)에게는 여전히 그 사람(A)이 '친구'로 등록되어 있다면, 상대방(B)은 자신의 메시지를 그 사람(A)에게 전송할 수 있다.
6. 네 사람의 MOFA톡 '친구' 관계는 다음과 같다.
   (1) 양동은 남헌, 보란, 예슬 모두를 MOFA톡 '친구'로 등록하였다.
   (2) 남헌은 양동, 보란, 예슬 모두를 MOFA톡 '친구'로 등록하였다.
   (3) 보란은 양동, 예슬을 MOFA톡 '친구'로 등록했지만 남헌을 '친구' 목록에서 삭제하였다.
   (4) 예슬은 남헌을 MOFA톡 '친구'로 등록했지만 양동, 보란을 '친구' 목록에서 삭제하였다.

보기

ㄱ. 새로운 정보를 알게 된 예슬은 곧바로 남헌에게 메시지를 전송하였고, 이 메시지를 받은 남헌이 보란에게 메시지를 전송하였으며, 보란은 최종적으로 양동에게 이 메시지를 전송했다.
ㄴ. 남헌은 특정 사항에 대한 조사를 요구하는 메시지를 양동에게 전송했다. 양동은 이를 위임하는 메시지를 예슬에게 전송했고, 3일 뒤 예슬은 양동에게 조사 결과 메시지를 전송했다.
ㄷ. 보란은 현재 진척 상황을 묻는 메시지를 예슬에게 전송했고, 5분 뒤 상황이 매우 어렵다는 내용의 메시지를 예슬로부터 전송받았다.
ㄹ. 예슬은 업무 관련 문의 메시지를 남헌에게 전송했고, 남헌은 잘 모르겠다며 보란에게 문의 메시지를 전송했다. 보란은 답변을 정리하여 예슬에게 메시지를 전송했다.
ㅁ. 예슬은 남헌이 주어진 직무를 제대로 수행하지 못한다며 비난하는 메시지를 남헌에게 전송하였다. 이에 화가 난 남헌은 하소연하는 메시지를 보란에게 전송했다.

① ㄱ, ㄴ
② ㄴ, ㄷ
③ ㄷ, ㄹ
④ ㄱ, ㄹ, ㅁ
⑤ ㄴ, ㄷ, ㅁ

이 문제의 경우 외형적으로는 리그전 유형과 직접 연관은 없으나, 그 기본 아이디어가 유사하다.
제시된 조건을 표로 정리하면 다음과 같다.

양동	O : 남헌, 보란, 예슬
남헌	O : 양동, 보란, 예슬
보란	O : 양동, 예슬 X : 남헌
예슬	O : 남헌 X : 양동, 보란

따라서 발생할 수 없는 상황은 ㄴ, ㄷ이다.

②

20 │ 시각화된 규칙

| 문제 1 |

다음 글을 근거로 판단할 때, 〈보기〉에서 옳은 설명을 모두 고르면?

- 갑과 을은 다음 그림과 같이 번호가 매겨진 9개의 구역을 점령하는 게임을 한다.

1	2	3
4	5	6
7	8	9

- 게임 시작 전 제비뽑기를 통해 갑은 1구역, 을은 8구역으로 최초 점령 구역이 정해졌다.
- 갑과 을은 가위바위보 게임을 해서 이길 때마다, 자신이 이미 점령한 구역에 상하좌우로 변이 접한 구역 중 점령되지 않은 구역 1개를 추가로 점령하여 자신의 구역으로 만든다.
- 만약 가위바위보 게임에서 이겨도 더 이상 자신이 점령할 수 있는 구역이 없으면 이후의 가위바위보 게임은 모두 진 것으로 한다.
- 게임은 모든 구역이 점령될 때까지 계속되며, 더 많은 구역을 점령한 사람이 게임에서 승리한다.
- 갑과 을은 게임에서 승리하기 위하여 최선의 선택을 한다.

보기

ㄱ. 을이 첫 번째, 두 번째 가위바위보 게임에서 모두 이기면 승리한다.
ㄴ. 갑이 첫 번째, 두 번째 가위바위보 게임에서 이겨서 2구역과 5구역을 점령하고, 을이 세 번째 가위바위보 게임에서 이겨서 9구역을 점령하면, 네 번째 가위바위보 게임에서 이긴 사람이 승리한다.
ㄷ. 갑이 첫 번째, 세 번째 가위바위보 게임에서 이겨서 2구역과 4구역을 점령하고, 을이 두 번째 가위바위보 게임에서 이겨서 5구역을 점령하면, 게임의 승자를 결정하기 위해서는 최소 2번 이상의 가위바위보 게임을 해야 한다.

① ㄴ
② ㄷ
③ ㄱ, ㄴ
④ ㄱ, ㄷ
⑤ ㄴ, ㄷ

ㄱ. 을이 첫 번째와 두 번째 가위바위보 게임에서 모두 이겨 각각 5번과 2번을 점령하는 경우 이후 갑이 세 번째와 네 번째에서 모두 이겨 4번과 7번을 점령한다 하더라도 세 개의 구역을 점령하는 것이 최대이므로 을이 승리하게 된다.

ㄷ. 이 상황에서는 갑이 (3번, 7번) 혹은 (3번, 6번)을 점령하거나 을이 (6번, 7번) 혹은 (6번, 3번)을 점령하여야 승자가 결정되므로 최소 2번 이상의 가위바위보 게임을 해야 한다.

오답분석

ㄴ. 만약 갑이 네 번째 가위바위보 게임에서 승리하여 6번을 점령하면 을이 최대로 점령할 수 있는 것은 총 4개의 구역을 점령하는데 그치므로 갑이 승리하게 된다. 하지만 을이 네 번째 가위바위보 게임에서 승리하였다고 하더라도 여전히 갑이 승리하는 길(예를 들어, 을이 6번을 점령하고 이후에 갑이 3번, 4번을 점령하는 경우)이 열려 있으므로 옳지 않은 내용이다.

정답 ④

| 문제 2 |

다음 글과 상황을 근거로 판단할 때, 〈보기〉에서 옳은 설명을 모두 고르면?

A국 사람들은 아래와 같이 한 손으로 1부터 10까지의 숫자를 표현한다.

숫자	1	2	3	4	5
펼친 손가락 개수	1개	2개	3개	4개	5개
펼친 손가락 모양					

숫자	6	7	8	9	10
펼친 손가락 개수	2개	3개	2개	1개	2개
펼친 손가락 모양					

〈상황〉

A국에 출장을 간 갑은 A국의 언어를 하지 못하여 물건을 살 때 상인의 손가락을 보고 물건의 가격을 추측한다. A국 사람의 숫자 표현법을 제대로 이해하지 못한 갑은 상인이 금액을 표현하기 위해 펼친 손가락 1개당 1원씩 돈을 지불하려고 한다(단, 갑은 하나의 물건을 구매하며, 물건의 가격은 최소 1원부터 최대 10원까지라고 가정한다).

보기

ㄱ. 물건의 가격과 갑이 지불하려는 금액이 일치했다면, 물건의 가격은 5원 이하이다.
ㄴ. 상인이 손가락 3개를 펼쳤다면, 물건의 가격은 최대 7원이다.
ㄷ. 물건의 가격과 갑이 지불하려는 금액이 8원 만큼 차이가 난다면, 물건의 가격은 9원이거나 10원이다.
ㄹ. 갑이 물건의 가격을 초과하는 금액을 지불하려는 경우가 발생할 수 있다.

① ㄱ, ㄴ
② ㄷ, ㄹ
③ ㄱ, ㄴ, ㄷ
④ ㄱ, ㄷ, ㄹ
⑤ ㄴ, ㄷ, ㄹ

정답 해설
───○

ㄱ. 5원까지는 펼친 손가락의 개수와 실제 가격이 동일하지만 6원부터는 둘이 일치하지 않는다.
ㄴ. 펼친 손가락의 개수가 3개라면 숫자는 3 혹은 7이므로 물건의 가격은 최대 7원임을 알 수 있다.
ㄷ. 물건의 가격이 최대 10원이라고 하였으므로, 물건의 가격과 갑이 지불하려는 금액이 8원만큼 차이가 나는 경우는 상인이 손가락 2개를 펼쳤을 때 지불해야 하는 금액이 10원인 경우와 손가락 1개를 펼쳤을 때 지불해야 하는 금액이 9원인 경우뿐이다.

오답분석
ㄹ. 5원까지는 실제 가격과 지불하려는 금액이 일치하므로 문제가 되지 않으며, 그 이후인 6원부터는 펼친 손가락의 개수가 6개 이상일 경우는 없으므로 역시 물건의 가격을 초과하는 금액을 지불하는 경우는 생기지 않는다.

정답 ③

| 문제 3 |

A ~ E 5명이 다음 규칙에 따라 게임을 하고 있다. 4 → 1 → 1의 순서로 숫자가 호명되어 게임이 진행되었다면 네 번째 술래는?

- A → B → C → D → E 순서로 반시계방향으로 동그랗게 앉아 있다.
- 한 명의 술래를 기준으로, 술래는 항상 숫자 3을 배정받고, 반시계방향으로 술래 다음 사람이 숫자 4를, 그 다음 사람이 숫자 5를, 술래 이전 사람이 숫자 2를, 그 이전 사람이 숫자 1을 배정받는다.
- 술래는 1 ~ 5의 숫자 중 하나를 호명하고, 호명된 숫자에 해당하는 사람이 다음 술래가 된다. 새로운 술래를 기준으로 다시 위의 조건에 따라 숫자가 배정되며 게임이 반복된다.
- 첫 번째 술래는 A다.

① A   ② B
③ C   ④ D
⑤ E

정답 해설

A ~ E 각각에 배정된 숫자가 게임이 진행됨에 따라 어떻게 변화하는지를 정리하면 다음과 같다.

구분	A	B	C	D	E
1st	3	4	5	1	2
2nd	2	3	4	5	1
3rd	4	5	1	2	3
4th			3		

따라서 규칙에 의해 게임이 진행되었을 때 네 번째 술래는 C임을 알 수 있다.

정답 ③

21 | 과녁 맞추기

| 문제 1 |

다음 글을 근거로 판단할 때, 〈보기〉에서 옳은 설명을 모두 고르면?

1부터 5까지 숫자가 하나씩 적힌 5장의 카드와 3개의 구역이 있는 다트판이 있다. 갑과 을은 다음 방법에 따라 점수를 얻는 게임을 하기로 했다.

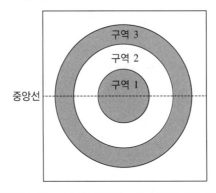

- 우선 5장의 카드 중 1장을 임의로 뽑고, 그 후 다트를 1차 시기와 2차 시기에 각 1번씩 총 2번 던진다.
- 뽑힌 카드에 적혀 있는 숫자가 '카드점수'가 되며 점수를 얻는 방법은 다음과 같다.

[1차 시기 점수 산정 방법]
- 다트가 구역 1에 꽂힐 경우 : (카드점수)×3
- 다트가 구역 2에 꽂힐 경우 : (카드점수)×2
- 다트가 구역 3에 꽂힐 경우 : (카드점수)×1
- 다트가 그 외 영역에 꽂힐 경우 : (카드점수)×0

[2차 시기 점수 산정 방법]
- 다트가 다트판의 중앙선 위쪽에 꽂힐 경우 : 2점
- 다트가 다트판의 중앙선 아래쪽에 꽂힐 경우 : 0점

[최종 점수 산정 방법]
- 최종 점수 : (1차 시기 점수)+(2차 시기 점수)
※ 다트판의 선에 꽂히는 경우 등 그 외 조건은 고려하지 않는다

ㄱ. 갑이 짝수가 적힌 카드를 뽑았다면, 최종 점수는 홀수가 될 수 없다.

ㄴ. 갑이 숫자 2가 적힌 카드를 뽑았다면, 가능한 최종 점수는 여덟 가지이다.

ㄷ. 갑이 숫자 4가 적힌 카드를, 을이 숫자 2가 적힌 카드를 뽑았다면, 가능한 갑의 최종 점수 최댓값과 을의 최종 점수 최솟값의 차이는 14점이다.

① ㄱ   ② ㄷ

③ ㄱ, ㄴ   ④ ㄱ, ㄷ

⑤ ㄴ, ㄷ

정답 | 해설

ㄱ. 갑이 짝수가 적힌 카드를 뽑았다면 1차 시기에서 얻을 수 있는 점수는 무조건 짝수가 된다. 짝수에 어떠한 수를 곱하더라도 그 수는 짝수가 되기 때문이다. 그리고 2차 시기에서는 2점 혹은 0점을 얻는 경우만 존재하므로 1차 시기에서 얻은 짝수 점수에 2점 내지는 0점을 더한 최종 점수는 홀수가 될 수 없다.

ㄷ. 갑이 4가 적힌 카드를 뽑고 1차 시기에서 던진 다트가 구역 1에 꽂힐 경우 12점을 얻게 되며 2차 시기에서 중앙선 위쪽에 꽂힐 경우 2점을 얻게 되어 최종 점수는 14점이 가능하다. 반면 을이 1차 시기에서 던진 다트가 구역 이외에 꽂히고 2차 시기에서는 중앙선 아래쪽에 꽂힌다면 최종 점수는 0점이 되게 된다. 따라서 이의 차이는 14점이다.

오답분석

ㄴ. 갑이 숫자 2가 적힌 카드를 뽑았다면 1차 시기에서 얻을 수 있는 점수는 (6, 4, 2, 0)이고 여기에 2차 시기의 (2, 0)을 더한 최종 점수는 (8, 6, 4, 2, 0)의 다섯 가지의 경우가 존재하게 된다.

정답 ④

| 문제 2 |

다음 상황에 근거하여 점수표의 빈칸을 채울 때, 민경과 혜명의 최종 점수가 될 수 있는 것은?

민경과 혜명은 0점, 3점, 5점이 그려진 과녁에 화살을 쏘아 과녁 맞히기를 하고 있다. 둘은 각각 10개의 화살을 쐈는데, 0점을 맞힌 화살의 개수만 점수표에 기록을 했다. 최종 점수는 각 화살이 맞힌 점수의 합으로 한다. 둘이 쏜 화살 중 과녁 밖으로 날아간 화살은 하나도 없다. 이때 민경과 혜명이 5점을 맞힌 화살의 개수는 동일하다.

〈점수표〉

점수	민경의 화살 수	혜명의 화살 수
0점	3	2
3점		
5점		

	민경의 최종 점수	혜명의 최종 점수
①	25	29
②	26	29
③	27	30
④	28	31
⑤	29	31

민경과 혜명이 5점을 맞힌 화살의 개수를 A개라 하면, 다음과 같은 점수표를 만들 수 있다.

점수	민경의 화살 수	혜명의 화살 수
0점	3	2
3점	7−A	8−A
5점	A	A

따라서 민경의 최종 점수는 21+2A가 되어 홀수임을 알 수 있고, 혜명의 최종 점수는 24+2A가 되어 짝수임을 알 수 있다. 또한 둘의 최종 점수의 차이는 3점임을 알 수 있다. 따라서 이를 만족하는 경우는 ③뿐이다.

정답 ③

| 문제 3 |

갑, 을, 병 3명의 사람이 다트게임을 하고 있다. 다트 과녁은 색깔에 따라 다음과 같이 점수가 나눠진다고 할 때, 〈조건〉에 맞는 세 명의 점수 결과가 될 수 있는 경우의 수는?

〈다트 과녁 점수〉

(단위 : 점)

구분	빨강	노랑	파랑	검정
점수	10	8	5	0

조건

- 모든 다트는 네 가지 색깔 중 한 가지를 맞힌다.
- 각자 다트를 5번씩 던진다.
- 점수가 높은 순서는 '을 – 갑 – 병'이다.
- 병의 점수는 5점 이상 10점 이하이고, 갑의 점수는 36점이다.
- 검정을 제외한 똑같은 색깔은 3번 이상 맞힌 적이 없다.

① 9가지　　　　　　　　　　② 8가지
③ 7가지　　　　　　　　　　④ 6가지
⑤ 5가지

정답 해설

네 번째 조건에서 갑의 점수가 될 수 있는 경우는 노랑 2회, 빨강 2회, 검정 1회와 노랑 2회, 빨강 1회, 파랑 2회로 두 가지이다. 병의 점수가 될 수 있는 경우를 정리하면 다음과 같다.

구분	빨강	노랑	파랑	검정
맞힌 횟수	–	–	1	4
	–	1	–	4
	1	–	–	4
	–	–	2	3

또한 을의 점수는 갑의 점수보다 높아야 하므로 빨강, 노랑에 각각 2회 파랑에 1회로 41점인 경우가 있다. 나머지 경우에서는 빨강 또는 노랑에 3회가 되어야 하므로 다섯 번째 조건에 부합하지 않는다.
따라서 갑, 을, 병의 점수 분포표에 가능한 경우의 수는 2×4=8가지이다.

정답 ②

01 유형의 이해

문제해결능력이 의사소통능력이나 수리능력과 큰 차이를 보이는 부분은 바로 '유형화'가 힘들다는 데에 있다. 사실 이 책에서 다루고 있는 토픽들 역시 문제해결능력의 유형들을 모두 커버하지는 못한다. 단지 그나마 자주 등장하는 유형들을 직관적으로 판단할 수 있게 정리한 것일 뿐이다. 여기서는 별도의 유형으로 분리하기는 곤란하지만 알아두면 좋을 접근법들을 일부 소개한다.

02 접근법

(1) 분산된 정보들

문제를 집중해서 풀다 보면 시야가 좁아지기 마련인데 핵심적인 정보인 본문의 내용에 집중하다 보면 정작 발문에서 제시하는 정보를 놓치는 경우가 종종 있다. 문제해결능력에서는 이렇게 정보가 분산되어 제시되는 경우가 상당히 많다. 자료가 여러 개 주어졌다면 의식적으로 초반에 중요한 정보가 하나쯤은 심어져 있다는 것을 생각하자.

(2) 꼬아놓은 선택지

의사소통능력과 다르게 문제해결능력은 선택지 자체가 짧은 편이다. 때문에 출제자는 선택지의 문장을 한 번 내지는 두 번 꼬아서 출제하는 경우가 많다. 이는 조금만 주의를 기울이면 충분히 해결할 수 있음에도 꼬아놓은 문장에 대한 한 순간의 잘못된 판단으로 시험장에서 실수가 발생한다. 따라서 선택지를 읽었을 때 해석하는 과정에서 약간이라도 혼동이 있었다면 곧바로 정오를 판단하지 말고 다시 한번 그 의미를 정확하게 파악한 후 판단하기 바란다.

(3) 설계도 그리기

제시문에서 구성요소를 세부적으로 설명하는 경우 간략하게 도식화를 시켜보는 것이 좋다. 도식화에 걸리는 시간이 아까울 수도 있으나 도식화만 제대로 되어있다면 선택지의 정오를 판단하는 데 걸리는 시간이 단축되므로 크게 보면 이게 더 이득이다.

(4) 등장인물이 많은 문제

많은 수험생들이 실수하기 쉬운 유형이다. 시간제한 없이 차근히 풀 때는 당연히 틀리지 않겠지만 극도의 긴장감 속에서 치러지는 실전에서는 터무니없는 실수로 인해 당락이 뒤바뀌곤 한다. 여력이 된다면 색이 다른 펜을 준비하는 것도 도움이 된다. 간혹 색깔이 다른 형광펜을 이용해 풀이하는 경우도 있는데 이는 주위 사람에게 과도한 소음을 유발할 수 있으므로 가급적 피하는 것이 좋다.

22 | 날짜의 선정

대표예제

K공사는 직원들의 사기증진과 친화력 도모를 위해 전 직원이 참여하는 사내 가족 체육대회를 열기로 하였다. 7월 달력과 〈조건〉을 고려했을 때 체육대회를 열기에 가장 적합한 날은?

〈7월 달력〉

월요일	화요일	수요일	목요일	금요일	토요일	일요일
	1	2	3	4	5	6
7	8	9	10	11	12	13
14	15	16	17	18	19	20
21	22	23	24	25	26	27
28	29	30	31			

조건

• 7월 3일부터 7일까지는 장마기간으로 비가 온다.
• 가족 모두가 참여해야 하므로 주말로 정한다.
• 마케팅팀은 토요일에 격주로 출근을 한다.
• 서비스팀은 토요일에 격주로 출근을 한다.
• 사장님은 7월 11일부터 15일까지 중국으로 출장을 간다.
• 마케팅팀 M사원은 12일에 출근을 했다.
• 서비스팀 L과장은 5일에 출근을 했다.
• 운동장은 둘째, 넷째 주말에는 개방하지 않는다.

① 7월 6일
② 7월 12일
③ 7월 13일
④ 7월 20일
⑤ 7월 27일

정답 | 해설

체육대회를 주말에 한다고 하였으므로 평일과 비가 오는 장마기간은 제외한다. 12일과 13일에는 사장님이 출장으로 자리를 비우고, 마케팅팀이 출근해야 하므로 적절하지 않다. 또한 19일은 서비스팀이 출근해야 하며, 26일은 마케팅팀이 출근해야 한다. 마지막으로 운동장은 둘째, 넷째 주말에는 개방하지 않으므로 27일을 제외하면 체육대회를 열기에 가장 적합한 날은 20일이다.

정답 ④

| 문제 1 |

A기업의 해외사업부는 7월 중에 2박 3일로 워크숍을 떠나려고 한다. 사우들의 단합을 위해 일정은 주로 야외활동으로 잡았다. 다음 7월 미세먼지 예보와 〈조건〉을 고려했을 때, 워크숍 일정으로 가장 적합한 날짜는?

〈미세먼지 등급〉

구간	좋음	보통	약간 나쁨	나쁨	매우 나쁨	
예측농도(μg/m^3 · 일)	0 ~ 30	31 ~ 80	81 ~ 120	121 ~ 200	201 ~ 300	301 ~

〈7월 미세먼지 예보〉

일요일	월요일	화요일	수요일	목요일	금요일	토요일
	1 204μg/m^3	2 125μg/m^3	3 123μg/m^3	4 25μg/m^3	5 132μg/m^3	6 70μg/m^3
7 10μg/m^3	8 115μg/m^3	9 30μg/m^3	10 200μg/m^3	11 116μg/m^3	12 121μg/m^3	13 62μg/m^3
14 56μg/m^3	15 150μg/m^3	16 140μg/m^3	17 135μg/m^3	18 122μg/m^3	19 98μg/m^3	20 205μg/m^3
21 77μg/m^3	22 17μg/m^3	23 174μg/m^3	24 155μg/m^3	25 110μg/m^3	26 80μg/m^3	27 181μg/m^3
28 125μg/m^3	29 70μg/m^3	30 85μg/m^3	31 125μg/m^3			

조건
- 첫째 날과 둘째 날은 예측농도가 '좋음 ~ 약간 나쁨' 사이여야 한다.
- 워크숍 일정은 평일로 하되 불가피할 시 토요일을 워크숍 마지막 날로 정할 수 있다.
- 매달 둘째 · 넷째 주 수요일은 기획회의가 있다.
- 셋째 주 금요일 저녁에는 우수성과팀 시상식이 있다.
- 7월 29 ~ 31일은 중국 현지에서 열리는 콘퍼런스에 참여해야 한다.

① 1 ~ 3일   ② 8 ~ 10일
③ 17 ~ 19일   ④ 25 ~ 27일
⑤ 29 ~ 31일

정답 해설 ○──○

25일과 26일은 예측농도가 '약간 나쁨', '보통'이며 토요일을 워크숍 마지막 날로 정할 수 있으므로 가능하다. 이때, 예측농도는 '나쁨'이지만 따로 제한하고 있는 조건이 없으므로 고려하지 않는다.

오답분석

① 1일은 미세먼지 예측농도가 '매우 나쁨'이며 2일은 '나쁨'에 속한다.
② 매달 둘째·넷째 주 수요일마다 기획회의가 있으므로 10일인 수요일은 불가능하다.
③ 19일에 우수성과팀 시상식이 있기 때문에 불가능하다.
⑤ 29 ~ 31일은 중국 현지에서 열리는 콘퍼런스에 참여해야 하므로 불가능하다.

정답 ④

| 문제 2 |

다음 일정표를 보았을 때 〈조건〉에 따라 모든 직원이 외부 출장을 갈 수 있는 날짜는 언제인가?

〈10월 일정표〉

일요일	월요일	화요일	수요일	목요일	금요일	토요일
		1 건축목공기능사 시험	2	3	4	5
6	7	8	9 경영지도사 시험	10	11 건축도장기능 사 합격자 발표	12
13	14	15 가스기사 시험일	16	17 기술행정사 합격자 발표	18	19
20 기술행정사 시험 접수일	21 기술행정사 시험 접수일	22 기술행정사 시험 접수일	23 기술행정사 시험 접수일	24 경영지도사 합격자 발표일	25 물류관리사 시험 접수일	26 물류관리사 시험 접수일
27	28	29	30	31		

※ 기사, 기능사, 기술사, 기능장, 산업기사 외에는 전문자격시험에 해당한다.

조건

- 기능사 시험이 있는 주에는 외부 출장을 갈 수 없다.
- 전문자격증 시험이 있는 주에는 책임자 한 명은 있어야 한다.
- 전문자격시험 원서 접수 및 시험 시행일에는 모든 직원이 시외 출장을 갈 수 없다.
- 전문자격시험별 담당자는 1명이며, 합격자 발표일에 담당자는 사무실에서 대기 근무를 해야 한다.
- 전문자격시험 시행일이 있는 주에는 직무 교육을 실시할 수 없으며 모든 직원이 의무는 아니다.
- 대리자는 담당자의 책임과 권한이 동등하다.
- 출장은 주중에만 갈 수 있다.

① 10월 10일
② 10월 17일
③ 10월 19일
④ 10월 23일
⑤ 10월 29일

정답 해설 ─────────────────────────────○

29일은 전 직원이 외부 출장을 갈 수 있다.

오답분석

① 9일 경영지도사 시험은 전문자격시험 시험일이므로 두 번째 조건에서 시험이 있는 주에는 책임자 한 명은 있어야 한다. 따라서 다음날인 10일에 직원 모두 출장은 불가능하다.

② 17일은 전문자격시험에 해당되는 기술행정사 합격자 발표일이며, 네 번째 조건을 보면 전문자격시험 합격자 발표일에 담당자는 사무실에 대기해야한다.

③ 19일은 토요일이며, 일곱 번째 조건을 보면 출장은 주중에만 갈 수 있다.

④ 세 번째 조건에서 전문자격시험 원서 접수일에는 출장을 갈 수 없다고 했으므로 23일은 기술행정사 시험 접수일로 외부 출장을 갈 수 없다.

정답 ⑤

23 | 완료일의 계산

| 문제 1 |

농식품직원인 A씨는 5월을 맞이하여 직원 및 유관기관 임직원들을 대상으로 하는 교육을 들으려고 한다. 교육과정과 A씨의 한 달 일정이 아래와 같을 때, A씨가 이수할 수 있는 교육의 수는?(단, 결석 없이 모두 참석해야 이수로 인정받을 수 있다)

〈농식품교육원 5월 교육과정 안내〉

과정명	교육일정	계획인원(명)	교육내용
세계농업유산의 이해	5. 10. ~ 5. 12.	35	국가농업유산의 정책방향, 농업유산의 제도 및 규정, 농업유산 등재 사례 등
벌과 꿀의 세계	5. 15. ~ 5. 17.	35	양봉산업 현황과 방향, 꿀벌의 생태, 관리 방법, 양봉견학 및 현장실습 등
농촌관광상품 개발 및 활성화	5. 15. ~ 5. 19.	35	농촌관광 정책방향 및 지역관광자원 연계방안 이해, 운영사례 및 현장체험 등
디지털 사진촬영 및 편집	5. 15. ~ 5. 19.	30	주제별 사진촬영기법 실습, 스마트폰 촬영방법 실습 등
미디어 홍보역량 강화	5. 17. ~ 5. 19.	20	보도자료 작성법, 어문 규정에 따른 보도자료 작성법, 우수 미흡 사례
농업의 6차 산업화	5. 22. ~ 5. 24.	30	농업의 6차 산업화 개념 및 정책 방향, 마케팅 전략, 해외 성공 사례, 우수업체 현장방문 등
첨단과수·시설 원예산업육성	5. 22. ~ 5. 24.	30	과수·시설원예 정책방향, 기술 수준, 한국형 스마트팜, 통합 마케팅 사례 및 유통 현장견학
엑셀중급(데이터분석)	5. 22. ~ 5. 26.	30	엑셀2010의 데이터 관리기법, 피벗 활용 및 함수 활용실습
외식산업과 농업 연계전략	5. 29. ~ 6. 1.	30	식품·외식산업 정책방향, 외식산업과 농업 연계전략, 외식콘텐츠 개발 계획 등
종자·생명 산업	5. 29. ~ 6. 2.	30	종자·생명 산업 정책방향, 농식품바이오 기술 융복합, 식물·동물 자원 유전체 기술 및 글로벌 트렌드 등
귀농·귀촌 길잡이	5. 29. ~ 6. 2.	35	귀농·귀촌 현황과 전망, 주민과 갈등해소 및 소통 방법, 농지이용 가이드, 주택 구입방법, 창업아이템 분석 등
농지관리제도 실무	5. 29. ~ 6. 2.	30	농지정책방향, 농지법, 농지은행제도, 농지민원사례, 농지정보 시스템, 농지제도 발전방향 등

〈A씨의 한 달 일정〉

- 5월 3 ~ 5일 : 농식품부 관련 세종시 출장
- 5월 9일 : 출장 관련 보고서 작성 및 발표
- 5월 15일 : 학회 세미나 출석
- 5월 24 ~ 25일 : 취미 활동인 기타 동아리 정기 공연 참가
- 6월 1일 : 여름 장마철 예방 대책 회의 참석

① 1개   ② 2개
③ 3개   ④ 4개
⑤ 5개

제시된 교육과정 안내문과 A씨의 한 달 일정에 따라 A씨가 참석할 수 있는 교육은 5월 10일부터 12일까지 이어지는 '세계농업유산의 이해'와 5월 17일부터 19일까지 이어지는 '미디어 홍보역량 강화' 2가지이다.

정답 ②

| 문제 2 |

다음은 A회사의 민원처리 원칙이다. 만약 1월 18일 오전에 민원을 신청하였다면, 언제까지 처리가 완료되어야 하는가?(단, 민원서류 보정에 1일, 민원 조사에 2일의 기간이 소요된다)

> 민원처리부서는 민원접수일로부터 영업일 30일 이내 사실관계 조사 결과를 토대로 해당 부서에 시정 요구 및 민원인에게 처리결과를 안내하며 다음의 경우는 처리 기간에 포함되지 않습니다(오전에 접수된 민원은 그 해당일부터 계산, 오후는 다음날부터 계산한다).
> – 민원인의 귀책사유로 민원처리가 지연되는 기간
> – 민원서류의 보완 또는 보정에 걸리는 기간
> – 검사, 조사 및 외부기관 질의 등에 걸리는 기간
> – 공휴일, 휴일
>
> **〈1월〉**
>
> | 일요일 | 월요일 | 화요일 | 수요일 | 목요일 | 금요일 | 토요일 |
> |---|---|---|---|---|---|---|
> | | | | | | 1 | 2 |
> | 3 | 4 | 5 | 6 | 7 | 8 | 9 |
> | 10 | 11 | 12 | 13 | 14 | 15 | 16 |
> | 17 | 18 | 19 | 20 | 21 | 22 | 23 |
> | 24 | 25 | 26 | 27 | 28 | 29 | 30 |
> | 31 | | | | | | |
>
> **〈2월〉**
>
> | 일요일 | 월요일 | 화요일 | 수요일 | 목요일 | 금요일 | 토요일 |
> |---|---|---|---|---|---|---|
> | | 1 | 2 | 3 | 4 | 5 | 6 |
> | 7 | 8 | 9 | 10 | 11 | 12 | 13 |
> | 14 | 15 | 16 | 17 | 18 | 19 | 20 |
> | 21 | 22 | 23 | 24 | 25 | 26 | 27 |
> | 28 | 29 | | | | | |
>
> ※ 2월 8, 9, 10일은 공휴일이다.
>
> **〈3월〉**
>
> | 일요일 | 월요일 | 화요일 | 수요일 | 목요일 | 금요일 | 토요일 |
> |---|---|---|---|---|---|---|
> | | | 1 | 2 | 3 | 4 | 5 |
> | 6 | 7 | 8 | 9 | 10 | 11 | 12 |
> | 13 | 14 | 15 | 16 | 17 | 18 | 19 |
> | 20 | 21 | 22 | 23 | 24 | 25 | 26 |
> | 27 | 28 | 29 | 30 | 31 | | |
>
> ※ 3월 1일은 공휴일이다.

① 3월 2일   ② 3월 3일
③ 3월 4일   ④ 3월 7일
⑤ 3월 8일

정답 | 해설

1월 18일 오전에 접수되었기 때문에 원칙상 해당일부터 영업일을 산정한다. 그중 휴일(토요일, 일요일), 공휴일(2월 8 ~ 10일, 3월 1일)을 제외하여야 하며, 보정에 1일, 민원 조사에 2일의 기간이 소요되었기 때문에 3일을 추가로 제외하여야 한다. 즉 휴일, 공휴일을 제외한 30일에 소요된 기간 3일을 추가하여 33일을 계산하면 3월 8일이 된다.

정답 ⑤

| 문제 3 |

다음은 S공사의 고객의 소리 운영 규정의 일부이다. 고객서비스 업무를 담당하고 있는 사원 K씨는 7월 18일 월요일에 어느 한 고객으로부터 질의 민원을 접수받았다. 그러나 부득이한 사유로 기간 내 처리가 불가능할 것으로 보여 본사 총괄부서장의 승인을 받고 지연하였다면 해당 민원은 늦어도 언제까지 처리가 완료되어야 하는가?

목적(제1조)
이 규정은 S공사에서 고객의 소리 운영에 필요한 사항에 대하여 규정함을 목적으로 한다.

정의(제2조)
"고객의 소리(Voice Of Customer)"라 함은 S공사 직무와 관련된 행정 처리에 대한 이의신청, 진정 등 민원과 S공사의 제도, 서비스 등에 대하여 불만이나 불편사항, 건의·단순 질의 등 모든 고객의 의견을 말한다.

처리 기간(제7조)
① 고객의 소리는 다른 업무에 우선하여 처리하여야 하며 처리 기간이 남아있음 등의 이유로 처리를 지연시켜서는 아니 된다.
② 고객의 소리 처리 기간은 24시간으로 한다. 다만, 서식 민원은 별도로 한다.

처리 기간의 연장(제8조)
① 부득이한 사유로 기간 내에 처리하기 곤란한 경우 중간 답변을 하여야 하며, 이 경우 처리 기간은 48시간으로 한다.
② 중간 답변을 하였음에도 기간 내에 처리하기 어려운 사항은 1회에 한하여 본사 총괄부서장의 승인을 받고 추가로 연장할 수 있다. 이 경우 추가되는 연장시간은 48시간으로 한다.
③ 업무의 성격이나 중요도, 본사 총괄부서의 처리시간에 임박한 재배정 등으로 제1항 내지 제2항의 기간 내에 처리할 수 없는 사항은 부서장 또는 소속장이 본사 총괄부서장에게 특별 기간 연장을 요구할 수 있다.

---

① 7월 19일
② 7월 20일
③ 7월 21일
④ 7월 22일
⑤ 7월 23일

어느 고객의 민원이 기간 내에 처리하기 곤란하여 민원처리 기간이 지연되었다. 우선 민원이 접수되면 규정상 주어진 처리 기간은 24시간이다. 그 기간 내에 처리하기 곤란할 경우에는 민원인에게 중간 답변을 한 후 48시간으로 연장할 수 있다. 연장한 기간 내에서도 처리하기 어려운 사항일 경우 1회에 한하여 본사 총괄부서장의 승인에 따라 48시간을 추가 연장할 수 있다. 그러므로 해당 민원은 늦어도 48시간+48시간=96시간=4일 이내에 처리하여야 한다. 따라서 7월 18일에 접수된 민원은 늦어도 7월 22일까지는 처리가 완료되어야 한다.

정답 ④

24 | 관계도의 작성

| 문제 1 |

다음 글을 근거로 판단할 때, A에서 가장 멀리 떨어진 도시는?

- 甲지역에는 7개의 도시(A ~ G)가 있다.
- E, F, G는 정남북 방향으로 일직선상에 위치하며, B는 C로부터 정동쪽으로 250km 떨어져 있다.
- C는 A로부터 정남쪽으로 150km 떨어져 있다.
- D는 B의 정북쪽에 있으며, B와 D의 거리는 A와 C의 거리보다 짧다.
- E와 F의 거리는 C와 D 간의 직선거리와 같다.
- G는 D로부터 정동쪽으로 350km 떨어져 있으며, A의 정동쪽에 위치한 도시는 F가 유일하다.

※ 모든 도시는 동일 평면상에 있으며, 도시의 크기는 고려하지 않는다.

① B
② D
③ E
④ F
⑤ G

정답 해설

다음 그림을 통해 E가 북쪽에 위치하든 남쪽에 위치하든 A로부터 가장 멀리 떨어진 것을 확인할 수 있다.

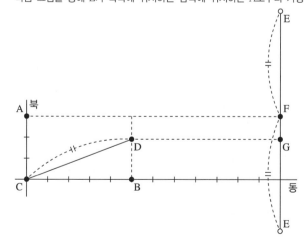

정답 ③

| 문제 2 |

A ~ D국으로 구성된 국제기구가 있다. 이 기구의 상임이사국 선출과 관련하여 다음과 같은 사실이 알려졌다고 할 때, 〈보기〉 중 반드시 참이라고 하기 어려운 것을 모두 고르면?

- 각 회원국은 적어도 한 국가의 지지를 받는다.
- 회원국은 다수의 국가를 지지할 수는 있으나 스스로를 지지할 수 없다.
- 2개국 이상의 회원국이 지지하는 나라는 상임이사국이 된다.
- A국은 B국을 지지하고 B국이 지지하는 국가도 지지하지만, B국은 A국을 지지하지 않는다.
- C국과 D국은 상대방을 지지하지 않는다.

보기

ㄱ. A국은 상임이사국이다.
ㄴ. C국의 지지를 받는 나라는 상임이사국이 된다.
ㄷ. B국이 D국을 지지하면, D국은 상임이사국이다.
ㄹ. B국이 C국을 지지하지 않는다면, A국도 C국을 지지하지 않는다.

① ㄱ, ㄴ   ② ㄴ, ㄷ
③ ㄷ, ㄹ   ④ ㄱ, ㄴ, ㄹ
⑤ ㄱ, ㄴ, ㄷ, ㄹ

정답 | 해설

제시된 사실을 그림으로 나타내면 다음과 같다.

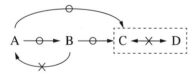

ㄱ. A국이 상임이사국이 되기 위해서는 C국과 D국의 지지를 받아야 하지만 제시된 조건을 통해서는 이를 확인할 수 없으므로 반드시 참이라고 하기 어렵다.
ㄴ. A국이 B국을 지지하고 있으므로 C국이 B국을 지지하면 B국은 2개국의 지지를 받아 상임이사국이 된다. 그러나 C국이 A국을 지지한다고 해도 D국의 A국 지지 여부에 따라 결과가 달라지므로 반드시 참이라고 하기 어렵다.
ㄹ. B국이 C국을 지지하지 않는다면, C국은 B국과 D국으로부터 지지를 받지 못한다. 그런데 각 회원국은 적어도 한 국가의 지지를 받는다고 하였으므로 C국은 나머지 한 국가인 A국의 지지를 받는다는 것을 알 수 있으므로 옳지 않은 내용이다.

오답분석

ㄷ. B국이 D국을 지지하면 A국도 D국을 지지하므로 D국은 적어도 2개국의 지지를 받게 된다. 따라서 D국은 상임이사국이 되므로 반드시 참이 된다.

정답 ④

| 문제 3 |

다음 그림과 같이 검은색 바둑돌과 흰색 바둑돌을 교대로 개수를 늘려가며 삼각형 모양으로 배열할 때, 37번째에 배열되는 바둑돌 중 개수가 많은 바둑돌의 종류와 바둑돌 개수 차이를 순서대로 나열한 것은?

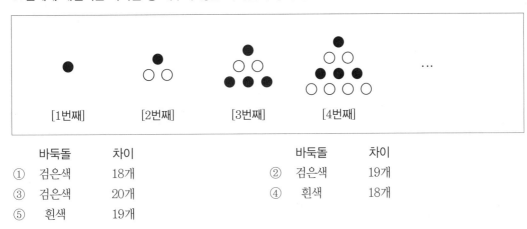

	바둑돌	차이			바둑돌	차이
①	검은색	18개		②	검은색	19개
③	검은색	20개		④	흰색	18개
⑤	흰색	19개				

n번째에 배열하는 전체 바둑돌의 개수를 a_n개(단, n은 자연수)라고 하자.

제시된 규칙에 의해 $a_1=1$, $a_2=1+2=3$, $a_3=1+2+3=6$, $\cdots$, $a_n=1+2+3+\cdots+n=\sum_{k=1}^{n}k=\dfrac{n(n+1)}{2}$ 임을 알 수 있다.

즉, 37번째에 배열하는 전체 바둑돌의 개수는 $a_{37}=\dfrac{37\times38}{2}=703$이다.

제시된 그림을 보면 검은색 바둑돌은 홀수 번째에 배열된다. 홀수 번째에 있는 검은색 바둑돌의 개수를 b_{2m-1}개(단, m은 자연수)라고 하자. 제시된 규칙에 의하여 표로 정리하면 다음과 같다.

m	$2m-1$	b_{2m-1}
1	1	1
2	3	$1+3=4$
3	5	$1+3+5=9$
$\cdots$	$\cdots$	$\cdots$
m	$2m-1$	$\sum_{k=1}^{m}(2k-1)=m^2$

즉, $2m-1=37$에서 $m=19$이므로 $b_{37}=19^2=361$이다.

37번째에 배열된 흰색 바둑돌의 개수는 $703-361=342$개이므로 검은색 바둑돌이 흰색 바둑돌보다 $361-342=19$개 많다.

정답 ②

25 | PERT / CPM

| 문제 1 |

경영기획실에서 근무하는 귀하는 매년 부서별 사업계획을 정리하는 업무를 맡고 있다. 부서별 사업계획을 간략하게 정리한 보고서를 보고 귀하가 할 수 있는 생각으로 옳은 것은?

〈사업별 기간 및 소요예산〉

- A사업 : 총 사업 기간은 2년으로, 첫해에는 1조 원, 둘째 해에는 4조 원의 예산이 필요하다.
- B사업 : 총 사업 기간은 3년으로, 첫해에는 15조 원, 둘째 해에는 18조 원, 셋째 해에는 21조 원의 예산이 필요하다.
- C사업 : 총 사업 기간은 1년으로, 총소요예산은 15조 원이다.
- D사업 : 총 사업 기간은 2년으로, 첫해에는 15조 원, 둘째 해에는 8조 원의 예산이 필요하다.
- E사업 : 총 사업 기간은 3년으로, 첫해에는 6조 원, 둘째 해에는 12조 원, 셋째 해에는 24조 원의 예산이 필요하다.

올해를 포함한 향후 5년간 위의 5개 사업에 투자할 수 있는 예산은 아래와 같다.

〈연도별 가용예산〉

(단위 : 조 원)

1차년도(올해)	2차년도	3차년도	4차년도	5차년도
20	24	28.8	34.5	41.5

〈규정〉

- 모든 사업은 한 번 시작하면 완료될 때까지 중단할 수 없다.
- 5개 사업에 투자할 수 있는 예산은 당해 사업연도에 남아도 상관없다.
- 각 사업연도의 예산은 이월될 수 없다.
- 모든 사업을 향후 5년 이내에 반드시 완료한다.

---

① B사업을 3차년도에 시작하고 C사업을 5차년도에 시행한다.
② A사업과 D사업을 동시에 시작한다.
③ 1차년도에는 E사업만 시작한다.
④ D사업을 1차년도에 시작한다.
⑤ 1차년도에 E사업과 A사업을 같이 시작한다.

예산이 가장 많이 드는 B사업과 E사업은 사업 기간이 3년이므로 최소 1년은 겹쳐야 한다는 것을 기반으로 표를 구성할 수 있다.

연도 / 예산 / 사업명	1년 20조 원	2년 24조 원	3년 28.8조 원	4년 34.5조 원	5년 41.5조 원
A		1조 원	4조 원		
B		15조 원	18조 원	21조 원	
C					15조 원
D	15조 원	8조 원			
E			6조 원	12조 원	24조 원
실질사용 예산합	15조 원	24조 원	28조 원	33조 원	39조 원

따라서 답은 ④가 된다.

정답 ④

| 문제 2 |

다음과 같은 〈조건〉에서 귀하가 판단할 수 있는 내용으로 옳지 않은 것은?

조건

• 프로젝트는 A부터 E까지의 작업으로 구성되며, 모든 작업은 동일 작업장 내에서 행해진다.
• 각 작업의 필요 인원과 기간은 다음과 같다.

프로젝트	A작업	B작업	C작업	D작업	E작업
필요 인원(명)	5	3	5	2	4
기간(일)	10	18	50	18	16

  – B작업은 A작업이 완료된 이후에 시작할 수 있음
  – E작업은 D작업이 완료된 이후에 시작할 수 있음
• 각 인력은 A부터 E까지 모든 작업에 동원될 수 있으며, 각 작업에 투입된 인력의 생산성은 동일하다.
• 프로젝트에 소요되는 비용은 1인당 1일 10만 원의 인건비와 1일 50만 원의 작업장 사용료로 구성된다.
• 각 작업의 필요 인원은 증원 또는 감원될 수 없다.

① 프로젝트를 완료하기 위해 필요한 최소 인력은 5명이다.
② 프로젝트를 완료하기 위해 소요되는 최단기간은 50일이다.
③ 프로젝트를 완료하는 데 들어가는 최소비용은 6천만 원 이하이다.
④ 프로젝트를 최단기간에 완료하는 데 투입되는 최소 인력은 10명이다.
⑤ 프로젝트를 최소 인력으로 완료하는 데 소요되는 최단기간은 94일이다.

정답 | 해설

프로젝트에 소요되는 비용은 인건비와 작업장 사용료로 구성된다. 인건비의 경우 각 작업의 필요 인원은 증원 또는 감원될 수 없으므로, 조절이 불가능하다. 다만, 작업장 사용료는 작업기간이 감소하면 비용이 줄어들 수 있다. 따라서 최단기간으로 프로젝트를 완료하는 데 드는 비용을 산출하면 다음과 같다.

프로젝트	인건비	작업장 사용료
A작업	(10만×5)×10=500만 원	
B작업	(10만×3)×18=540만 원	
C작업	(10만×5)×50=2,500만 원	50만×50=2,500만 원
D작업	(10만×2)×18=360만 원	
E작업	(10만×4)×16=640만 원	
합계	4,540만 원	2,500만 원

프로젝트를 완료하는 데 소요되는 최소비용은 7,040만 원이다. 따라서 최소비용은 6천만 원 이상이다.

오답분석

① 각 작업에서 필요한 인원을 증원하거나 감원할 수 없다. 그러므로 주어진 자료와 같이 각 작업에 필요한 인원만큼만 투입된다. 따라서 가장 많은 인원이 투입되는 A작업과 C작업의 필요 인원이 5명이므로 해당 프로젝트를 완료하는 데 필요한 최소 인력은 5명이다.

② 프로젝트를 최단기간으로 완료하기 위해서는 각 작업을 동시에 진행해야 한다. 다만, B작업은 A작업이 완료된 이후에 시작할 수 있고, E작업은 D작업이 완료된 이후에 시작할 수 있다는 점을 고려하여야 한다. C작업은 50일, A+B작업은 28일, D+E작업은 34일이 걸리므로, 프로젝트가 완료되는 최단기간은 50일이다.

④ 프로젝트를 완료할 수 있는 최단기간은 50일이다. C작업은 50일 내내 작업해야 하므로 반드시 5명이 필요하다. 그러나 나머지 작업은 50일을 안분하여 진행해도 된다. 먼저 A작업에 5명을 투입한다. 작업이 완료된 후 그들 중 3명은 B작업에, 2명은 D작업에 투입한다. 그리고 5명 중 4명만 E작업에 투입한다. 이 경우 작업기간은 10일(A)+18일(B와 D 동시진행)+16일(E)=44일이 걸린다. 따라서 프로젝트를 최단기간에 완료하는 데 투입되는 최소 인력은 10명이다.

⑤ 프로젝트를 완료할 수 있는 최소 인원은 5명이다. 먼저 5명이 A작업에 투입되면 10일 동안은 다른 작업을 진행할 수 없다. A작업이 완료되면 5명은 B작업과 D작업으로 나뉘어 투입된다. 그다음으로 C작업과 E작업을 순차적으로 진행하면 총 10일(A)+18일(B와 D 동시진행)+50일(C)+16일(E)=94일이 최단기간이 된다.

정답 ③

| 문제 3 |

다음은 제품 생산에 따른 공정 관리를 나타낸 자료이다. 이에 대한 설명으로 옳은 것만을 〈보기〉에서 모두 고르면?

공정 활동	선행 공정	시간(분)
A. 부품 선정	없음	2
B. 절삭 가공	A	2
C. 연삭 가공	A	5
D. 부품 조립	B, C	4
E. 전해 연마	D	3
F. 제품 검사	E	1

※ 공정 간 부품의 이동시간은 무시한다.
※ A공정부터 시작되며 각 공정은 동시 진행이 가능하다.

보기
ㄱ. 전체 공정을 완료하기 위해서는 15분이 소요된다.
ㄴ. 첫 제품 생산 후부터 1시간마다 3개씩 제품이 생산된다.
ㄷ. B공정이 1분 더 지연되어도 전체 공정 시간은 변화가 없다.

① ㄱ
② ㄴ
③ ㄱ, ㄷ
④ ㄴ, ㄷ
⑤ ㄱ, ㄴ, ㄷ

정답 해설

ㄱ. 공정 순서는 A → B·C → D → E → F로 전체 공정이 완료되기 위해서는 15분이 소요된다.
ㄷ. B공정이 1분이 더 지연되어도 C공정이 5분이 걸리기 때문에 전체 공정에는 변화가 없다.

오답분석
ㄴ. 첫 제품 생산 후부터는 5분마다 제품이 생산되기 때문에 1시간 동안에 12개의 제품이 생산된다.

정답 ③

26 │ 범위의 제시

| 문제 1 |

다음 글에 근거할 때, 갑이 내년 1월 1일부터 12월 31일까지 A ~ D작물만을 재배하여 최대로 얻을 수 있는 소득은?

> 갑은 작물별 재배 기간과 재배 가능 시기를 고려하여 작물 재배 계획을 세우고자 한다. 아래 표의 네 가지 작물 중 어느 작물이든 재배할 수 있으나, 동시에 두 가지 작물을 재배할 수는 없다. 또한, 하나의 작물을 같은 해에 두 번 재배할 수도 없다.

〈작물 재배 조건〉

작물	1회 재배 기간	재배 가능 시기	1회 재배로 얻을 수 있는 소득
A	4개월	3월 1일 ~ 11월 30일	800만 원
B	5개월	2월 1일 ~ 11월 30일	1,000만 원
C	3개월	3월 1일 ~ 11월 30일	500만 원
D	3개월	2월 1일 ~ 12월 31일	350만 원

① 1,500만 원   ② 1,650만 원
③ 1,800만 원   ④ 1,850만 원
⑤ 2,150만 원

정답 | 해설

먼저 가장 많은 소득을 얻을 수 있는 A와 B를 재배할 경우 총 1,800만 원을 얻을 수 있다는 것을 알 수 있다. 다른 조합을 통해 1,800만 원 이상의 소득을 얻을 수 있는지의 여부를 확인해보면, 먼저 A, B, C를 재배하는 것은 전체 재배 기간이 12개월이어서 불가능하다(재배 가능 시기가 2월부터여서 실제 가능한 재배 기간이 11개월이기 때문이다). 이와 같은 논리로 A, B, D를 재배하는 것도 불가능하며 A, C, D의 경우는 전체 소득이 1,650만 원이므로 A, B를 재배하는 것보다 소득이 적다. 마지막으로 B, C, D의 경우 2 ~ 6월에 B를 재배하고, 7 ~ 9월에 C를, 10 ~ 12월에 D를 재배하는 것이 가능하며 이때의 전체 소득은 1,850만 원으로 A와 B를 재배하는 경우의 소득인 1,800만 원을 넘어선다. 따라서 최대로 얻을 수 있는 소득은 1,850만 원이 된다.

정답 ④

| 문제 2 |

다음 글과 상황을 읽고 추론한 내용으로 항상 옳은 것을 〈보기〉에서 모두 고르면?

어떤 단체의 회원들은 단체의 결정에 대하여 각기 다른 선호를 보인다. 단체에 매월 납부하는 회비의 액수를 정하는 문제에 대해서도 마찬가지이다. 단체의 목적 달성에는 동의하나 재정이 넉넉하지 않은 사람은 될 수 있으면 적은 회비를 부담하려 한다(소극적 회원). 반면, 목적 달성에 동의하고 재정 또한 넉넉한 사람은 오히려 회비가 너무 적으면 안 된다고 생각한다(적극적 회원). 따라서 단체가 회비의 액수를 결정할 때에는 각 회원이 선호하는 액수를 알아야 한다. 회원들은 저마다 선호하는 회비의 범위가 있다. 만약 단체가 그 범위 내에서 회비를 결정한다면 회비를 내고 단체에 남아 있겠지만, 회비가 그 범위를 벗어난다면 단체의 결정에 불만을 품고 단체를 탈퇴할 것이다. 왜냐하면 소극적 회원은 과중한 회비 부담을 감수하려 들지 않을 것이고, 적극적 회원은 회비가 너무 적어 단체의 목적 달성이 불가능하다고 볼 것이기 때문이다.

〈상황〉

5명(A ~ E)의 회원으로 새롭게 결성된 이 단체는 10만 원에서 70만 원 사이의 일정 금액을 월 회비로 정하려고 한다. 각 회원이 선호하는 회비의 범위는 다음과 같다.

회원	범위
A	10만 원 이상 20만 원 미만
B	10만 원 이상 25만 원 미만
C	25만 원 이상 40만 원 미만
D	30만 원 이상 50만 원 미만
E	30만 원 이상 70만 원 미만

보기

ㄱ. C가 원하는 범위에서 회비가 정해지면, 최소 2인이 단체를 탈퇴할 것이다.
ㄴ. D가 원하는 범위에서 회비가 정해지면, 최소 3인이 단체를 탈퇴할 것이다.
ㄷ. 회비가 일단 정해지면, 최소 2명 이상은 이 단체를 탈퇴할 것이다.
ㄹ. 회비를 20만 원으로 결정하는 경우와 30만 원으로 결정하는 경우 탈퇴할 회원 수는 같다.

① ㄱ, ㄴ   ② ㄱ, ㄷ
③ ㄴ, ㄷ   ④ ㄴ, ㄹ
⑤ ㄷ, ㄹ

정답 해설

ㄱ. C가 원하는 범위에서 회비가 정해지면, A와 B가 탈퇴하므로 옳은 내용이다.

ㄷ. 각 회원들의 선호 범위를 수직선에 표시해보면 (A, B)와 (C, D, E)는 두 그룹 사이에 서로 중복되는 부분이 존재하지 않음을 알 수 있다. 즉, 각 회원들의 선호를 최대한 충족시킨다고 하더라도 4명이 만족하는 금액(1명만이 탈퇴하는 금액)은 존재하지 않으므로 옳은 내용이다.

오답분석

ㄴ. D가 원하는 범위에서 회비가 정해지면 A와 B가 탈퇴하므로 옳지 않은 내용이다.

ㄹ. 회비를 20만 원으로 결정하는 경우 A, C, D, E가 탈퇴하며, 30만 원으로 결정하는 경우 A, B가 탈퇴하므로 옳지 않은 내용이다.

정답 ②

| 문제 3 |

다음 상황을 근거로 판단할 때, 준석이가 가장 많은 식물을 재배할 수 있는 온도와 상품 가치의 총합이 가장 큰 온도는?(단, 주어진 조건 외에 다른 조건은 고려하지 않는다)

- 준석이는 같은 온실에서 5가지 식물(A ~ E)을 하나씩 동시에 재배하고자 한다.
- A ~ E의 재배 가능 온도와 각각의 상품 가치는 다음과 같다.

식물 종류	재배 가능 온도(℃)	상품 가치(원)
A	0 이상 20 이하	10,000
B	5 이상 15 이하	25,000
C	25 이상 55 이하	50,000
D	15 이상 30 이하	15,000
E	15 이상 25 이하	35,000

- 준석이는 온도만 조절할 수 있으며, 식물의 상품 가치를 결정하는 유일한 것은 온도이다.
- 온실의 온도는 0℃를 기준으로 5℃ 간격으로 조절할 수 있고, 한 번 설정하면 변경할 수 없다.

	가장 많은 식물을 재배할 수 있는 온도	상품 가치의 총합이 가장 큰 온도
①	15℃	15℃
②	15℃	20℃
③	15℃	25℃
④	20℃	20℃
⑤	20℃	25℃

선택지에서 가능한 범위의 수들을 제시하고 있으므로 제시된 수치들을 직접 이용해 풀이하도록 한다.
ⅰ) 가장 많은 식물을 재배할 수 있는 온도 : 15℃에서는 A, B, D, E 네 종류의 식물을 재배할 수 있으며, 20℃에서는 A, D, E 세 종류의 식물을 재배할 수 있으므로 가장 많은 식물을 재배할 수 있는 온도는 15℃이다.
ⅱ) 상품 가치의 총합이 가장 큰 온도 : 15℃에서는 A, B, D, E 네 종류의 식물을 재배할 수 있어 상품 가치는 85,000원이고, 20℃에서는 A, D, E 세 종류의 식물을 재배할 수 있어 이때의 상품 가치는 60,000원이다. 마지막으로 25℃에서는 C, D, E 세 종류의 식물을 재배할 수 있으며, 이때의 상품 가치는 100,000원이다. 따라서 상품 가치의 총합이 가장 큰 온도는 25℃이다.

정답 ③

| 문제 4 |

다음 글을 읽고 추론한 내용으로 옳지 않은 것은?

> 갑, 을, 병은 같은 과목을 수강하고 있다. 이 과목의 성적은 과제 점수와 기말시험 점수를 합산하여 평가된다. 과제에 대한 평가 방법은 다음과 같다. 강의에 참여하는 학생은 5명으로 구성된 팀을 이루어 과제를 발표해야 한다. 교수는 과제 발표의 수준에 따라 팀 점수를 정한 후, 이 점수를 과제 수행에 대한 기여도에 따라 참여한 학생들에게 나누어준다. 이때 5명의 학생에게 모두 서로 다른 점수를 부여하되, 각 학생 간에는 2.5점의 차이를 둔다. 기말시험의 성적은 60점이 만점이고, 과제 점수는 40점이 만점이다.
>
> 과제 점수와 기말시험 점수를 합산하여 총점 95점 이상을 받은 학생은 A^+등급을 받게 되고, 90점 이상 95점 미만은 A등급을 받는다. 마이너스(−) 등급은 없으며, 매 5점을 기준으로 등급은 한 단계씩 떨어진다. 예컨대 85점 이상 90점 미만은 B^+, 80점 이상 85점 미만은 B등급이 되는 것이다.
>
> 갑, 을, 병은 다른 2명의 학생과 함께 팀을 이루어 발표를 했는데, 팀 점수로 150점을 받았다. 그리고 기말고사에서 갑은 53점, 을은 50점, 병은 46점을 받았다.

① 갑은 최고 B^+에서 최저 C^+등급까지의 성적을 받을 수 있다.
② 을은 최고 B에서 최저 C등급까지의 성적을 받을 수 있다.
③ 병은 최고 B에서 최저 C등급까지의 성적을 받을 수 있다.
④ 을의 기여도가 최상위일 경우 갑과 병은 같은 등급의 성적을 받을 수 있다.
⑤ 갑의 기여도가 최상위일 경우 을과 병은 같은 등급의 성적을 받을 수 있다.

정답 해설

팀 점수로 150점을 받았으며 5명의 학생 간에 2.5점의 차이를 둔다고 하였으므로 각 학생이 받게 되는 점수는 25, 27.5, 30, 32.5, 35점이다.

을의 기말고사 점수는 50점이고 과제 점수는 25 ~ 35점을 받을 수 있으므로 총점은 75 ~ 85점을 받을 수 있다. 따라서 최고 B^+등급에서 최저 C^+등급까지의 성적을 받을 수 있으므로 옳지 않은 내용이다.

오답분석

① 갑의 기말고사 점수는 53점이고 과제 점수는 25 ~ 35점을 받을 수 있으므로 총점은 78 ~ 88점을 받을 수 있다. 따라서 최고 B^+등급에서 최저 C^+등급까지의 성적을 받을 수 있으므로 옳은 내용이다.

③ 병의 기말고사 점수는 46점이고 과제 점수는 25 ~ 35점을 받을 수 있으므로 총점은 71 ~ 81점을 받을 수 있다. 따라서 최고 B등급에서 최저 C등급까지의 성적을 받을 수 있으므로 옳은 내용이다.

④ 을의 기여도가 1위이고 갑이 5위, 병이 2위라면 갑은 78점(=53+25), 병은 78.5점(=46+32.5)이므로 둘 다 C^+등급을 받을 수 있다.

⑤ 갑의 기여도가 1위이고 을이 5위, 병이 2위라면 을은 75점(=50+25), 병은 78.5점(=46+32.5)이므로 둘 다 C^+등급을 받을 수 있다.

정답 ②

27 | 시차의 계산

| 문제 1 |

글로벌 기업인 C회사는 외국 지사와 화상 회의를 진행하기로 하였다. 모든 국가는 오전 8시부터 오후 6시까지가 업무 시간이고 한국 현지 시각 기준으로 오후 4시부터 오후 5시까지 회의를 진행한다고 할 때, 다음 중 회의에 참석할 수 없는 국가는?(단, 서머타임을 시행하는 국가는 +1:00을 반영한다)

국가	시차	국가	시차
파키스탄	−4:00	불가리아	−6:00
오스트레일리아	+1:00	영국	−9:00
싱가포르	−1:00	−	−

※ 오후 12시부터 1시까지는 점심시간이므로 회의를 진행하지 않는다.
※ 서머타임 시행 국가 : 영국

① 파키스탄   ② 불가리아
③ 오스트레일리아   ④ 영국
⑤ 싱가포르

정답 해설

한국의 업무 시간인 오전 8시 ~ 오후 6시는 파키스탄의 오전 4시 ~ 오후 2시이다. 화상 회의 시간인 한국의 오후 4 ~ 5시는 파키스탄의 낮 12시 ~ 오후 1시이며 점심시간에는 회의를 진행하지 않으므로 파키스탄은 회의 참석이 불가능하다.

정답 ①

| 문제 2 |

한국의 A사, 오스트레일리아의 B사, 아랍에미리트의 C사, 러시아의 D사는 상호 협력 프로젝트를 추진하고자 화상회의를 하려고 한다. 한국 시각을 기준해 화상회의 가능 시각으로 옳은 것은?

〈국가별 시간〉

국가(도시)	현지시각
오스트레일리아(시드니)	2024. 05. 15. 10:00am
대한민국(서울)	2024. 05. 15. 08:00am
아랍에미리트(두바이)	2024. 05. 15. 03:00am
러시아(모스크바)	2024. 05. 15. 02:00am

※ 각 회사의 위치는 위 자료에 있는 도시에 있다.
※ 모든 회사의 근무시간은 현지시각으로 오전 9시 ~ 오후 6시이다.
※ A, B, D사의 식사시간은 현지시각으로 낮 12시 ~ 오후 1시이다.
※ C사의 식사시간은 오전 11시 30분 ~ 오후 12시 30분이고 오후 12시 30분 ~ 오후 1시에는 전 직원이 종교활동을 한다.
※ 화상회의 소요 시간은 1시간이다.

① 오후 1~2시
② 오후 2~3시
③ 오후 3~4시
④ 오후 4~5시
⑤ 오후 5~6시

정답 해설

한국(A)이 오전 8시일 때, 오스트레일리아(B)는 오전 10시(시차 +2), 아랍에미리트(C)는 오전 3시(시차 : −5), 러시아(D)는 오전 2시(시차 : −6)이다. 따라서 업무가 시작되는 오전 9시를 기준으로 오스트레일리아는 이미 2시간 전에 업무를 시작했고, 아랍에미리트는 5시간 후, 러시아는 6시간 후에 업무를 시작한다. 이것을 표로 정리하면 다음과 같다(색칠한 부분이 업무시간이다).

국가＼한국 시각	7am	8am	9am	10am	11am	12pm	1pm	2pm	3pm	4pm	5pm	6pm
A사 (서울)			■	■	■		■	■	■	■	■	
B사 (시드니)	■	■	■		■	■	■	■	■			
C사 (두바이)								■	■	■		■
D사 (모스크바)									■	■	■	

따라서 화상회의 가능 시각은 한국시간으로 오후 3~4시이다.

정답 ③

※ S공사 신성장기술본부에서 근무하는 K부장은 적도기니로 출장을 가려고 한다. 다음 자료를 참고하여 이어지는 질문에 답하시오. [3~4]

〈경유지, 도착지 현지시각〉

국가(도시)	현지시각
한국(인천)	2024. 05. 05. 08:40am
중국(광저우)	2024. 05. 05. 07:40am
에티오피아(아디스아바바)	2024. 05. 05. 02:40am
적도기니(말라보)	2024. 05. 05. 00:40am

〈경로별 비행시간〉

비행경로	비행시간
인천 → 광저우	3시간 50분
광저우 → 아디스아바바	11시간 10분
아디스아바바 → 말라보	5시간 55분

〈경유지별 경유 시간〉

경유지	경유 시간
광저우	4시간 55분
아디스아바바	6시간 10분

03 K부장은 2024년 5월 5일 오전 8시 40분 인천에서 비행기를 타고 적도기니로 출장을 가려고 한다. K부장이 두 번째 경유지인 아디스아바바에 도착하는 현지 날짜 및 시각으로 옳은 것은?

① 2024. 05. 05. 10:35pm
② 2024. 05. 05. 11:35pm
③ 2024. 05. 06. 00:35am
④ 2024. 05. 06. 01:35am
⑤ 2024. 05. 06. 02:40am

04 기상악화로 인하여 광저우에서 출발하는 아디스아바바행 비행기가 2시간 지연 출발하였다고 한다. 총소요시간과 적도기니에 도착하는 현지 날짜 및 시각으로 옳은 것은?

	총소요시간	현지 날짜 및 시각
①	31시간	2024. 05. 06. 07:40am
②	32시간	2024. 05. 06. 08:40am
③	33시간	2024. 05. 06. 09:40am
④	34시간	2024. 05. 06. 10:40am
⑤	36시간	2024. 05. 06. 10:50am

정답 해설

03

- 인천에서 아디스아바바까지 소요 시간

(인천 → 광저우)	3시간 50분
(광저우 경유 시간)	+4시간 55분
(광저우 → 아디스아바바)	+11시간 10분
	=19시간 55분

- 아디스아바바에 도착한 현지 날짜 및 시각

한국 시각	5월 5일 오전 8시 40분
소요 시간	+19시간 55분
시차	−6시간
	=5월 5일 오후 10시 35분

정답 ①

04

- 인천에서 말라보까지 소요 시간

(인천 → 광저우)	3시간 50분
(광저우 경유 시간)	+4시간 55분
(지연 출발)	+2시간
(광저우 → 아디스아바바)	+11시간 10분
(아디스아바바 경유 시간)	+6시간 10분
(아디스아바바 → 말라보)	+5시간 55분
	=34시간

- 말라보에 도착한 현지 날짜 및 시각

한국 시각	5월 5일 오전 8시 40분
소요 시간	+34시간
시차	−8시간
	=5월 6일 오전 10시 40분

정답 ④

우리가 해야 할 일은 끊임없이 호기심을 갖고 새로운 생각을 시험해 보고 새로운
인상을 받는 것이다.

- 월터 페이터 -

PART 3

퍼즐

논리퀴즈

`01` 유형의 이해

논리퀴즈는 문제의 복잡성이나 난도 측면에서 PSAT 등의 유사 적성시험에 비해 조금은 수월한 편이다. 주로 NCS에서 출제되는 유형은 조건식으로, 보다 구체적으로는 대우 명제와의 결합을 통해 반드시 참이 되는 것을 찾는 것에 집중되어 있다.

`02` 접근법

(1) 대우 명제의 활용

거의 대부분의 논리문제는 대우 명제를 결합하여 숨겨진 논리식을 찾는 수준을 벗어나지 않는다. 따라서 '~라면'이 포함된 조건식이 등장한다면 일단 대우 명제로 바꾼 것을 같이 적어주는 것이 좋다. 조금 더 과감하게 정리한다면 제시된 조건식은 그 자체로는 사용되지 않고 대우 명제로만 사용되는 경우가 대부분이다.

(2) 경우의 수

초기 NCS에서는 진술과 제시문을 토대로 처음부터 참 거짓이 확정되는 유형이 출제되었으나 최근에는 모든 경우의 수를 열어두는 유형의 문제도 종종 출제되고 있다. 하지만 진술문 중 모순이 되는 경우가 '반드시' 한 쌍은 주어지므로 그것을 기반으로 풀어나가기 바란다.

(3) 벤다이어그램 VS 논리식

항목이 3개 이하라면 따질 것도 없이 벤다이어그램으로 해결하는 것이 모든 면에서 효과적이다. 간혹 이를 논리식으로 구성하여 풀이하려는 수험생들이 있는데 그것은 항목이 많아져 시각적으로 표현이 어려울 때 사용하는 방법이다. 만약 항목이 3개인 문제를 논리식으로 풀이한다면 선택지를 모두 분석해야 하며, 논리식으로 구현하기 어려운 조건이 들어있다면 풀이의 난도는 상승할 수밖에 없다.

03 생각해 볼 부분

(1) A만이 B이다.

논리문제를 풀다보면 'A만이 B이다.'는 조건을 자주 접하게 된다. 이는 논리식 'B → A'로 전환가능하며 이의 부정은 'B and ~A'라는 것을 함께 기억해두도록 하자. 여러모로 쓰임새가 많은 논리식이다.

(2) 기호화가 되지 않는 조건

실전에서는 분명 한 가지 정도의 조건이 애매하여 기호화가 되지 않는 경우가 존재한다. 이때 무리하게 시간을 들여가며 더 고민하기보다는 일단 정리된 조건만 가지고 선택지를 판단해보자. 5개 중에서 2~3개는 정오판별이 가능할 것이다. 미뤄두었던 조건은 그때 판단해도 늦지 않다.

다음 글의 내용이 참일 때, 반드시 참인 것만을 〈보기〉에서 모두 고르면?

전통문화 활성화 정책의 일환으로 일부 도시를 선정하여 문화관광특구로 지정할 예정이다. 특구 지정 신청을 받아본 결과, A, B, C, D 네 개의 도시가 신청하였다. 선정과 관련하여 다음 사실이 밝혀졌다.
- A가 선정되면 B도 선정된다.
- B와 C가 동시에 선정되지 않는다.
- B와 D 중 적어도 한 도시는 선정된다.
- C가 선정되지 않으면 B도 선정되지 않는다.

보기
ㄱ. A와 B 가운데 적어도 한 도시는 선정되지 않는다.
ㄴ. B도 선정되지 않고 C도 선정되지 않는다.
ㄷ. D는 선정된다.

① ㄱ
② ㄴ
③ ㄱ, ㄷ
④ ㄴ, ㄷ
⑤ ㄱ, ㄴ, ㄷ

정답 해설

제시문의 논증을 기호화하면 다음과 같다.
ⅰ) AO → BO
ⅱ) B와 C가 모두 선정되는 것은 아님
ⅲ) BO ∨ DO
ⅳ) CX → BX : BO → CO
먼저 ⅱ)와 ⅳ)를 살펴보면 B가 선정된다면 ⅳ)에 의해 C가 선정되어야 하는데 ⅱ)에서 B와 C는 동시에 선정되는 것은 아니라고 하였으므로 B는 선정되지 않는 것을 알 수 있다. 따라서 ⅰ)의 대우 명제를 이용하면 A 역시 선정되지 않는다.
마지막으로 ⅲ)에서 B와 D 중 적어도 한 도시는 선정된다고 하였는데 위에서 B가 선정되지 않는다고 하였으므로 D는 반드시 선정되어야 함을 알 수 있다.
따라서 이를 정리하면 A와 B는 선정되지 않으며, C는 알 수 없고, D는 선정된다.
ㄱ. A와 B 모두 선정되지 않는다고 하였으므로 옳은 내용이다.
ㄷ. D는 선정된다고 하였으므로 옳은 내용이다.

오답분석
ㄴ. B가 선정되지 않는 것은 알 수 있으나, C가 선정될지의 여부는 알 수 없다.

정답 ③

발문 접근법

대부분의 문제는 '반드시 참'을 찾는 경우를 묻는 경우이므로 논리식의 재구성을 통해 해당 선택지의 내용이 필연적으로 도출되어야 한다. 간혹 난도가 상승하여 'A의 발언 중 하나는 참이고 하나는 거짓이다.'와 같은 문제가 출제되기도 한다. 이 문제는 주로 수를 따져 모순을 가려내는 문제에 해당한다.

제시문 접근법

이 문제와 같이 명제들이 명확하게 구분되어 제시되는 경우 조건식을 정확하게 기호화하기만 한다면 크게 문제될 것은 없다. 반면 문제가 되는 것은 외형적으로는 일반적인 제시문과 큰 차이가 없는 문장들로 제시되는 경우이다. 당연히 이 경우는 제시문을 조건 명제들로 재가공하는 과정이 필요하므로 시간소모가 더 많을 수밖에 없는데, 다행히 명제들 자체는 난도가 낮은 편이다.

선택지 접근법

만약 선택지에서 '존재한다'는 문구가 언급되었다면 거의 대부분 벤다이어그램으로 풀이가 가능한 문제이다. 즉, 이는 제시문의 명제들을 벤다이어그램으로 표시했을 때 해당 대상이 확실히 공집합이라고 볼 수는 없다는 것을 의미한다.

28 | 조건식의 활용

| 문제 1 |

첨단도시육성사업의 시범도시로 A ~ C시가 후보로 고려되었으며, 시범도시는 1개 도시만 선정될 수 있다. 시범도시에 선정될 수 있는 세 가지 조건(조건 1 ~ 3) 중 조건 3은 알려지지 않았다. 최종적으로 A시만 선정될 수 있는 조건 3으로 적절한 것은?

조건

(조건 1) A시가 탈락하면 B시가 선정된다.
(조건 2) B시가 선정되면 C시는 탈락한다.

---

① A시나 B시 중 하나가 선정된다.
② A시나 C시 중 하나가 선정된다.
③ B시나 C시 중 하나가 탈락된다.
④ C시가 탈락되면 A시도 탈락된다.
⑤ A시가 탈락되면 C시도 탈락된다.

정답 해설

제시된 조건을 기호화하면 다음과 같다.
• A(✕) → B(○)
• B(○) → C(✕)

따라서 이 둘을 결합하면 'A(✕) → B(○) → C(✕)'를 도출할 수 있으며 이의 대우 명제는 'C(○) → B(✕) → A(○)'로 나타낼 수 있다. 따라서 C시가 채택되면 B시는 채택되지 않지만 A시는 채택되는 상황이 되어 A시와 C시가 모두 채택된다. 이를 해결하기 위해서는 A시나 C시 중 하나가 선정된다는 조건이 필요하다. 왜냐하면, A시나 C시 중 하나가 선정된다는 조건이 추가되었을 때 C시가 채택된다면 A시도 채택되어 모순이 발생하므로 결국은 A시만 선정되기 때문이다.

정답 ②

| 문제 2 |

A ~ D안 중에서 어떤 안을 채택하고 어떤 안을 폐기할지를 고려하고 있다. 결정 과정에서 다음과 같은 〈조건〉이 모두 충족되어야 할 때, 옳지 않은 것은?

조건

(조건 1) A안을 채택하면, B안과 C안 중 적어도 하나를 폐기해야 한다.
(조건 2) C안과 D안을 동시에 채택하면, B안은 폐기해야 한다.
(조건 3) A안이나 B안을 채택하면, D안도 채택해야 한다.

① A안과 B안이 동시에 채택되면, D안도 같이 채택되어야 한다.
② A안이 채택되면, C안도 같이 채택될 수 있다.
③ B안이 채택되면, C안도 같이 채택될 수 있다.
④ A안과 B안이 모두 폐기돼도, D안이 채택될 수 있다.
⑤ B안이 폐기되고 C안이 채택되면, A안이 채택될 수 있다.

PART 3

정답 해설

주어진 조건을 기호화하면 다음과 같다.
• A(○) → [B(✕) ∨ C(✕)]
• C(○) ∧ D(○)] → B(✕)
• [A(○) ∨ B(○)] → D(○)
(조건 2)의 대우 명제가 B(○) → [C(✕) ∨ D(✕)]이고, (조건 3)에서 B(○) → D(○)를 도출할 수 있으므로 B안을 채택하면 반드시 C안은 폐기해야 한다. 따라서 옳지 않은 내용이다.

오답분석

① (조건 3)이 참이면 [A(○) ∧ B(○)] → D(○)도 반드시 참이 되므로 옳은 내용이다.
② (조건 1)이 참이라고 해서 A(○) → C(○)이 거짓이 되는 것은 아니므로 옳은 내용이다.
④ 주어진 조건이 모두 참이라고 해도 [A(✕) ∧ B(✕)] → D(○)이 거짓이 되는 것은 아니므로 옳은 내용이다.
⑤ 주어진 조건이 모두 참이라고 해도 [B(✕) ∧ C(○)] → A(○)이 거짓이 되는 것은 아니므로 옳은 내용이다.

정답 ③

29 | 모순관계(1) – 하나만 참/거짓

| 문제 1 |

다음 글의 내용이 참일 때, 가해자인 것이 확실한 사람과 가해자가 아닌 것이 확실한 사람으로 바르게 짝지어진 것은?

> 폭력 사건의 용의자로 A, B, C가 지목되었다. 조사 과정에서 A, B, C가 각각 아래와 같이 진술하였는데, 이들 가운데 가해자는 거짓만을 진술하고 가해자가 아닌 사람은 참만을 진술한 것으로 드러났다.

> A : 우리 셋 중 정확히 한 명이 거짓말을 하고 있다.
> B : 우리 셋 중 정확히 두 명이 거짓말을 하고 있다.
> C : A, B 중 정확히 한 명이 거짓말을 하고 있다.

	가해자인 것이 확실	가해자가 아닌 것이 확실
①	A	C
②	B	없음
③	B	A, C
④	A, C	B
⑤	A, B, C	없음

정답 해설

먼저 A와 B의 진술은 적어도 둘이 모두 참이 될 수는 없는 상황이므로 이를 경우의 수로 나누어 판단해보도록 하자.
ⅰ) A : 참, B : 거짓
  둘 중 B만 거짓말을 하고 있는 상황이므로 C는 참이 되어야 모순이 발생하지 않는다. 따라서 이 경우는 B는 가해자로, A와 C는 가해자가 아닌 것으로 추정된다.
ⅱ) A : 거짓, B : 참
  B가 참을 말하고 있다면 C는 거짓이 되어야 하는데 A와 B 중 한 명만 거짓을 말하고 있다고 가정하고 있으므로 C는 참이 되어야 하는 모순된 상황이 발생한다. 따라서 이 경우는 제외된다.
ⅲ) A : 거짓, B : 거짓
  이미 A와 B가 모두 거짓을 말하고 있는 상황이므로 C 역시 거짓이 되어야 모순이 발생하지 않는다. 따라서 이 경우는 A, B, C 모두 가해자로 추정된다.
결국 모순이 발생하지 않은 두 가지 경우 ⅰ)과 ⅲ)을 통해 B는 가해자인 것이 확실하지만 나머지 A와 C는 가해자의 여부를 확정지을 수 없는 상황임을 알 수 있다.

정답 ②

| 문제 2 |

사무관 A는 국가공무원인재개발원에서 수강할 과목을 선택하려 한다. A가 선택할 과목에 대해 갑 ~ 무가 다음과 같이 진술하였는데, 이 중 한 사람의 진술은 거짓이고 나머지 사람들의 진술은 모두 참인 것으로 밝혀졌다. A가 반드시 수강할 과목만을 모두 고르면?

> 갑 : 법학을 수강할 경우, 정치학도 수강한다.
> 을 : 법학을 수강하지 않을 경우, 윤리학도 수강하지 않는다.
> 병 : 법학과 정치학 중 적어도 하나를 수강한다.
> 정 : 윤리학을 수강할 경우에만 정치학을 수강한다.
> 무 : 윤리학을 수강하지만, 법학은 수강하지 않는다.

① 윤리학
② 법학
③ 윤리학, 정치학
④ 윤리학, 법학
⑤ 윤리학, 법학, 정치학

정답 해설

제시된 진술들을 기호화하면 다음과 같다.
• 갑 : 법학(○) → 정치학(○)
• 을 : 법학(×) → 윤리학(×)
• 을의 대우 : 윤리학(○) → 법학(○)
• 병 : 법학(○) ∨ 정치학(○)
• 정 : 윤리학(○) → 정치학(○)
• 무 : 윤리학(○) ∧ 법학(×)

먼저 을의 대우 명제와 무의 진술은 모순관계에 있다. 따라서 이를 기준으로 경우의 수를 나누어 판단해보자.

ⅰ) 을의 진술만 거짓인 경우
    무의 진술이 참이므로 윤리학을 수강하며, 법학은 수강하지 않는다. 그리고 병의 말이 참이므로 법학과 정치학 중 적어도 하나를 수강해야 하는데 이미 법학은 수강하지 않는다고 하였으므로 정치학은 반드시 수강해야 함을 알 수 있다. 따라서 A는 윤리학과 정치학을 반드시 수강하게 된다.

ⅱ) 무의 진술만 거짓인 경우
    법학을 수강하지 않는 경우, 을의 진술이 참이 되어 윤리학도 수강하지 않아야 한다. 그리고 정의 말은 참이므로 윤리학을 수강하지 않는다면 정치학도 수강하지 않는다. 그런데 이는 법학과 정치학 중 적어도 하나를 수강한다는 병의 말과 모순이 된다. 하지만 이는 한 사람의 진술만 거짓이라고 한 전제에 어긋나므로, 법학은 반드시 수강해야 한다. 법학을 수강한다면, 갑에 진술에 따라 정치학도 수강한다는 것을 알 수 있으며, 정의 진술도 참이므로 윤리학도 수강해야 함을 알 수 있다. 따라서 이 경우 A는 윤리학과 법학, 정치학을 모두 수강하게 된다.

결론적으로 두 경우에서 공통적으로 나타나는 윤리학과 정치학을 반드시 수강해야 한다.

정답 ③

| 문제 3 |

다음을 참이라고 가정할 때, 〈보기〉에서 반드시 참인 것만 모두 고르면?

- A, B, C, D 중 한 명의 근무지는 서울이다.
- A, B, C, D는 각기 다른 한 도시에서 근무한다.
- 갑, 을, 병 각각의 두 진술 중 하나는 참이고 다른 하나는 거짓이다.
- 갑은 "A의 근무지는 광주이다."와 "D의 근무지는 서울이다."라고 진술했다.
- 을은 "B의 근무지는 광주이다."와 "C의 근무지는 세종이다."라고 진술했다.
- 병은 "C의 근무지는 광주이다."와 "D의 근무지는 부산이다."라고 진술했다.

> **보기**
> ㄱ. A의 근무지는 광주이다.
> ㄴ. B의 근무지는 서울이다.
> ㄷ. C의 근무지는 세종이다.

① ㄱ   ② ㄷ
③ ㄱ, ㄴ   ④ ㄴ, ㄷ
⑤ ㄱ, ㄴ, ㄷ

정답 해설 ──────────────────────────────────○

갑의 진술을 기준으로 경우의 수를 나누어보자.

ⅰ) A의 근무지는 광주이다(○), D의 근무지는 서울이다(×).

진술의 대상이 중복되는 병의 진술을 먼저 살펴보면, A의 근무지가 광주라는 것이 이미 고정되어 있으므로 앞 문장인 'C의 근무지는 광주이다.'는 거짓이 된다. 따라서 뒤 문장인 'D의 근무지는 부산이다.'가 참이 되어야 한다. 다음으로 을의 진술을 살펴보면, 앞 문장인 'B의 근무지는 광주이다.'는 거짓이며 뒤 문장인 'C의 근무지는 세종이다.'가 참이 되어야 한다.
이를 정리하면 다음과 같다.

A	B	C	D
광주	서울	세종	부산

ⅱ) A의 근무지는 광주이다(×), D의 근무지는 서울이다(○).

역시 진술의 대상이 중복되는 병의 진술을 먼저 살펴보면, 뒤 문장인 'D의 근무지는 부산이다.'는 거짓이 되며, 앞 문장인 'C의 근무지는 광주이다.'는 참이 된다. 다음으로 을의 진술을 살펴보면 앞 문장인 'B의 근무지는 광주이다.'는 거짓이 되며, 뒤 문장인 'C의 근무지는 세종이다.'는 참이 되어야 한다. 그런데 이미 C의 근무지는 광주로 확정되어 있기 때문에 모순이 발생한다. 따라서 ⅱ)의 경우는 성립하지 않는다.

A	B	C	D
		광주 세종(모순)	서울

따라서 가능한 경우는 ⅰ)뿐이며 선택지 ㄱ, ㄴ, ㄷ 모두 반드시 참임을 알 수 있다.

정답 ⑤

| 문제 4 |

중학생 50명을 대상으로 한 해외여행에 대한 설문조사 결과가 다음 〈조건〉과 같을 때, 항상 참인 것은?

> **조건**
> • 미국을 여행한 사람이 가장 많다.
> • 일본을 여행한 사람은 미국 또는 캐나다를 여행 했다.
> • 중국과 캐나다를 모두 여행한 사람은 없다.
> • 일본을 여행한 사람의 수가 캐나다를 여행한 사람의 수보다 많다.

① 일본을 여행한 사람보다 중국을 여행한 사람이 더 많다.
② 일본을 여행했지만 미국을 여행하지 않은 사람은 중국을 여행하지 않았다.
③ 미국을 여행한 사람의 수는 일본 또는 중국을 여행한 사람보다 많다.
④ 중국을 여행한 사람은 일본을 여행하지 않았다.
⑤ 미국과 캐나다를 모두 여행한 사람은 없다.

정답 **해설**

첫 번째, 네 번째 조건을 이용하면 '미국 – 일본 – 캐나다' 순으로 여행한 사람의 수가 많음을 알 수 있다.
두 번째 조건에 의해 일본을 여행한 사람은 미국 또는 캐나다를 여행했다. 따라서 일본을 여행했지만 미국을 여행하지 않은 사람은
캐나다를 여행했고, 세 번째 조건에 의해 중국을 여행하지 않았다.

오답분석
①·④·⑤ 주어진 조건만으로는 알 수 없다.
③ 미국을 여행한 사람이 가장 많지만 일본과 중국을 여행한 사람을 합한 수보다 많은지는 알 수 없다.

정답 ②

30 | 모순관계(2) - 두 개가 참/거짓

| 문제 1 |

쓰레기를 무단투기하는 사람을 찾기 위해 고심하던 주민센터 직원은 다섯 명의 주민 A ~ E와 면담했고, 이들은 각자 아래와 같이 이야기했다. 이 가운데 두 명의 이야기는 모두 거짓인 반면, 세 명의 이야기는 모두 참이라 하자. 다섯 명 가운데 한 명이 범인이라고 할 때, 쓰레기를 무단투기한 사람은 누구인가?

> A : 쓰레기를 무단투기하는 것을 나와 E만 보았다. B의 말은 모두 참이다.
> B : 쓰레기를 무단투기한 것은 D이다. D가 쓰레기를 무단투기하는 것을 E가 보았다.
> C : D는 쓰레기를 무단투기하지 않았다. E의 말은 참이다.
> D : 쓰레기를 무단투기하는 것을 세 명의 주민이 보았다. B는 쓰레기를 무단투기하지 않았다.
> E : 나와 A는 쓰레기를 무단투기하지 않았다. 나는 쓰레기를 무단투기하는 사람을 아무도 보지 못했다.

① A   ② B
③ C   ④ D
⑤ E

정답 해설

제시된 대화를 논리적으로 분석하면 다음과 같다.
먼저 A의 증언이 참이라면 B의 증언도 참이다. 그런데 A, B의 증언이 참이라면 C, D, E의 증언이 모두 거짓이 되기 때문에 결국 A, B의 증언은 모두 거짓이다.
따라서 C, D, E의 증언은 참이 되며, 이들이 무단투기를 하지 않았다고 언급하지 않은 C가 범인이 된다.

정답 ③

| 문제 2 |

다음 글의 내용이 모두 참일 때 반드시 참인 것만을 〈보기〉에서 모두 고르면?

A부서에서는 올해부터 직원을 선정하여 국외연수를 보내기로 하였다. 선정 결과 가영, 나준, 다석이 미국, 중국, 프랑스에 한 명씩 가기로 하였다. A부서에 근무하는 갑 ~ 정은 다음과 같이 예측하였다.

갑 : 가영이는 미국에 가고 나준이는 프랑스에 갈 거야.

을 : 나준이가 프랑스에 가지 않으면, 가영이는 미국에 가지 않을 거야.

병 : 나준이가 프랑스에 가고 다석이가 중국에 가는 그런 경우는 없을 거야.

정 : 다석이는 중국에 가지 않고, 가영이는 미국에 가지 않을 거야.

하지만 을의 예측과 병의 예측 중 적어도 한 예측은 그르다는 것과 네 예측 중 두 예측은 옳고 나머지 두 예측은 그르다는 것이 밝혀졌다.

> **보기**
>
> ㄱ. 가영이는 미국에 간다.
>
> ㄴ. 나준이는 프랑스에 가지 않는다.
>
> ㄷ. 다석이는 중국에 가지 않는다.

① ㄱ   ② ㄴ

③ ㄱ, ㄷ   ④ ㄴ, ㄷ

⑤ ㄱ, ㄴ, ㄷ

정답 해설

갑과 정의 진술이 모두 참이라면 가영이에 관한 진술에서 모순이 발생하므로 갑과 정 중 한 명의 진술은 거짓이라는 것을 알 수 있다. 또 을과 병의 진술 중 적어도 하나가 거짓이라고 하였고 4명의 진술 중 2명은 옳고 2명은 그르다고 하였으므로 갑과 정 중 하나가 거짓, 을과 병 중 하나가 거짓임을 알 수 있다. 이제 경우의 수를 따져보자.

ⅰ) 갑과 을이 참

가영 – 미국, 나준 – 프랑스, 다석 – 중국으로 연결되며, 이 경우는 갑과 을이 참이고 병과 정이 거짓이 되므로 전제조건을 만족시킨다.

ⅱ) 갑과 병이 참

갑이 참이면, 가영 – 미국, 나준 – 프랑스, 다석 – 중국으로 연결되는데, 병은 나준 – 프랑스, 다석 – 중국이 안 된다고 하였으므로 모순이다.

ⅲ) 을과 정이 참

병이 거짓이면, 가영 – 미국, 나준 – 프랑스, 다석 – 중국으로 연결되는데, 이 경우는 정이 거짓이 되는 모순이 발생한다. 따라서 이 경우는 해당되지 않는다.

ⅳ) 병과 정이 참

을이 거짓이면 가영 – 미국으로 연결되는데, 이 경우는 정이 거짓이 되는 모순이 발생한다. 따라서 이 경우는 해당되지 않는다.

따라서 ⅰ) 갑과 을이 참인 경우만 전제조건을 만족시키며 이 경우 반드시 참이 되는 것은 ㄱ뿐이다.

정답 ①

01 유형의 이해

논리퍼즐 문제는 크게 두 가지 유형으로 출제되고 있다. 첫 번째는 형식논리학의 내용을 이용해 참/거짓이 명확히 가려지는 유형이며, 두 번째는 그보다는 경우의 수를 이용한 대상들의 배치를 묻는 유형이 그것이다. 즉, 첫 번째 유형에서는 주어진 조건들을 정확하게 기호화할 수 있는지가 관건이라면, 두 번째 유형에서는 경우의 수를 최소화할 수 있는 조건을 찾는 것이 관건이라고 할 수 있다.

02 접근법

(1) 발문의 중요성

대부분 발문은 문제가 옳은/틀린 것을 요구하는 것인지를 알려주는 데 그치지만 퍼즐형 문제의 경우는 발문에서 이른바 킬러 조건을 제시하는 경우가 상당히 많다. 또한 퍼즐의 결론이 필연적으로 하나만 생기는 것인지 아니면 여러 가능한 상황이 생기는 것인지를 암시하는 경우도 있으니 발문의 문구 하나하나를 허투루 넘겨서는 안 될 것이다.

(2) 길이가 긴 조건

제시된 조건의 길이와 유용성은 비례한다. 즉, 길이가 긴 조건일수록 제약되는 내용이 많아 경우의 수를 줄이는 데 큰 도움을 주는 반면, 길이가 짧은 조건일수록 경우의 수를 크게 줄이지 못한다는 것이다. 이는 조건의 판단 순서를 정하는 데 기준이 된다. 다시 말해, 외형상 길이가 긴 조건과 짧은 조건이 혼재되어 있는 경우라면 일단 길이가 긴 조건을 먼저 적용해 보라는 것이다.

(3) 선택지의 활용

만약 논리퍼즐 문제가 주관식이라고 가정하면 문제에 따라 십수 분이 걸리는 경우도 존재할 수 있을 것이다. 그만큼 논리퍼즐은 문제를 어떻게 구성하느냐에 따라 경우의 수가 기하급수적으로 늘어날 수 있다. NCS가 초창기와 달라진 부분이 바로 이 측면인데, 과거에는 경우의 수가 2개 내외로 결정되는 문제들이 많아 굳이 선택지를 이용할 필요가 없었던 반면, 최근에는 경우의 수가 2개 이상으로 확장된 문제도 종종 출제되고 있다. 이 문제들은 현실적으로 선택지를 이용해 판단하지 않으면 풀이가 불가능하므로 반드시 선택지를 이용한 소거법을 활용해야 할 것이다.

03 생각해 볼 부분

논리퍼즐형 문제의 경우 무시할 수 없을 정도의 중요성을 차지하는 것이 바로 도식화 능력이다. 어쩌면, 주어진 조건을 얼마나 간결하고 정확하게 도식화할 수 있느냐가 전체 문제의 성패를 좌우한다고 해도 과언이 아닐 것이다. 대부분의 논리퍼즐형 문제는 문제의 하단 부분에 충분히 많은 여백을 주고 있다. 그런데 간혹 수험생 중에는 여백이 많다고 해서 가운데 부분에 큼지막하게 그림을 그려 풀이하는 경우가 있다. 하지만, 그림을 그려 풀이하다가 이런저런 이유로 그림을 다시 그려야 하는 경우가 매우 빈번하게 발생한다. 따라서 가급적 도식화는 문제의 바로 아랫부분에 적당한 크기로 하는 것이 좋다.

다음 글을 근거로 판단할 때, B구역 청소를 하는 요일은?

甲레스토랑은 매주 1회 휴업일(수요일)을 제외하고 매일 영업한다. 甲레스토랑의 청소시간은 영업일 저녁 9시부터 10시까지이다. 이 시간에 A구역, B구역, C구역 중 하나를 청소한다. 청소의 효율성을 위하여 청소를 한 구역은 바로 다음 영업일에는 하지 않는다. 각 구역은 매주 다음과 같이 청소한다.

• A구역 청소는 일주일에 1회 한다.
• B구역 청소는 일주일에 2회 하되, B구역 청소를 한 후 영업일과 휴업일을 가리지 않고 이틀 간은 B구역 청소를 하지 않는다.
• C구역 청소는 일주일에 3회 하되, 그중 1회는 일요일에 한다.

① 월요일과 목요일
② 월요일과 금요일
③ 월요일과 토요일
④ 화요일과 금요일
⑤ 화요일과 토요일

먼저 청소 횟수가 가장 많은 C구역을 살펴보면, 이틀을 연달아 같은 구역을 청소하지 않는다고 하였으므로 다음의 경우만 가능함을 알 수 있다.

일	월	화	수	목	금	토
C		C	×		C	

다음으로 B구역을 살펴보면, B구역은 청소를 한 후 이틀간은 청소를 할 수 없다고 하였으므로 토요일은 불가능함을 알 수 있다. 만약 토요일에 B구역을 청소하게 된다면 남은 1회는 월요일 혹은 목요일에 진행해야 하는데 어떤 경우이든 다음 청소일과의 사이에 이틀을 비우는 것이 불가능하기 때문이다.

일	월	화	수	목	금	토
C	B	C	×	B	C	

그렇다면 남은 A구역은 토요일에 청소하는 것으로 확정되어 다음과 같은 일정표가 만들어지게 된다.

일	월	화	수	목	금	토
C	B	C	×	B	C	A

따라서 B구역 청소를 하는 요일은 월요일과 목요일이다.

정답 ①

제시문 접근법
발문에서는 'B구역'이라는 단어에 체크를 해두는 것 이 외에 특별한 것이 없으므로 제시문을 살펴보자. 조건을 살펴보면 세 개의 조건이 주어져 있다는 것을 알 수 있고 두 번째 조건의 길이가 매우 길다는 것을 알 수 있다. 따라서 일단 이 조건을 먼저 활용한다는 전략을 세워본다.

체크할 부분
앞서 길이가 긴 조건을 먼저 적용해야 한다고 하였다. 하지만 이는 스캐닝 시 세우는 1차 전략이며 실제 문제를 풀이하는 과정에서 이 순서는 조정될 수 있다. 결론적으로 이 문제의 세 번째 조건의 경우 '일요일'이라는 확정적인 조건이 주어져 있으므로 이를 가장 먼저 판단해야 한다.

31 | 수평적 배치

| 문제 1 |

다음 〈조건〉에 따라 A ~ G 일곱 도시를 인구 순위대로 빠짐없이 배열하려고 한다. 이때 추가로 필요한 정보는?

조건
- 인구가 같은 도시는 없다.
- C시의 인구는 D시의 인구보다 적다.
- F시의 인구는 G시의 인구보다 적다.
- C시와 F시는 인구 순위에서 바로 인접해 있다.
- B시의 인구가 가장 많고, E시의 인구가 가장 적다.
- C시의 인구는 A시의 인구와 F시의 인구를 합친 것보다 많다.

① A시의 인구가 F시의 인구보다 많다.
② C시와 D시는 인구 순위에서 바로 인접해 있다.
③ C시의 인구는 G시의 인구보다 적다.
④ D시의 인구는 F시의 인구보다 많고 B시의 인구보다 적다.
⑤ G시의 인구가 A시의 인구보다 많다.

정답 | 해설

조건 중 명확하게 판단이 가능한 것들을 먼저 살펴보면 다음과 같다.

ⅰ) C<D

ⅱ) F<G

ⅲ) E<○○○○○<B

이제 C시와 F시가 인접한 순위라는 조건(즉 C<F 혹은 F<C)과 마지막 조건을 결합해보면, C시의 인구는 A시의 인구와 F시의 인구를 합한 것보다 더 크다고 하였으므로 당연히 C시의 인구는 F시보다 커야 한다. 같은 논리로 C시는 A시보다 인구가 많음을 알 수 있다. 여기에 처음에 판단한 ⅰ)과 ⅱ)를 결합하면 A ~ F<C<D, G가 됨을 알 수 있는데 위 ⅲ)의 조건에서 알 수 있듯이 빈 자리가 다섯 개뿐이므로 E<A<F<C<D, G<B의 배열로 나열할 수 있게 된다.

이제 미확정인 것은 D시와 G시의 대소관계이다. 이를 확정하기 위해서는 추가적인 조건이 필요하게 되는데 ②의 조건이 추가된다면 E − A − F − C − D − G − B의 순서로 배열이 가능해지므로 ②가 정답이 된다.

 정답 ②

| 문제 2 |

어떤 보안회사에서는 하루에 정확하게 7개의 사무실에 보안점검을 실시한다. 7개의 회사는 A ~ G이다. 다음과 같은 〈조건〉이 주어져 있을 때 E가 3번째로 점검을 받는다면, 사무실 중 반드시 은행인 곳은?

조건

- 보안점검은 한 번에 한 사무실만 실시하게 되며, 하루에 같은 사무실을 중복해서 점검하지는 않는다.
- 7개의 회사는 은행 아니면 귀금속점이다.
- 귀금속점은 2회 이상 연속해서 점검하지 않는다.
- F는 B와 D를 점검하기 전에 점검한다.
- F를 점검하기 전에 점검하는 사무실 가운데 정확히 두 곳은 귀금속점이다.
- A는 6번째로 점검받는다.
- G는 C를 점검하기 전에 점검한다.

① A
③ C
⑤ E

② B
④ D

정답 해설

다섯 번째 조건에 의해 F의 점검 순서는 네 번째 이후이다. 또한 네 번째, 여섯 번째 조건에 의해 F가 네 번째로 점검받음을 알 수 있다. 주어진 조건을 이용하여 가능한 경우를 나타내면 다음과 같다.

ⅰ) G - C - E - F - B - A - D
ⅱ) G - C - E - F - D - A - B

따라서 두 번째, 세 번째, 다섯 번째 조건에 의해 G, E는 귀금속점이고, C는 은행이다.

정답 ③

32 | 원형 배치

| 문제 1 |

원형 테이블에 번호 순서대로 앉아 있는 다섯 명의 여자 1 ~ 5 사이에 다섯 명의 남자 A ~ E가 한 명씩 앉아야 한다. 다음 〈조건〉을 따르면서 자리를 배치할 때 적절하지 않은 것은?

> **조건**
> • A는 짝수번호의 여자 옆에 앉아야 하고, 5 옆에는 앉을 수 없다.
> • B는 짝수번호의 여자 옆에 앉을 수 없다.
> • C가 3 옆에 앉으면 D는 1 옆에 앉는다.
> • E는 3 옆에 앉을 수 없다.

① A는 1과 2 사이에 앉을 수 없다.
② D는 4와 5 사이에 앉을 수 없다.
③ C가 2와 3 사이에 앉으면 A는 반드시 3과 4 사이에 앉는다.
④ E가 1과 2 사이에 앉으면 C는 반드시 4와 5 사이에 앉는다.
⑤ E가 4와 5 사이에 앉으면 A는 반드시 2와 3 사이에 앉는다.

정답 해설

두 번째 조건에 의해 B는 항상 1과 5 사이에 앉는다. 따라서 E가 4와 5 사이에 앉으면 2와 3 사이에는 A, C, D 중 누구나 앉을 수 있다.

오답분석

① A가 1과 2 사이에 앉으면 네 번째 조건에 의해 E는 4와 5 사이에 앉는다. 그러면 C는 3 옆에 앉고 D는 1 옆에 앉게 된다. 이는 세 번째 조건과 모순이 된다.
② D가 4와 5 사이에 앉으면 네 번째 조건에 의해 E는 1과 2 사이에 앉는다. 그러면 C는 3 옆에 앉고 D는 1 옆에 앉게 된다. 이는 세 번째 조건과 모순이 된다.
③ C가 2와 3 사이에 앉으면 세 번째 조건에 의해 D는 1과 2 사이에 앉는다. 또한 네 번째 조건에 의해 E는 3과 4 사이에 앉을 수 없다. 따라서 A는 반드시 3과 4 사이에 앉는다.
④ E가 1과 2 사이에 앉으면 세 번째 조건에 의해 C가 3 옆에 앉으면 모순이므로, C는 반드시 4와 5 사이에 앉는다.

정답 ⑤

| 문제 2 |

다음 〈조건〉을 근거로 판단할 때, 초록 모자를 쓰고 있는 사람과 A의 입장에서 왼편에 앉은 사람을 바르게 짝지은 것은?

조건

- A, B, C, D 네 명이 정사각형 테이블의 각 면에 한 명씩 둘러앉아 있다.
- 빨강, 파랑, 노랑, 초록 색깔의 모자 4개가 있다. A, B, C, D는 이 중 서로 다른 색깔의 모자 하나씩을 쓰고 있다.
- A와 B는 여자이고 C와 D는 남자이다.
- A 입장에서 왼편에 앉은 사람은 파란 모자를 쓰고 있다.
- B 입장에서 왼편에 앉은 사람은 초록 모자를 쓰고 있지 않다.
- C 맞은편에 앉은 사람은 빨간 모자를 쓰고 있다.
- D 맞은편에 앉은 사람은 노란 모자를 쓰고 있지 않다.
- 노란 모자를 쓴 사람과 초록 모자를 쓴 사람 중 한 명은 남자이고 한 명은 여자이다.

	초록 모자를 쓰고 있는 사람	A 입장에서 왼편에 앉은 사람
①	A	B
②	A	D
③	B	C
④	B	D
⑤	C	B

정답 | 해설

주어진 조건을 살펴보면 명확하게 고정되는 경우는 A의 왼편에 앉은 사람이 파란 모자를 쓰고 있다는 것과 C의 맞은편에 앉은 사람이 빨간 모자를 쓰고 있다는 것이다. 따라서 이 두 조건을 먼저 표시하면 다음의 두 가지의 경우로 나누어 볼 수 있다.

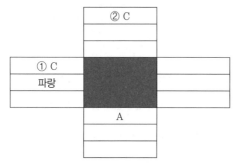

먼저 C가 A의 왼쪽에 앉게 되는 경우를 살펴보면 이는 다시 B와 D가 어디에 앉느냐에 따라 다음의 ⅰ)과 ⅱ) 두 가지로 나누어 볼 수 있으며 각각에 대해 살펴보면 다음과 같다.

i)

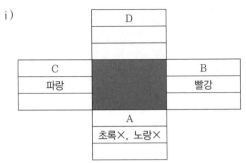

이 경우는 A와 D에 초록, 노랑 모자를 쓴 사람이 앉아야 하지만 A는 이 둘 모두에 해당하지 않는다는 모순된 결과가 나온다. 따라서 성립하지 않는 경우이다.

ii)

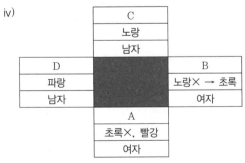

이 경우는 A와 B에 노랑과 초록 모자를 쓴 사람이 앉아야 한다. 그런데 A와 B는 여자라는 조건과 노란 모자와 초록 모자 중 한명만 여자라는 조건은 서로 모순되는 상황이다. 따라서 이 역시 성립하지 않는다.

다음으로 C가 A의 맞은 편에 앉는 경우를 생각해보면, 역시 다음의 iii)과 iv) 두 가지의 경우로 나누어 볼 수 있다.

iii)

	C	
	초록× → 노랑	
	남자	
B		D
파랑, 노랑×		초록
여자		남자
	A	
	빨강	
	여자	

이 경우는 노란 모자와 초록 모자(C와 D) 중 한 명은 남자, 나머지 한 명은 여자라는 조건에 위배되므로 성립하지 않는다.

iv)

	C	
	노랑	
	남자	
D		B
파랑		노랑× → 초록
남자		여자
	A	
	초록×, 빨강	
	여자	

마지막으로 이 경우는 주어진 조건을 모두 만족하고 있는 상황이다. 따라서 초록 모자를 쓰고 있는 사람은 B이고, A입장에서 왼편에 앉은 사람은 D이다.

정답 ④

33 | 짝짓기(2항목)

| 문제 1 |

철학과 교수 7명(A ~ G)은 〈조건〉에 따라 신학기 과목을 개설하려고 한다. 각 교수의 강의 가능 과목이 〈보기〉와 같을 때 다음 중 옳지 않은 것은?

조건

- 학과장인 C는 한 과목만 가르칠 수 있다.
- 학과장인 C는 일주일에 하루만 가르칠 수 있다.
- 학과장 이외의 다른 교수들은 모두 두 과목씩 가르쳐야 한다.
- 윤리학과 논리학은 각각 적어도 두 강좌가 개설된다.
- 윤리학은 일주일에 이틀 동안 강의하며, 논리학도 마찬가지다.
- 윤리학과 논리학 이외에는 동일 과목이 동시에 개설될 수 없다.

보기

- A : 논리학, 언어철학, 과학철학
- B : 희랍철학, 근세철학, 윤리학
- C : 과학철학, 논리학, 윤리학
- D : 인식론, 논리학, 형이상학
- E : 언어철학, 수리철학, 논리학
- F : 인식론, 심리철학, 미학
- G : 윤리학, 사회철학, 근세철학

① 학과장은 과학철학을 강의한다.
② 논리학은 최대 3강좌가 개설될 수 있다.
③ 인식론과 심리철학이 둘 다 개설될 수도 있다.
④ 형이상학이 개설되면 인식론은 개설될 수 없다.
⑤ 희랍철학과 사회철학이 둘 다 개설될 수도 있다.

학과장인 C는 한 과목만 가르칠 수 있으며, 일주일에 하루만 가르칠 수 있다고 하였으므로 논리학과 윤리학은 불가능하다. 따라서 C는 과학철학을 가르칠 수 있다. 그런데 윤리학과 논리학 이외에는 동일 과목이 동시에 개설될 수 없으므로 A의 과학철학은 개설될 수 없다. 따라서 A는 논리학과 언어철학을 가르치게 된다. 이제 E를 살펴보면 위와 같은 논리로 언어철학은 개설될 수 없으므로 E는 수리철학과 논리학을 가르치게 된다. 또한 윤리학은 적어도 두 강좌가 개설된다고 하였으므로 B와 G 모두 윤리학을 가르쳐야 함을 알 수 있다. 지금까지의 내용을 정리하면 다음과 같다.

- A : 논리학, 언어철학
- B : 윤리학, (희랍철학 or 근세철학)
- C : 과학철학
- D : (인식론, 논리학, 형이상학 중 2과목)
- E : 수리철학, 논리학
- F : (인식론, 심리철학, 미학 중 2과목)
- G : 윤리학, (사회철학 or 근세철학)

따라서 D가 형이상학과 인식론을 강의하고 F가 심리철학과 미학을 강의하는 경우가 가능하므로 ④는 옳지 않은 내용이다.

오답분석

① 학과장 C는 과학철학만 강의하므로 옳은 내용이다.

② D가 논리학을 강의하게 될 경우 논리학은 A, D, E 등 3강좌가 개설될 수 있으므로 옳은 내용이다.

③ F가 인식론과 심리철학을 강의하고, D가 논리학과 형이상학을 강의하는 경우가 가능하므로 옳은 내용이다.

⑤ B가 윤리학과 희랍철학을 강의하고, G가 윤리학과 사회철학을 강의하는 경우가 가능하므로 옳은 내용이다. 이 경우 근세철학은 개설되지 않는다.

정답 ④

| 문제 2 |

콩쥐, 팥쥐, 향단, 춘향 네 사람은 함께 마을 잔치에 참석하기로 했다. 족두리, 치마, 고무신을 빨간색, 파란색, 노란색, 검은색 색깔별로 총 12개의 물품을 공동으로 구입하여, 각자 다른 색의 족두리, 치마, 고무신을 하나씩 빠짐없이 착용하기로 했다. 예를 들어, 어떤 사람이 빨간색 족두리, 파란색 치마를 착용한다면, 고무신은 노란색 또는 검은색으로 착용해야 한다. 〈조건〉을 미루어 보아 반드시 참인 것은?

> **조건**
> • 선호하는 것을 배정받고, 싫어하는 것은 배정받지 않는다.
> • 콩쥐는 빨간색 치마를 선호하고, 파란색 고무신을 싫어한다.
> • 팥쥐는 노란색을 싫어하고, 검은색 고무신을 선호한다.
> • 향단은 검은색 치마를 싫어한다.
> • 춘향은 빨간색을 싫어한다.

① 콩쥐는 검은색 족두리를 착용한다.
② 팥쥐는 노란색 족두리를 착용한다.
③ 향단이는 파란색 고무신을 착용한다.
④ 춘향이는 검은색 치마를 착용한다.
⑤ 빨간색 고무신을 착용하는 사람은 파란색 족두리를 착용한다.

조건을 정리하여 표로 나타내면 다음과 같다.

구분	빨간색	파란색	노란색	검은색
족두리	팥쥐	콩쥐 or 향단	춘향	콩쥐 or 향단
치마	콩쥐	팥쥐	향단	춘향
고무신	향단	춘향	콩쥐	팥쥐

따라서 반드시 참인 것은 ④이다.

오답분석
①·⑤ 콩쥐와 향단이가 파란색과 검은색 족두리 중 어느 것을 배정받을지는 알 수 없다.

정답 ④

| 문제 3 |

정희, 철수, 순이, 영희는 다음 〈조건〉에 따라 영어, 불어, 독어, 일어를 배운다. 반드시 참인 것은?

조건

- 네 사람은 각각 최소한 한 가지 언어에서 최대 세 가지 언어를 배운다.
- 한 사람만 영어를 배운다.
- 두 사람만 불어를 배운다.
- 독어를 배우는 사람은 최소 두 명이다.
- 일어를 배우는 사람은 모두 세 명이다.
- 정희나 철수가 배우는 어떤 언어도 순이는 배우지 않는다.
- 순이가 배우는 어떤 언어도 영희는 배우지 않는다.
- 정희가 배우는 언어는 모두 영희도 배운다.
- 영희가 배우는 언어 중에 정희가 배우지만 철수는 배우지 않는 언어가 있다.

① 순이는 일어를 배운다.

② 순이는 영어, 불어를 배운다.

③ 영희는 불어, 독어, 일어를 배운다.

④ 정희는 영어, 불어, 독어를 배운다.

⑤ 철수는 불어를 배운다.

정답 | 해설

주어진 조건을 통해 다음과 같은 도표를 만든다.

구분	영어	불어	독어	일어
정희		O / X	O / X	O
철수		O / X	O / X	O
순이	O			
영희		O	O	O
인원(8명 이상)	1명	2명	2명 이상	3명

6번째, 7번째 조건에 따라 순이가 배우는 언어는 정희, 철수, 영희와 겹치지 않으므로 순이는 영어를 배운다. 다음으로 일어는 3명이 배워야 하므로 정희, 철수, 영희가 배운다. 마지막으로 정희가 배우면 영희도 무조건 배워야 하는데, 불어와 독어는 2명 또는 2명 이상이 배워야 하므로 영희와 정희가 모두 불어를 배우거나, 영희는 배우고 정희는 배우지 않는다. 따라서 영희는 반드시 불어, 독어, 일어를 배운다.

정답 ③

34 | 짝짓기(3항목)

| 문제 1 |

약국에 희경, 은정, 소미, 정선 4명의 손님이 방문하였다. 약사는 이들로부터 처방전을 받아 A ~ D 네 봉지의 약을 조제하였다. 다음 〈조건〉이 참일 때 옳은 것은?

> **조건**
> • 방문한 손님들의 병명은 각각 몸살, 배탈, 치통, 피부병이다.
> • 은정이의 약은 B에 해당하고, 은정이는 몸살이나 배탈 환자가 아니다.
> • A는 배탈 환자에 사용되는 약이 아니다.
> • D는 연고를 포함하고 있는데, 이 연고는 피부병에만 사용된다.
> • 희경이는 임산부이고, A와 D에는 임산부가 먹어서는 안 되는 약품이 사용되었다.
> • 소미는 몸살 환자가 아니다.

① 은정이는 피부병에 걸렸다.

② 정선이는 몸살이 났고, 이에 해당하는 약은 C이다.

③ 소미는 치통 환자이다.

④ 희경이는 배탈이 났다.

⑤ 소미의 약은 A이다.

정답 해설

두 번째, 네 번째 조건에 의해 B는 치통에 사용되는 약이고, 세 번째, 네 번째 조건에 의해 A는 몸살에 사용되는 약이다.
∴ A - 몸살, B - 치통, C - 배탈, D - 피부병
두 번째, 다섯 번째 조건에 의해 은정이의 처방전은 B, 희경이의 처방전은 C에 해당된다. 그러면 소미의 처방전은 마지막 조건에 의해 D에 해당된다.
∴ A - 정선, B - 은정, C - 희경, D - 소미

정답 ④

| 문제 2 |

K공사의 A ~ C는 이번 신입사원 교육에서 각각 인사, 사업, 영업 교육을 맡게 되었다. 다음 〈조건〉을 참고할 때, 순서대로 바르게 연결한 것은?

조건

- 교육은 각각 2시간, 1시간 30분, 1시간 동안 진행된다.
- A, B, C 중 2명은 과장이며, 나머지 한 명은 부장이다.
- 부장은 B보다 짧게 교육을 진행한다.
- A가 가장 오랜 시간 동안 사업 교육을 진행한다.
- 교육 시간은 인사 교육이 가장 짧다.

	직원	담당 교육	교육 시간
①	B과장	인사 교육	1시간
②	B부장	영업 교육	1시간
③	C부장	인사 교육	1시간
④	C부장	인사 교육	1시간 30분
⑤	C과장	영업 교육	1시간 30분

정답 해설

주어진 조건에 따르면 가장 오랜 시간 동안 사업 교육을 진행하는 A와 부장보다 길게 교육을 진행하는 B는 부장이 될 수 없으므로 C가 부장임을 알 수 있다. 이때, 다섯 번째 조건에 따라 C부장은 교육 시간이 가장 짧은 인사 교육을 담당하는 것을 알 수 있다. 이를 표로 정리하면 다음과 같다.

구분	인사 교육	영업 교육	사업 교육
시간	1시간	1시간 30분	2시간
담당	C	B	A
직급	부장	과장	과장

따라서 바르게 연결된 것은 ③이다.

정답 ③

35 | 입체적 배치

| 문제 1 |

S호텔은 지상 5층 건물이다. 각 층은 1인용 객실 하나와 2인용 객실 하나로 이루어져 있다. 1인용 객실은 1명만이 투숙할 수 있으며, 2인용 객실은 2명이 투숙하는 것이 원칙이나 1명이 투숙할 수도 있다. 현재 이 호텔에는 9명의 손님 A~I가 투숙하고 있으며, 투숙 상황이 다음과 같을 때 참이 아닌 것은?

> (가) B, E, G, H만 1인용 객실에 투숙하고 있다.
> (나) 2층 2인용 객실과 3층 1인용 객실에만 투숙객이 없다.
> (다) A와 C는 부부로 같은 객실에 투숙하고 있다. 또한 이들은 E보다 두 층 아래에 투숙하고 있다.
> (라) G와 I는 같은 층에 투숙하고 있다. 그리고 이들이 투숙하고 있는 층은 H보다 한 층 아래에 있다.

① A와 C는 I보다 위층에 투숙하고 있다.
② H는 B보다 아래층에 투숙하고 있다.
③ D는 B보다 위층에 투숙하고 있다.
④ F는 B보다 아래층에 투숙하고 있지 않다.
⑤ A와 C는 D보다 위층에 투숙하고 있지 않다.

먼저 (가)와 (나)를 반영한 투숙 상황을 정리하면 다음과 같다.

구분	1인실	2인실
	B, E, G, H	A, C, D, F, I
5층		
4층		
3층	×	
2층		×
1층		

다음으로 (다)를 반영하면 아래의 경우만 가능하다는 것을 알 수 있다.

구분	1인실	2인실
	B, E, G, H	A, C, D, F, I
5층	E	
4층		
3층	×	A, C
2층		×
1층		

이제 여기에 (라)를 반영하면 다음의 경우만 가능하다는 것을 알 수 있다.

구분	1인실	2인실
	B, E, G, H	A, C, D, F, I
5층	E	
4층		
3층	×	A, C
2층	H	×
1층	G	I

마지막으로 남은 손님들을 배치하면 다음의 경우가 가능함을 알 수 있다.

구분	1인실	2인실
	B, E, G, H	A, C, D, F, I
5층	E	D / F
4층	B	F / D
3층	×	A, C
2층	H	×
1층	G	I

B는 4층 1인실에 투숙 중이고 D는 4층 2인실 또는 5층 2인실에 투숙 중이므로, 두 손님(B, D)이 같은 층에 투숙할 수도 있다. 따라서 옳지 않은 내용이다.

오답분석

① A와 C는 3층 2인실에 투숙 중이고 I는 1층 2인실에 투숙 중이므로 옳은 내용이다.
② H는 2층 1인실에 투숙 중이고 B는 4층 1인실에 투숙 중이므로 옳은 내용이다.
④ B는 4층 1인실에 투숙 중이고 F는 4층 2인실 또는 5층 2인실에 투숙 중이므로 옳은 내용이다.
⑤ A와 C는 3층 2인실에 투숙 중이고 D는 4층 2인실 또는 5층 2인실에 투숙 중이므로 옳은 내용이다.

정답 ③

| 문제 2 |

다음 그림과 같이 각 층에 1인 1실의 방이 4개 있는 3층 호텔에 A ~ I 총 9명이 투숙해 있다. 주어진 〈조건〉에 따라 반드시 옳은 것은?

좌	301호	302호	303호	304호	우
	201호	202호	203호	204호	
	101호	102호	103호	104호	

조건

• 각 층에는 3명씩 투숙해 있다.
• A의 바로 위에는 C가 투숙해 있으며, A의 바로 오른쪽 방에는 아무도 투숙해 있지 않다.
• B의 바로 위의 방에는 아무도 투숙해 있지 않다.
• C의 바로 왼쪽에 있는 방에는 아무도 투숙해 있지 않으며, C는 D와 같은 층에 인접해 있다.
• D는 E의 바로 아래의 방에 투숙해 있다.
• E, F, G는 같은 층에 투숙해 있다.
• G의 옆방에는 아무도 투숙해 있지 않다.
• I는 H보다 위층에 투숙해 있다.

① B는 101호에 투숙해 있다.
② D는 204호에 투숙해 있다.
③ F는 304호에 투숙해 있다.
④ G는 301호에 투숙해 있다.
⑤ A, C, F는 같은 열에 투숙해 있다.

정답 해설

가장 먼저 확정지어야 할 것은 첫 번째, 세 번째, 다섯 번째, 여섯 번째 조건으로 인해 E, F, G가 3층에 투숙해야 한다는 점이며 이를 시작점으로 하여 나머지 조건을 정리하면 다음의 2가지 경우가 가능하다.

• 경우 1

G		F	E
I		C	D
H	B	A	

• 경우 2

G		E	F
	C	D	I
B	A		H

따라서 어느 경우에도 G는 301호에 투숙하게 되므로 ④는 반드시 옳다.

오답분석

① · ③ 경우 2에만 해당되므로 반드시 옳은 것은 아니다.
② · ⑤ 경우 1에만 해당되므로 반드시 옳은 것은 아니다.

정답 ④

다음 글과 〈조건〉을 바탕으로 항상 옳은 것은?

> 7층 건물에 A, B, C, D, E, F, G가 살고, 각자 좋아하는 스포츠는 축구, 야구, 농구가 있다. 이들이 기르는 반려동물로는 개, 고양이, 새가 있다.

조건

- 한 층에 한 명이 산다.
- 이웃한 사람끼리는 서로 다른 스포츠를 좋아하고 다른 반려동물을 한 마리만 기른다.
- G는 맨 위층에 산다.
- 짝수 층 사람들은 축구를 좋아한다.
- B는 유일하게 개를 기르는 사람이다.
- 2층에 사는 사람은 고양이를 키운다.
- E는 농구를 좋아하며, D는 새를 키운다.
- A는 E의 아래층에 살며, B의 위층에 산다.
- 개는 1층에서만 키울 수 있다.

① C와 E는 이웃한다.
② G는 야구를 좋아하며 새를 키운다.
③ 홀수 층에 사는 사람은 모두 새를 키운다.
④ D는 5층에 산다.
⑤ F는 6층에 살며 고양이를 키운다.

정답 해설

제시된 조건을 표로 정리하면 다음과 같다.

구분	동물
7층	( ), G, 새
6층	축구, ( ), 고양이
5층	( ), D, 새
4층	축구, ( ), 고양이
3층	농구, E, 새
2층	축구, A, 고양이
1층	( ), B, 개

따라서 항상 옳은 것은 ④이다.

오답분석

① C와 E가 이웃하려면 C가 4층에 살아야 하는데 조건만으로는 정확히 알 수 없다.
② G는 7층에 살며 새를 키우지만 어떤 스포츠를 좋아하는지 알 수 없다.
③ B는 유일하게 개를 키우고 개를 키우는 사람은 1층에 산다. 그러므로 홀수 층에 사는 사람이 모두 새를 키운다고 할 수는 없다.
⑤ F가 4층에 사는지 6층에 사는지 알 수 없다.

정답 ④

| 문제 4 |

시집, 수필, 잡지, 동화, 사전, 소설, 그림책이 〈조건〉에 따라 책상 위에 쌓여 있다. 다음 중 옳은 것은?(단, 한 층에는 한 권의 책만 쌓여 있다)

> **조건**
> - 잡지는 시집보다는 위에, 그림책보다는 아래에 있다.
> - 동화는 사전보다 위에 있지만 사전과 맞닿아 있지는 않다.
> - 수필은 잡지보다 위에 있다.
> - 시집의 위치는 맨 아래가 아니다.
> - 잡지와 동화는 책 하나를 사이에 두고 있다.
> - 소설은 수필과 맞닿아 있지만 맨 위는 아니다.

① 수필은 맨 위에 있다.
② 그림책은 동화와 맞닿아 있지 않다.
③ 정중앙에 위치한 책은 잡지이다.
④ 동화는 그림책보다 아래에 있다.
⑤ 시집은 아래에서 세 번째에 있다.

정답 | 해설

시집＜잡지＜그림책, 소설, 수필이고 사전＜동화인데, 시집의 위치가 맨 아래가 아니라고 하였으므로 사전＜시집＜잡지＜그림책, 소설, 수필이다. 또한 잡지와 동화는 책 하나를 사이에 두고 있다고 하였는데, 만약 잡지 아래에 있는 시집을 사이에 둘 경우 사전＜동화＜시집＜잡지가 되어 두 번째 조건에 어긋난다. 따라서 잡지＜?＜동화가 되어야 하는데, 수필과 소설은 서로 맞닿아 있어야 하고 소설은 맨 위가 아니므로, 잡지＜그림책＜동화＜소설＜수필이 된다. 이를 정리하면 다음과 같다.

수필
소설
동화
그림책
잡지
시집
사전

오답분석
② 그림책은 동화와 맞닿아 있다.
③ 정중앙에 위치한 책은 그림책이다.
④ 동화는 그림책보다 위에 있다.
⑤ 시집은 아래에서 두 번째에 있다.

정답 ①

03 수리퍼즐

01 유형의 이해

크게 보아 계산형 문제에 속하면서 또 어떤 면에서는 논리퍼즐의 요소도 가지고 있지만 세부적인 풀이과정에서 특히 수리적인 추론과정이 깊이 있게 개입되는 유형을 의미한다. 실상 이 유형의 계산이라는 것은 산수의 수준을 벗어나지 않지만 그 산식을 이끌어내기까지의 과정이 만만치 않은 편이다. 주로 대소관계 및 숫자의 중복 사용 금지와 같은 조건이 사용된다. 가장 대표적인 것이 학창시절 많이 해보았을 숫자야구이다.

02 접근법

(1) 대소관계

주어진 조건을 활용하여 대상들의 크기를 비교하는 유형이며 가장 대표적인 유형이다. 다만 일부 대상은 대소관계가 명확하지 않아 경우의 수를 따져야 하는 상황이 발생한다. 이를 풀이할 때에는 올바른 도식화가 필수적이며 각각의 경우의 수 중 모순이 발생하는 상황을 빠르게 제거하는 것이 관건이다.

(2) 연립방정식

두 식을 서로 차감하여 변수의 값을 찾아내는 유형이다. 최근에는 연립방정식 자체를 풀이하게끔 하는 경우보다 이처럼 식과 식의 관계를 통해 문제를 풀어야 하는 경우가 종종 출제된다. 가장 중요한 것은 변수의 수를 최소화하는 것이다.

(3) 응용

미지수가 포함된 두 수치의 대소비교가 필요한 경우 두 산식을 차감하여 이의 부호를 확인하는 것이 가장 정확한 방법이다. 물론, 임의의 수를 대입하여 계산하는 방법도 있을 수 있으나 분기점을 기준으로 대소관계가 바뀌는 경우도 존재할 수 있으므로 가급적 위와 같이 판단하는 것을 추천한다.

수리퍼즐의 풀이를 위해 올바른 도식화가 필수적이라고 하였다. 그런데 도식화를 하다보면 어느 것을 기준으로 삼아 나머지 항목들을 배치할 것인지가 애매한 경우가 종종 있다(대소관계에 맞게 항목들을 좌우로 배치하는 경우). 이 경우에는 일단 조건에서 가장 많이 등장하는 것을 중심에 놓고 대소관계를 판단해보는 것을 추천한다.

대표예제

다음 상황과 대화를 근거로 판단할 때 6월생은?

〈상황〉

- 같은 해에 태어난 5명(지나, 정선, 혜명, 민경, 효인)은 각자 자신의 생일을 알고 있다.
- 5명은 자신을 제외한 나머지 4명의 생일이 언제인지는 모르지만, 3월생이 2명, 6월생이 1명, 9월생이 2명이라는 사실은 알고 있다.
- 아래 대화는 5명이 한 자리에 모여 나눈 대화를 순서대로 기록한 것이다.
- 5명은 대화의 진행에 따라 상황을 논리적으로 판단하고, 솔직하게 대답한다.

〈대화〉

민경 : 지나야, 네 생일이 5명 중에서 제일 빠르니?
지나 : 그럴 수도 있지만 확실히는 모르겠어.
정선 : 혜명아, 네가 지나보다 생일이 빠르니?
혜명 : 그럴 수도 있지만 확실히는 모르겠어.
지나 : 민경아, 넌 정선이가 몇 월생인지 알겠니?
민경 : 아니, 모르겠어.
혜명 : 효인아, 넌 민경이보다 생일이 빠르니?
효인 : 그럴 수도 있지만 확실히는 모르겠어.

① 지나 　　　　　　　　　② 정선
③ 혜명 　　　　　　　　　④ 민경
⑤ 효인

주어진 질문과 대답을 순서대로 살펴보면 다음과 같다.

ⅰ) 민경과 지나 : 생일이 5명 중에서 가장 빠를 가능성이 있다고 하였으므로 지나의 생일은 3월이 되어야 한다. 다만 다른 3월생의 날짜를 알지 못하므로 가장 빠른지의 여부를 확신하지 못하는 것이다.

ⅱ) 정선과 혜명 : 앞의 대화에서 지나가 3월생이라고 하였는데 정선의 생일이 그보다 빠를 가능성이 있다고 하였다. 따라서 나머지 3월생은 혜명이 된다.

ⅲ) 지나와 민경 : 이제 남은 자리는 6월(1명)과 9월(2명)이다. 만약 민경이 6월생이라면 나머지 정선과 효인은 9월이 되어야 하므로 몇 월생인지는 알 수 있다. 하지만 그렇지 않다고 하였으므로 민경은 9월생이 되어야 한다.

ⅳ) 혜명과 효인 : 민경이 9월생인데 효인은 자신이 민경보다 생일이 빠른지를 확신할 수 없다고 하였다. 만약 효인이 6월생이었다면 당연히 자신의 생일이 빠르다는 것을 알 수 있지만 그렇지 않다고 하였으므로 효인은 9월생이어야 한다.

ⅴ) 따라서 남은 6월생의 자리에는 정선이 들어가게 된다.

정답 ②

제시문 접근법
상황과 대화를 살펴보면 5명의 등장인물에 대한 대화가 주어져 있음을 알 수 있다. 하지만 외형적으로는 특징적인 부분이 없으며 각각의 대화의 분량도 비슷한 상황이다. 이 경우가 가장 만나고 싶지 않은 상황이며 처음부터 차근차근 풀어가는 방법 이외에는 별다른 방법이 없다.

체크할 부분
상황에서 제시된 내용 중 두 개는 별 의미가 없는 내용들이다. 이런 허수 정보들은 빠르게 읽고 넘겨야 할 것이다. 통상적으로 대화로 주어지는 내용들은 외형적으로는 매우 가볍게 느껴지지만 단어, 문구 하나하나가 의미를 지니는 경우가 많다. 이 문제의 경우는 '그럴 수도 있지만 확실히는 모르겠어.'라는 내용이 그것이다.

36 | 숫자들의 관계를 이용한 게임

| 문제 1 |

다음 글과 대화를 근거로 판단할 때 대장 두더지는?

- 갑은 튀어나온 두더지를 뿅망치로 때리는 '두더지 게임'을 했다.
- 두더지는 총 5마리(A ~ E)이며, 이 중 1마리는 대장 두더지이고 나머지 4마리는 부하 두더지이다.
- 대장 두더지를 맞혔을 때는 2점, 부하 두더지를 맞혔을 때는 1점을 획득한다.
- 두더지 게임 결과, 갑은 총 14점을 획득하였다.
- 두더지 게임이 끝난 후 두더지들은 아래와 같은 대화를 하였다.

두더지 A : 나는 맞은 두더지 중에 가장 적게 맞았고, 맞은 횟수는 짝수야.
두더지 B : 나는 두더지 C와 똑같은 횟수로 맞았어.
두더지 C : 나와 두더지 A, 두더지 D가 맞은 횟수를 모두 더하면 모든 두더지가 맞은 횟수의 3/4이야.
두더지 D : 우리 중에 한 번도 맞지 않은 두더지가 1마리 있지만 나는 아니야.
두더지 E : 우리가 맞은 횟수를 모두 더하면 12번이야.

① 두더지 A   ② 두더지 B
③ 두더지 C   ④ 두더지 D
⑤ 두더지 E

정답 해설

게임 결과 총 14점을 획득하였고 두더지를 맞힌 횟수를 모두 더하면 12번이므로 대장 두더지 2번, 부하 두더지 10번을 맞혔음을 알 수 있다.

먼저 A는 대장이든 부하든 상관없이 2번 맞았다고밖에 볼 수 없다. 왜냐하면, 대장 두더지가 2번 맞은 것이 확정된 상황에서 만약 A가 2번이 아닌 다른 짝수 횟수만큼(4번) 맞았다고 한다면 A는 맞은 두더지 중에 가장 적게 맞은 것이 아니기 때문이다. 또한 A는 '맞은 두더지 중'에 가장 적게 '맞았다'는 부분을 통해 0이 될 수 없다.

또한 한 번도 맞지 않은 두더지가 1마리라는 점에서 B와 C는 모두 아님을 알 수 있으며, D 역시 자신의 발언을 통해 아님을 확정할 수 있다. 따라서 한 번도 맞지 않은 두더지는 E이다.

다음으로 A, C, D가 맞은 횟수의 합이 9이므로 이를 만족하는 경우를 따져보면 다음과 같다.

A	B	C	D	E	합
2		2	5	0	
2		3	4	0	
2		4	3	0	
2		5	2	0	

또한 B와 C가 같다는 조건과 전체 맞은 횟수의 합이 12라는 점을 고려하면 아래의 표와 같이 정리할 수 있다.

A	B	C	D	E	합
2	2	2	5	0	11(×)
2	3	3	4	0	12
2	4	4	3	0	13(×)
2	5	5	2	0	14(×)

따라서 위의 표에서 두 번째 경우만 모든 조건을 충족하며, 이 중 2번 맞은 것은 A뿐이므로 A가 대장 두더지임을 알 수 있다.

정답 ①

| 문제 2 |

갑과 을이 〈조건〉에 따라 게임을 할 때 옳지 않은 것은?

> **조건**
> • 갑과 을은 다음과 같이 시각을 표시하는 하나의 시계를 가지고 게임을 한다.
>
> | 0 | 9 | : | 1 | 5 |
>
> • 갑, 을 각자가 일어났을 때, 시계에 표시된 4개의 숫자를 합산하여 게임의 승패를 결정한다. 숫자의 합이 더 작은 사람이 이기고, 숫자의 합이 같을 때는 비긴다.
> • 갑은 오전 6:00 ~ 오전 6:59에 일어나고, 을은 오전 7:00 ~ 오전 7:59에 일어난다.

① 갑이 오전 6시 정각에 일어나면, 반드시 갑이 이긴다.

② 을이 오전 7시 59분에 일어나면, 반드시 을이 진다.

③ 을이 오전 7시 30분에 일어나고, 갑이 오전 6시 30분 전에 일어나면 반드시 갑이 이긴다.

④ 갑과 을이 정확히 1시간 간격으로 일어나면, 반드시 갑이 이긴다.

⑤ 갑과 을이 정확히 50분 간격으로 일어나면, 갑과 을은 비긴다.

정답 | **해설**

을이 오전 7시 30분에 일어나고 갑이 오전 6시 30분 전에 일어나면 갑이 이길 수도 있고 질 수도 있다.

오답분석

① 갑이 오전 6시 정각에 일어나면 을이 오전 7시 정각에 일어나도 갑의 합산 결과가 6으로 이긴다.

② 4개의 숫자를 합산하여 제일 큰 수를 만드는 경우는 을이 오전 7시 59분에 일어났을 때와 갑이 오전 6시 59분에 일어났을 때이며 합은 각각 21, 20이다. 그러므로 을이 오전 7시 59분에 일어나면 을은 반드시 진다.

④ 갑과 을이 정확히 한 시간 간격으로 일어나면 분에 해당하는 두 자리는 같게 된다. 따라서 앞의 숫자가 작은 갑이 이기게 된다.

⑤ ④에서 한 시간 차이가 났을 때는 1 차이로 갑이 이겼다. 여기에서 10분 차이가 나는 50분 간격으로 일어나면 한 시간 차이가 났을 때보다 을은 10분 빨리 일어나게 되어 1 차이가 없어진다. 따라서 갑과 을은 비기게 된다.

정답 ③

다음 글을 근거로 판단할 때, 〈보기〉에서 옳은 것만을 모두 고르면?

- 甲과 乙이 아래와 같은 방식으로 농구공 던지기 놀이를 하였다.
  - 甲과 乙은 각 5회씩 도전하고, 합계 점수가 더 높은 사람이 승리한다.
  - 2점 슛과 3점 슛을 자유롭게 선택하여 도전할 수 있으며, 성공하면 해당 점수를 획득한다.
  - 5회의 도전 중 4점 슛 도전이 1번 가능한데, '4점 도전'이라고 외친 후 뒤돌아서서 슛을 하여 성공하면 4점을 획득하고, 실패하면 1점을 잃는다.
- 甲과 乙의 던지기 결과는 다음과 같았다.

(성공 : ○, 실패 : ×)

구분	1회	2회	3회	4회	5회
甲	○	×	○	○	○
乙	○	○	×	×	○

보기

ㄱ. 甲의 합계 점수는 8점 이상이었다.
ㄴ. 甲이 3점 슛에 2번 도전하였고 乙이 승리하였다면, 乙은 4점 슛에 도전하였을 것이다.
ㄷ. 4점 슛뿐만 아니라 2점 슛, 3점 슛에 대해서도 실패 시 1점을 차감하였다면, 甲이 승리하였을 것이다.

① ㄱ
② ㄴ
③ ㄱ, ㄴ
④ ㄱ, ㄷ
⑤ ㄴ, ㄷ

정답 해설

만약 乙이 4점 슛에 도전하지 않은 상태라면 이때 얻을 수 있는 최대 득점은 1, 2, 5회 차에 모두 3점 슛을 성공시킨 9점이다. 甲이 3점 슛에 2번 도전하였을 경우의 최소 득점은 3점 슛을 1번 성공하고 2점 슛을 3번 성공시킨 9점이다. 따라서 乙이 4점 슛에 도전하지 않은 상태라면 甲에게 승리할 수 없으므로 만약 乙이 甲에게 승리하였다면 반드시 4점 슛에 도전했을 것이다.

오답분석

ㄱ. 甲이 2회 차에 4점 슛을 실패하고 나머지 회차에 2점 슛을 성공시키는 경우가 합계 점수가 최소가 되는 경우인데 이때의 득점은 7점이다.
ㄷ. 선택지의 조건을 적용했을 때 乙의 최댓값보다 甲의 최솟값이 더 크다면 甲은 항상 승리하게 된다. ㄱ에서 甲의 최솟값은 7점임을 알 수 있었으며, 乙의 최댓값은 4점 슛 1번, 3점 슛 2번을 성공한 8점이다. 따라서 항상 甲이 승리하는 것은 아니다.

정답 ②

37 | 생소한 규칙

| 문제 1 |

다음 글을 근거로 판단할 때, 〈보기〉에서 옳은 설명을 모두 고르면?(단, 다른 조건은 고려하지 않는다)

> 다양한 무게의 짐 12개를 아래의 방법에 따라 최소 개수의 상자에 넣으려고 한다. 각각의 짐 무게는 아래와 같고, 좌측부터 순서대로 도착했다. 하나의 짐을 분리하여 여러 상자에 나누어 넣을 수 없으며, 포장된 상자에는 짐을 추가로 넣을 수 없다.
>
> 6, 5, 5, 4, 2, 3, 6, 5, 4, 5, 7, 8 (단위 : kg)
>
> 방법 1. 도착한 순서대로 짐을 상자에 넣는다. 짐을 상자에 넣어 10kg이 넘을 경우, 그 짐을 넣지 않고 상자를 포장한다. 그 후 짐을 다음 상자에 넣는다.
> 방법 2. 모든 짐을 무게 순으로 재배열한 후 무거운 짐부터 순서대로 상자에 넣는다. 짐을 상자에 넣어 10kg이 넘을 경우, 그 짐을 넣지 않고 상자를 포장한다. 그 후 짐을 다음 상자에 넣는다.

보기

ㄱ. 방법 1과 방법 2의 경우, 필요한 상자의 개수가 다르다.
ㄴ. 방법 1의 경우, 10kg까지 채워지지 않은 상자들에 들어간 짐의 무게의 합은 50kg이다.
ㄷ. 방법 2의 경우, 10kg이 채워진 상자의 수는 2개이다.

① ㄴ 　　　　　　　　　　② ㄷ
③ ㄱ, ㄴ 　　　　　　　　　④ ㄱ, ㄷ
⑤ ㄴ, ㄷ

정답 **해설**

제시된 방법 1과 방법 2에 따라 짐들을 포장하면 다음과 같다.
• 방법 1
　(6), (5, 5), (4, 2, 3), (6), (5, 4), (5), (7), (8)
• 방법 2
　먼저 무게 순서대로 재배열하면 8, 7, 6, 6, 5, 5, 5, 5, 4, 4, 3, 2이며, 이를 방법 2에 따라 포장하면 (8), (7), (6), (6), (5, 5), (5, 5), (4, 4), (3, 2)가 된다.
ㄴ. 방법 1에서 10kg까지 채워지지 않은 상자는 (6), (4, 2, 3), (6), (5, 4), (5), (7), (8)의 6개이며 이들에 들어간 짐의 무게의 합은 총 50kg이므로 옳은 내용이다.
ㄷ. 방법 2에서 10kg이 채워진 상자는 (5, 5), (5, 5)의 두 개이므로 옳은 내용이다.

오답분석

ㄱ. 방법 1과 방법 2 모두 8개의 상자에 넣을 수 있으므로 옳지 않다.

정답 ⑤

| 문제 2 |

다음 글을 근거로 판단할 때, 〈보기〉의 빈칸에 들어갈 내용을 바르게 짝지은 것은?

A국에서는 1 ~ 49까지 숫자를 셀 때 다음과 같은 명칭과 규칙을 사용한다. 1 ~ 5는 아래와 같이 표현한다.

1 → tai
2 → lua
3 → tolu
4 → vari
5 → luna

- 6에서 9까지의 수는 위 명칭에 '새로운'이라는 뜻을 가진 'o'를 앞에 붙여 쓰는데, 6은 otai(새로운 하나), 7은 olua(새로운 둘), 8은 otolu(새로운 셋), …(으)로 표현한다.
- 10은 5가 두 개 더해진 것이므로 '두 개의 다섯'이란 뜻에서 lualuna(2×5), 15는 '세 개의 다섯'이란 뜻에서 toluluna(3×5), 20은 variluna(4×5), …(으)로 표현한다. 즉, 5를 포함하는 두 개 숫자의 곱이다.
- 11부터는 '더하기'라는 뜻을 가진 'i'를 중간에 넣고, 그 다음에 1 ~ 4 사이의 숫자 하나를 순서대로 넣어서 표현한다. 따라서 11은 lualuna i tai($2 \times 5 + 1$), 12는 lualuna i lua($2 \times 5 + 2$), …, 16은 toluluna i tai($3 \times 5 + 1$), 17은 toluluna i lua($3 \times 5 + 2$), …(으)로 표현한다.

> **보기**
>
> ㄱ. 30은 ____로 표현한다.
> ㄴ. ovariluna i tolu는 숫자 ____이다.

		ㄱ	ㄴ
①		otailuna	48
②		otailuna	23
③		lualualuna	48
④		tolulualuna	17
⑤		tolulualuna	23

정답 해설

ㄱ. 5의 배수는 A×5로 표현되므로 30은 6×5, 즉 여섯 개의 다섯으로 바꿔서 나타낼 수 있다. 이에 따라 30은 otailuna(6×5)로 표현된다.

ㄴ. 중간에 i가 들어있다는 것은 i의 앞과 뒤를 더한 숫자라는 것을 의미하므로 ovariluna i tolu는 ovariluna+tolu로 나타낼 수 있다. 여기서 ovari는 다시 o+vari로 분해되어 9임을 알 수 있고, ovari+luna는 ㄱ에서 살펴본 것과 같은 논리로 아홉 개의 다섯으로 해석할 수 있으므로 45임을 알 수 있다. 여기에 i 뒤의 tolu(3)를 더하면 해당되는 숫자는 48이 된다.

정답 ①

다음과 같은 방법으로 〈보기〉에 주어진 수열을 정렬할 때, 다섯 번째 교환이 이루어진 직후의 수열은?

인접한 두 숫자의 크기를 비교하여 교환하는 방식으로 정렬한다. 이때 인접한 두 숫자는 수열의 맨 앞부터 뒤로 이동하며 비교된다. 맨 마지막 숫자까지 비교가 이루어져 가장 큰 수가 맨 뒷자리로 이동하게 되면 한 라운드가 종료된다. 다음 라운드는 맨 뒷자리로 이동한 수를 제외하고 같은 방식으로 비교 및 교환이 이루어 진다. 더 이상 교환할 숫자가 없을 때 정렬이 완료된다. 교환은 두 개의 숫자 중 큰 수를 뒤로 보내 서로 자리를 맞바꾸는 것을 말한다.

〈예시〉

다음은 '30 15 40 10'의 수열을 위의 방법으로 정렬한 것이다. (　　)는 각 단계에서 비교가 이루어지는 인접한 두 숫자를 나타낸다.
• 제1라운드
　(30 15) 40 10 : 30>15이므로 첫 번째 교환
　15 (30 40) 10 : 40>30이므로 교환이 이루어지지 않음
　15 30 (40 10) : 40>10이므로 두 번째 교환
　15 30 10 40 : 가장 큰 수 40이 맨 마지막으로 이동
• 제2라운드(40은 비교 대상에서 제외)
　(15 30) 10 40 : 30>15이므로 교환이 이루어지지 않음
　15 (30 10) 40 : 30>10이므로 세 번째 교환
　15 10 30 40 : 40을 제외한 수 중 가장 큰 수 30이 40 앞으로 이동
• 제3라운드(30, 40은 비교 대상에서 제외)
　(15 10) 30 40 : 15>10이므로 네 번째 교환
　10 15 30 40 : 정렬 완료

보기

	37	82	12	5	56

① 5　12　37　56　82

② 37　12　82　5　56

③ 5　56　12　37　82

④ 12　37　5　56　82

⑤ 12　5　37　56　82

- 1라운드
  (37 82) 12 5 56 : 82>37이므로 교환이 이루어지지 않음
  37 (82 12) 5 56 : 82>12이므로 첫 번째 교환
  37 12 (82 5) 56 : 82>5이므로 두 번째 교환
  37 12 5 (82 56) : 82>56이므로 세 번째 교환
  37 12 5 56 82 : 가장 큰 수 82가 맨 마지막으로 이동
- 2라운드(82는 비교대상에서 제외)
  (37 12) 5 56 82 : 37>12이므로 네 번째 교환
  12 (37 5) 56 82 : 37>5이므로 다섯 번째 교환
  12 5 37 56 82 : 다섯 번째 교환이 이루어진 후의 수열

정답 ⑤

38 | 불확정적인 상황에서의 문제해결

| 문제 1 |

다음 글의 대화 내용이 참일 때, 갑수보다 반드시 나이가 적은 사람만을 모두 고르면?

> 갑수, 을수, 병수, 철희, 정희 다섯 사람은 어느 외국어 학습 모임에서 서로 처음 만났다. 이후 모임을 여러 차례 갖게 되었지만 그들의 관계는 형식적인 관계 이상으로는 발전하지 않았다. 이 모임에서 주도적인 역할을 하고 있는 갑수는 서로 더 친하게 지냈으면 좋겠다는 생각에 뒤풀이를 갖자고 제안했다. 갑수의 제안에 모두 동의했다. 그들은 인근 맥줏집을 찾아갔다. 그 자리에서 그들이 제일 먼저 한 일은 서로의 나이를 묻는 것이었다.
>
> 먼저 갑수가 정희에게 말했다. "정희 씨, 나이가 몇 살이에요?" 정희는 잠시 머뭇거리더니 다음과 같이 말했다. "저는요, 갑수 씨 나이는 알고 있거든요. 어쨌든 갑수 씨보다는 나이가 적어요." 그리고는 "그럼 을수 씨 나이는 어떻게 되세요?"라고 을수에게 물었다. 을수는 "정희 씨, 저는 정희 씨와 철희 씨보다는 나이가 많지 않아요."라고 했다.
>
> 그때 병수가 대뜸 갑수에게 말했다. "그런데 저는 정작 갑수 씨 나이가 궁금해요. 우리들 중에서 리더 역할을 하고 있잖아요. 진짜 나이가 어떻게 되세요?" 갑수가 "저요? 음, 많아야 병수 씨 나이죠."라고 하자, "아, 그렇군요. 그럼 제가 대장해도 될까요? 하하…."라고 병수가 너털웃음을 치며 대꾸했다.
>
> 이때, "그럼 그렇게 하세요. 오늘 술값은 리더가 내시는 거 아시죠?"라고 정희가 끼어들었다. 그리고 "그런데 철희 씨는 좀 어려 보이는데, 몇 살이에요?"라고 물었다. 철희는 다소 수줍은 듯이 고개를 숙였다. 그리고는 "저는 병수 씨와 한 살 차이밖에 나지 않아요. 보기보다 나이가 많죠?"라고 대답했다.

① 정희
② 철희, 을수
③ 정희, 을수
④ 철희, 정희
⑤ 철희, 정희, 을수

정답 **해설**

제시문의 내용을 정리하면 다음과 같다.
ⅰ) 갑수>정희
ⅱ) 을수≤정희
ⅲ) 을수≤철희
ⅳ) 갑수≤병수
ⅴ) (철희+1=병수) or (병수+1=철희)
이를 정리하면, '을수≤정희<갑수'의 관계를 알 수 있으며 병수가 갑수보다 어리지는 않다고 하였으므로 병수는 가장 나이가 적은 사람은 아니게 된다. 그리고 철희의 나이가 병수보다 한 살 더 많은 경우를 생각해본다면, 철희의 나이가 갑수의 나이보다 더 많게 되어 철희는 갑수보다 반드시 나이가 적은 사람이 아니게 된다. 따라서 어떠한 경우에도 갑수보다 나이가 어린 사람은 정희와 을수임을 알 수 있다.

정답 ③

39 | 규칙성을 가지는 숫자

| 문제 1 |

다음 상황을 근거로 판단할 때, 〈보기〉에서 옳은 것만을 모두 고르면?

〈상황〉

• 체육대회에서 8개의 종목을 구성해 각 종목에서 우승 시 얻는 승점을 합하여 각 팀의 최종 순위를 매기고 자 한다.

• 각 종목은 순서대로 진행하고, 3번째 종목부터는 각 종목 우승 시 받는 승점이 그 이전 종목들의 승점을 모두 합한 점수보다 10점 더 많도록 구성하였다.

※ 승점은 각 종목의 우승 시에만 얻을 수 있으며, 모든 종목의 승점은 자연수이다.

보기

ㄱ. 1번째 종목과 2번째 종목의 승점이 각각 10점, 20점이라면 8번째 종목의 승점은 1,000점을 넘게 된다.

ㄴ. 1번째 종목과 2번째 종목의 승점이 각각 100점, 200점이라면 8번째 종목의 승점은 10,000점을 넘게 된다.

ㄷ. 1번째 종목과 2번째 종목의 승점에 상관없이 8번째 종목의 승점은 6번째 종목 승점의 네 배이다.

① ㄱ
② ㄴ
③ ㄱ, ㄷ
④ ㄴ, ㄷ
⑤ ㄱ, ㄴ, ㄷ

정답 | 해설

ㄱ. 1번째 종목과 2번째 종목의 승점이 각각 10점, 20점이라면 8번째 종목의 승점은 1,280점[$=2^5 \times (10+20+10)$]이 되어 1,000 점을 넘게 된다.

ㄷ. 1번째 종목과 2번째 종목의 승점에 상관없이 8번째 종목의 승점은 $2^5 \times (a+b+10)$점이 되어 6번째 종목의 승점인 $2^3 \times (a+b+10)$점의 네 배가 된다.

오답분석

ㄴ. 1번째 종목과 2번째 종목의 승점이 각각 100점, 200점이라면 8번째 종목의 승점은 9,920점[$=2^5 \times (100+200+10)$]이 되어 10,000점을 넘지 못한다.

정답 ③

| 문제 2 |

다음 글을 읽고 판단할 때, 〈보기〉에서 옳은 것을 모두 고르면?

(가) 먼저 직사각형 모양의 종이에서 수직방향의 정가운데를 기준으로 좌측에서 우측으로 접는 경우만을 고려하자. 접은 종이를 처음과 같이 폈을 때, 접은 흔적은 위로 튀어 오른 '마루'와 아래로 접힌 자국의 '골'로 되어 있다.

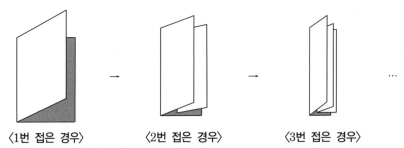

(나) 이제 접었던 종이의 흔적에서 점선으로 표시되는 '골'은 0으로, 실선으로 표시되는 '마루'는 1로 나타내 보자. 오른쪽으로 n번 접은 종이의 흔적을 나타낸 0과 1의 배열을 'C_n'이라고 하자.

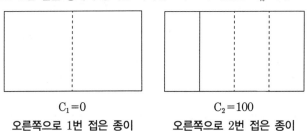

$$C_1 = 0$$
오른쪽으로 1번 접은 종이

$$C_2 = 100$$
오른쪽으로 2번 접은 종이

보기

ㄱ. $C_3 = 1100100$

ㄴ. C_5의 정가운데 숫자는 반드시 0이다.

ㄷ. C_n의 정가운데 숫자를 중심으로 좌우 대칭되는 위치에 있는 숫자는 동일한 경우가 있다(단, n>1이다).

ㄹ. C_n을 구성하는 0의 개수가 1의 개수보다 반드시 많다.

① ㄱ, ㄴ   ② ㄱ, ㄹ

③ ㄴ, ㄹ   ④ ㄱ, ㄴ, ㄹ

⑤ ㄴ, ㄷ, ㄹ

ㄱ. 아래 그림과 같이 $C_2 = 100$에서 새로 생긴 1, 0을 기준으로 좌우에 1, 0이 추가되므로 옳게 나타낸 것이다.

$$C_3 = 1100100$$

오른쪽으로 3번 접은 종이

ㄴ. 새로 접어서 생기는 흔적은 직전에 접은 흔적의 좌우에 생기게 되므로 최초로 접은 흔적인 정가운데의 골은 몇 번을 접든지 항상 0으로 나타나게 된다.

ㄹ. 1번 접으면 0이 1개 생기고, 그 다음부터는 매회 같은 개수의 1과 0이 생기게 된다. 따라서 0의 개수가 1의 개수보다 반드시 한 개 더 많게 된다.

오답분석

ㄷ. 직전에 접은 흔적을 기준으로 왼쪽에는 1, 오른쪽에는 0이 생기게 되므로 정가운데를 기준으로 대칭되는 숫자는 1과 0이 되어 서로 다르게 된다.

정답 ④

남에게 이기는 방법의 하나는 예의범절로 이기는 것이다.

- 조쉬 빌링스 -

PART 4

모듈형

40 | 3C와 SWOT

(1) 3C 분석

사업 환경을 구성하고 있는 요소인 자사, 경쟁사, 고객을 3C라고 하며, 3C에 대한 체계적인 분석을 통해서 환경분석을 수행할 수 있다.

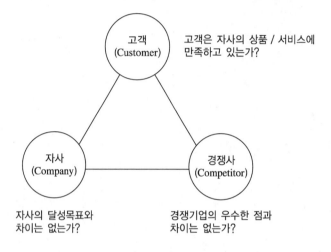

(2) SWOT 분석

기업 내부의 강점, 약점과 외부환경의 기회, 위협요인을 분석 평가하고, 이들을 서로 연관지어 전략을 개발하여 문제해결 방안을 개발하는 방법이다.

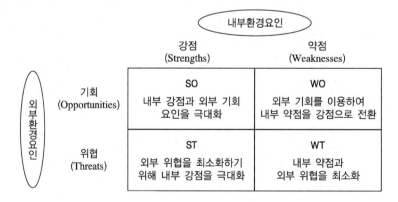

K공단 안전본부 사고분석 개선처에 근무하는 B대리는 혁신우수 연구대회에 출전하여 첨단장비를 활용한 차종별 보행자사고 모형개발을 발표하고, SWOT 분석을 통해 추진방향을 도출하기 위해 다음 표를 작성했다. 주어진 분석 결과에 대응하는 전략과 그 내용의 연결이 적절하지 않은 것은?

〈차종별 보행자사고 모형개발 SWOT 분석 결과〉

강점(Strength)	약점(Weakness)
10년 이상 지속적인 교육과 연구로 신기술 개발을 위한 인프라 구축	보행자사고 모형개발을 위한 예산 및 실차 실험을 위한 연구소 부재
기회(Opportunity)	위협(Threat)
첨단 과학장비(3D스캐너, MADYMO) 도입으로 정밀 시뮬레이션 분석 가능	교통사고에 대한 국민의 관심과 분석수준 향상으로 공단의 사고분석 질적 수준 제고 필요

① SO전략 : 과학장비를 통한 정밀 시뮬레이션 분석을 토대로 국내 차량의 전면부 형상을 취득하고 보행자사고를 분석해 신기술 개발에 도움
② WO전략 : 실차 실험 대신 과학장비를 통한 시뮬레이션 연구로 모형개발
③ ST전략 : 지속적 교육과 연구로 쌓아온 데이터를 바탕으로 사고분석 프로그램 신기술 개발을 통해 사고분석 질적 향상에 기여
④ WT전략 : 신기술 개발을 위한 연구대회를 개최해 인프라를 더욱 탄탄히 구축
⑤ WT전략 : 보행자사고 실험을 위한 연구소를 만들어 사고 분석 데이터를 축적

정답 해설

WT전략은 외부 환경의 위협 요인을 회피하고 약점을 보완하는 전략을 적용해야 한다. ④는 강점인 'S'를 강화하는 방법에 대해 이야기하고 있다.

오답분석
① SO전략은 기회를 활용하면서 강점을 더욱 강화시키는 전략이므로 적절하다.
② WO전략은 외부의 기회를 사용해 약점을 보완하는 전략이므로 적절하다.
③ ST전략은 외부 환경의 위협을 회피하며 강점을 적극 활용하는 전략이므로 적절하다.
⑤ WT전략은 외부 환경의 위협 요인을 회피하고 약점을 보완하는 전략이므로 적절하다.

정답 ④

| 문제 1 |

SWOT 분석 결과가 다음과 같을 때, 〈보기〉 중 A공사에 대한 SWOT 분석 내용으로 옳은 것을 모두 고르면?

〈A공사 SWOT 분석 결과〉

구분	분석 결과
강점(Strength)	• 해외 가스공급기관 대비 높은 LNG 구매력 • 세계적으로 우수한 배관 인프라
약점(Weakness)	• 타 연료 대비 높은 단가
기회(Opportunity)	• 북아시아 가스관 사업 추진 논의 지속 • 수소 자원 개발 고도화 추진중
위협(Threat)	• 천연가스에 대한 수요 감소 추세 • 원전 재가동 확대 전망에 따른 에너지 점유율 감소 가능성

보기

ㄱ. 해외 기관 대비 LNG 확보가 용이하다는 점을 근거로 북아시아 가스관 사업 추진 시 우수한 효율을 이용하는 것은 SO전략에 해당한다.

ㄴ. 지속적으로 감소할 것으로 전망되는 천연가스 수요를 북아시아 가스관 사업을 통해 확보하는 것은 ST전략에 해당한다.

ㄷ. 수소 자원 개발을 고도화하여 다른 연료 대비 상대적으로 높았던 공급단가를 낮추려는 R&D 사업 추진은 WO전략에 해당한다.

ㄹ. 높은 LNG 확보 능력을 이용해 상대적으로 높은 가스 공급단가가 더욱 상승하는 것을 방지하는 것은 WT전략에 해당한다.

① ㄱ, ㄴ ② ㄱ, ㄷ
③ ㄴ, ㄷ ④ ㄴ, ㄹ
⑤ ㄷ, ㄹ

정답 해설

ㄱ. LNG 구매력이 우수하다는 강점을 이용해 북아시아 가스관 사업이라는 기회를 활용하는 것은 SO전략에 해당된다.
ㄷ. 수소 자원 개발이 고도화되고 있는 기회를 이용하여 높은 공급단가라는 약점을 보완하는 것은 WO전략에 해당된다.

오답분석

ㄴ. 북아시아 가스관 사업은 강점이 아닌 기회에 해당되므로 ST전략에 해당된다고 볼 수 없다.
ㄹ. 높은 LNG 확보 능력이라는 강점을 이용해 높은 가스 공급단가라는 약점을 보완하려는 것은 WT전략에 해당된다고 볼 수 없다.

정답 ②

| 문제 2 |

다음은 ㈜K섬유에 대한 SWOT 분석 결과이다. 분석에 따른 대응 전략으로 적절한 것을 〈보기〉에서 모두 고르면?

〈K섬유에 대한 SWOT 분석 결과〉	
• 첨단 신소재 관련 특허 다수 보유	• 신규 생산 설비 투자 미흡 • 브랜드의 인지도 부족
S 강점	**W 약점**
O 기회	**T 위협**
• 고기능성 제품에 대한 수요 증가 • 정부 주도의 문화 콘텐츠 사업 지원	• 중저가 의류용 제품의 공급 과잉 • 저임금의 개발도상국과 경쟁 심화

보기

ㄱ. SO전략으로 첨단 신소재를 적용한 고기능성 제품을 개발한다.
ㄴ. ST전략으로 첨단 신소재 관련 특허를 개발도상국의 경쟁업체에 무상 이전한다.
ㄷ. WO전략으로 문화 콘텐츠와 디자인을 접목한 신규 브랜드 개발을 통해 적극적 마케팅을 한다.
ㄹ. WT전략으로 기존 설비에 대한 재투자를 통해 대량생산 체제로 전환한다.

---

① ㄱ, ㄷ
② ㄱ, ㄹ
③ ㄴ, ㄷ
④ ㄴ, ㄹ
⑤ ㄷ, ㄹ

정답 해설

ㄱ・ㄷ. 제시된 자료는 ㈜K섬유의 SWOT 분석을 통해 강점(S), 약점(W), 기회(O), 위기(T) 요인을 분석한 것이다. SO전략과 WO전략은 발전방안으로서 적절하다.

오답분석

ㄴ. ST전략에서 경쟁업체에 특허 기술을 무상 이전하는 것은 경쟁이 더 심화될 수 있으므로 적절하지 않다.
ㄹ. WT전략에서는 기존 설비에 대한 재투자보다는 수요에 맞게 다양한 제품을 유연하게 생산할 수 있는 신규 설비에 대한 투자가 필요하다.

정답 ①

41 | 문제의 종류

(1) 발생형 문제, 탐색형 문제, 설정형 문제

구분	내용
발생형 문제 (보이는 문제)	• 바로 직면하여 걱정하고 해결하기 위해 고민하는 문제를 말하며 원인지향적인 문제라고도 함 • 이탈 문제 : 어떤 기준을 이탈함으로써 생기는 문제 • 미달 문제 : 기준에 미달하여 생기는 문제
탐색형 문제 (보이지 않는 문제)	• 현재의 상황을 개선하거나 효율을 높이기 위한 문제를 말하며 문제를 방치하면 뒤에 큰 손실이 따르거나 해결할 수 없게 되는 것 • 잠재 문제 : 문제가 잠재되어 인식하지 못하다가 결국 문제가 확대되어 해결이 어려운 문제 • 예측 문제 : 현재는 문제가 없으나 현 상태의 진행 상황을 예측해 찾아야 앞으로 일어날 문제가 보이는 문제 • 발견 문제 : 현재는 문제가 없으나 좋은 제도나 기법, 기술을 발견하여 개선, 향상할 수 있는 문제
설정형 문제 (미래의 문제)	• 장래의 경영전략을 통해 앞으로 어떻게 할 것인가 하는 문제 • 새로운 목표를 설정함에 따라 일어나는 문제로서 목표지향적 문제라고도 함 • 지금까지 경험한 바가 없는 문제로 많은 창조적인 노력이 요구되므로 창조적 문제라고도 함

(2) 원인지향 VS 목표지향

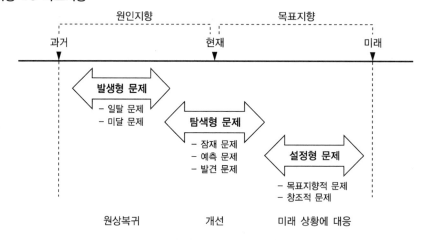

다음 〈보기〉의 ㉠ ~ ㉤은 각각 문제의 3가지 유형인 발생형 문제, 탐색형 문제, 설정형 문제에 해당한다. 설정형 문제에 해당하는 것을 모두 고르면?

보기

㉠ 회전교차로에서 교통사고가 발생하여 도움을 청하는 전화가 오고 있다.
㉡ 새로 만들어지는 인공섬에서 예측되는 교통사고를 파악해야 한다.
㉢ 새로 설치한 신호등의 고장으로 교통체증이 심해지고 있다.
㉣ 순경들의 안전을 위한 방침을 조사해야 한다.
㉤ 교차로에서 발생하는 교통사고를 줄이기 위한 보고서를 작성해야 한다.

① ㉠

② ㉡

③ ㉢, ㉣

④ ㉠, ㉡, ㉣

⑤ ㉡, ㉢, ㉤

설정형 문제(미래 문제)는 미래 상황에 대응하여 앞으로 어떻게 할 것인지에 관한 문제로 ㉡이 해당된다.

오답분석

• 발생형 문제(보이는 문제) : 이미 일어난 문제로 당장 걱정하고 해결해야 되는 문제(㉠, ㉢)
• 탐색형 문제(찾는 문제) : 현재의 상황에서 개선해야 되는 문제(㉣, ㉤)

정답 ②

42 | 분석적 사고와 제3자를 통한 문제해결 방법

(1) 분석적 사고

전체를 각각의 요소로 나누어 그 요소의 의미를 도출한 다음 우선순위를 부여하고 구체적인 문제해결 방법을 실행하는 것이 요구된다.

문제의 종류	요구되는 사고
성과 지향의 문제	기대하는 결과를 명시하고 효과적으로 달성하는 방법을 사전에 구상하고 실행에 옮길 것
가설 지향의 문제	현상 및 원인 분석 전에 지식과 경험을 바탕으로 일의 과정이나 결과, 결론을 가정한 다음 검증 후 사실일 경우 다음 단계의 일을 수행할 것
사실 지향의 문제	일상 업무에서 일어나는 상식, 편견을 타파하여 객관적 사실로부터 사고와 행동을 출발할 것

(2) 문제해결 방법의 종류

종류	내용
소프트 어프로치	• 대부분의 기업에서 볼 수 있는 전형적인 스타일 • 조직 구성원들이 같은 문화적 토양을 가짐 • 직접적인 표현보다는 암시를 통한 의사전달 • 결론이 애매하게 산출되는 경우가 적지 않음 • 제3자 : 결론을 미리 그려가면서 권위나 공감에 의지함
하드 어프로치	• 조직 구성원들이 상이한 문화적 토양을 가짐 • 직설적인 주장을 통한 논쟁과 협상 • 논리, 즉 사실과 원칙에 근거한 토론 • 이론적으로는 가장 합리적인 방법 • 창조적인 아이디어나 높은 만족감을 이끌어내기 어려움 • 제3자 : 지도와 설득을 통해 전원이 합의하는 일치점 추구
퍼실리테이션	• 그룹의 지향점을 알려주고, 공감을 이룰 수 있도록 도와주는 것 • 창조적인 해결방안 도출, 구성원의 동기와 팀워크 강화 • 퍼실리테이터의 줄거리대로 결론이 도출되어서는 안 됨 • 제3자 : 깊이 있는 커뮤니케이션을 통해 창조적인 문제해결 도모

다음 중 퍼실리테이션의 문제해결에 대한 설명으로 옳은 것은?

① 주제에 대한 공감을 이루기 어렵다.

② 단순한 타협점의 조정에 그치는 것이 아니다.

③ 초기에 생각하지 못했던 창조적인 해결방법을 도출하기는 어렵다.

④ 제3자가 합의점이나 줄거리를 준비해놓고 예정대로 결론이 도출된다.

⑤ 팀워크가 강화되기는 어렵다.

정답 해설

퍼실리테이션은 단순히 타협점을 조정하는 것에 그치는 것이 아니라 창조적인 해결방안까지 도출하고자 하므로 옳은 내용이다.

오답분석

① 깊이 있는 커뮤니케이션을 통해 서로의 문제점을 이해하고 공감하게 한다.

③ 초기에 생각하지 못했던 창조적인 해결방법을 도출한다.

④ 구성원이 자율적으로 실행하는 것으로 제3자가 합의점이나 줄거리를 준비해놓고 예정대로 결론이 도출되는 것이 아니다.

⑤ 구성원의 동기가 강화되고 팀워크도 한층 강화된다는 특징을 보인다.

정답 ②

43 | 논리적 사고의 개발 방법

(1) 피라미드 기법

보조 메시지들을 통해 주요 메인 메시지를 얻고, 다시 메인 메시지를 종합한 최종적인 정보를 도출해 내는 방법이다.

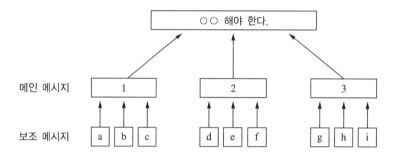

(2) So What 기법

"그래서 무엇이지?" 하고 자문자답하는 의미로 눈앞에 있는 정보로부터 의미를 찾아내어 가치 있는 정보를 이끌어 내는 사고이다. "So What?"은 단어나 체언만으로 표현하는 것이 아니라 주어와 술어가 있는 글로 표현함으로써 "어떻게 될 것인가?", "어떻게 해야 한다."라는 내용이 포함되어야 한다.

다음 상황을 논리적 사고의 개발 방법 중 'So What 기법'으로 분석한 내용으로 옳은 것은?

<상황>

- 우리 회사의 자동차 판매대수가 사상 처음으로 전년 대비 마이너스를 기록했다.
- 우리나라의 자동차 업계 전체는 일제히 적자 결산을 발표했다.
- 주식 시장은 몇 주간 조금씩 하락하는 상황에 있다.

① 자동차 판매가 부진하다.
② 과거를 볼 때 자동차 산업의 미래가 좋지 않다.
③ 자동차 산업과 주식시장의 상황이 복잡하다.
④ 자동차 관련 기업의 주식을 사서는 안 된다.
⑤ 자동차 판매를 높이기 위해 가격을 낮춘다.

정답 해설

상황을 모두 고려하면 '자동차 관련 기업의 주식을 사서는 안 된다.'는 결론이 타당하다.

오답분석
① 두 번째, 세 번째 상황은 고려하고 있지 않다.
② 첫 번째 상황을 고려하고 있지 않다.
③ 상황을 모두 고려하고 있으나 자동차 산업과 주식시장이 어떻게 되는가를 전달하고 있지 않다.
⑤ 두 번째 상황을 고려하고 있지 않다.

정답 ④

44 | 문제처리능력

(1) 문제처리능력의 의의

목표와 현상을 분석하고 이 분석 결과를 토대로 문제를 도출하여 최적의 해결책을 찾아 실행, 평가하는 활동을 할 수 있는 능력을 말한다.

(2) 문제해결 절차

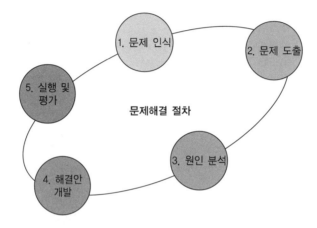

① **문제 인식** : 해결해야 할 전체 문제를 파악하여 우선순위를 정하고, 선정한 문제에 대한 목표를 명확히 하는 단계
② **문제 도출** : 선정된 문제를 분석하여 해결해야 할 것이 무엇인지를 명확히 하는 단계
③ **원인 분석** : 파악된 핵심문제에 대한 분석을 통해 근본 원인을 도출하는 단계
④ **해결안 개발** : 문제로부터 도출된 근본원인을 효과적으로 해결할 수 있는 최적의 해결방안을 수립하는 단계
⑤ **실행 및 평가** : 실행계획을 실제 상황에 적용하는 활동으로 장애가 되는 문제의 원인을 해결안을 사용하여 제거하는 단계

두 사람의 대화 내용에서 ㉠과 ㉡에 들어갈 문제해결 절차를 바르게 나열한 것은?

> 강대리 : 팀장님, 아무래도 저희 시스템에 문제가 좀 있는 것 같습니다.
> 최팀장 : 갑자기 그게 무슨 소린가?
> 강대리 : _____㉠_____
> 최팀장 : 그런 현상이 자꾸 발생한다면 큰 문제가 될 텐데, 왜 그런 현상이 나타나는 거지?
> 강대리 : _____㉡_____

	㉠	㉡
①	문제 인식	문제 도출
②	문제 도출	원인 분석
③	원인 분석	실행 및 평가
④	해결안 개발	실행 및 평가
⑤	문제 도출	해결안 개발

정답 해설

문제해결 절차는 '문제 인식 → 문제 도출 → 원인 분석 → 해결안 개발 → 실행 및 평가'이다.

㉠은 강대리가 문제 인식을 하고 팀장님께 보고한 후 어떤 문제가 발생했는지 도출해 내는 단계이므로 문제를 명확히 하는 '문제 도출' 단계이다.

㉡은 최팀장에게 왜 그런 현상이 나타나는 것인지에 대해 대답할 차례이므로 문제가 나타나는 현상에 대한 원인을 분석하는 '원인 분석' 단계이다.

정답 ②

45 | 비판적 사고

(1) 비판적 사고

어떤 주제나 주장 등에 대해서 적극적으로 분석하고 종합하며 평가하는 능동적인 사고를 말한다. 이는 문제의 핵심을 중요한 대상으로 하며, 지식과 정보를 바탕으로 합당한 근거에 기초를 두고 현상을 분석, 평가하는 사고이다.

(2) 비판적 사고에 필요한 요소

종류	내용
문제의식	문제의식을 가지고 있다면 주변의 사소한 일에서도 정보를 수집할 수 있으며, 이러한 정보를 통해서 새로운 아이디어를 끊임없이 생산해낼 수 있다.
고정관념의 타파	고정관념은 사물을 보는 시각에 영향을 주며, 일방적인 평가를 내리기 쉽게 한다. 따라서 지각의 폭을 넓히기 위해 고정관념을 타파해야 한다.
지적 호기심	다양한 질문이나 문제에 대한 해답을 탐색하고 사건의 원인과 설명을 알기 위하여 왜, 언제, 누가, 어디서, 어떻게, 무엇에 관한 질문을 제기한다.
객관성	결론에 도달하는 데 있어서 감정적, 주관적 요소를 배제하고 경험적 증거나 타당한 논증을 근거로 한다.
개방성	다양한 여러 신념이 진실일 수 있다는 것을 받아들이며, 편견이나 선입견에 의하여 결정을 내리지 않는다.
융통성	개인의 신념이나 탐구방법을 변경할 수 있으며, 특정한 신념의 지배를 받는 고정성, 독단적 태도, 경직성을 배격한다.
지적 회의성	모든 신념은 의심스러운 것으로 간주하는 것이며, 적절한 결론이 제시되지 않는 한 결론이 참이라고 받아들이지 않는다.
지적 정직성	어떤 진술이 우리가 바라는 신념과 배치되는 것이라 할지라도 충분한 증거가 있으면 그것을 진실로 받아들인다.
체계성	결론에 이르기까지 논리적 일관성을 유지하며, 논의하고 있는 문제의 핵심에서 벗어나지 않도록 한다.
지속성	쟁점의 해답을 얻을 때까지 끈질기게 탐색하는 인내심을 갖도록 하는 것이며, 증거와 논증의 추구를 포기함이 없이 특정 관점을 지지한다.
결단성	증거가 타당할 때는 결론을 맺는다는 것이며, 모든 필요한 정보가 획득될 때까지 불필요한 논증, 속단을 피하고 모든 결정을 유보한다.
다른 관점에 대한 존중	내가 틀릴 수 있으며 내가 거절한 아이디어가 옳을 수 있다는 것을 기꺼이 받아들이는 태도이다.

다음 중 비판적 사고에 대해 잘못 설명하고 있는 사람을 모두 고르면?

> A : 비판적 사고의 목적은 주장의 단점을 명확히 파악하는 것이다.
> B : 맹목적이고 무원칙적인 사고는 비판적 사고라 할 수 없다.
> C : 비판적 사고를 하기 위해서는 감정을 철저히 배제한 중립적 입장에서 주장을 파악해야 한다.
> D : 비판적 사고는 타고난 것이므로 학습을 통한 배움에는 한계가 있다.
> E : 비판적 사고는 어떤 주장에 대해 적극적으로 분석하는 것이다.

① A, C   ② A, D
③ C, D   ④ C, E
⑤ D, E

정답 | 해설

• A : 비판적 사고의 목적은 단순히 주장의 단점을 찾아내는 것이 아니라, 종합적인 분석과 검토를 통해 그 주장이 타당한지 그렇지 않은지를 밝혀내는 것이다.
• D : 비판적 사고는 타고난 것이 아니라 논증, 추론에 대한 문제의 핵심을 파악하는 방법을 통해 배울 수 있다.

정답 ②

46 | 논리적 오류의 종류

(1) **권위나 인신공격에 의존한 논증** : 상대방의 주장이 아니라 상대방의 인격을 공격

(2) **허수아비 공격의 오류** : 상대방의 주장과는 전혀 상관 없는 별개의 논리를 만들어 공격

(3) **무지의 오류** : 그럴듯해 보이지만 증명되지 않은 주장(신의 존재 유무 등 증명할 수 없거나 증명이 어려운 분야에서 자주 등장)

(4) **결합·분할의 오류** : 하나의 사례에는 오류가 없지만 여러 사례를 잘못 결합하여 오류가 발생, 논리적 주장을 확대하거나 쪼개서 적용할 경우 흔히 발생

(5) **성급한 일반화의 오류** : 몇몇 사례를 일반화하여 발생

(6) **복합 질문의 오류** : "또다시 이런 죄를 지을 것인가?"와 같은 질문의 경우 "예", "아니오" 중 어떤 답변을 해도 이미 죄를 지었다는 것을 인정하게 된다. 이와 같이 질문이 복합되어 발생하는 오류

(7) **과대 해석의 오류** : 문맥을 무시하고 과도하게 문구에만 집착하여 발생하는 오류

(8) **애매성의 오류** : 애매한 표현을 사용하여 발생하는 오류

(9) **연역법의 오류** : 삼단논법을 잘못 적용하여 발생하는 결과의 오류

(10) **대중에 호소하는 오류** : 군중심리를 자극하여 자신의 주장에 동조하게 만들거나 타당한 논거 없이 다수의 사람들의 생각이나 행동을 논거로 제시하여 발생하는 오류

다음 (가) ~ (다)는 일상생활에서 자주 발견되는 논리적 오류에 대해 설명한다. (가) ~ (다)에 해당하는 논리적 오류 유형이 바르게 연결된 것은?

> (가) 상대가 의도하지 않은 것을 강조하거나 허점을 비판하여 자신의 주장을 내세운다. 상대방의 주장과 전혀 상관없는 별개의 논리를 만들어 공격하는 경우도 있다.
> (나) 적절한 증거 없이 몇몇 사례만을 토대로 결론을 내린다. 일부를 조사한 통계 자료나 대표성이 없는 불확실한 자료를 사용하기도 한다.
> (다) 타당한 논거보다는 많은 사람들이 수용한다는 것을 내세워 어떤 주장을 정당화하려 할 때 발생한다.

	(가)	(나)	(다)
①	인신공격의 오류	애매성의 오류	무지의 오류
②	인신공격의 오류	성급한 일반화의 오류	과대 해석의 오류
③	허수아비 공격의 오류	성급한 일반화의 오류	대중에 호소하는 오류
④	허수아비 공격의 오류	무지의 오류	대중에 호소하는 오류
⑤	애매성의 오류	무지의 오류	허수아비 공격의 오류

PART 4

정답 해설

(가) 허수아비 공격의 오류 : 상대가 의도하지 않은 것을 강조하거나 허점을 비판하여 자신의 주장을 내세운다.
(나) 성급한 일반화의 오류 : 적절한 증거가 부족함에도 불구하고 몇몇 사례만을 토대로 성급하게 결론을 내린다.
(다) 대중에 호소하는 오류 : 타당한 논거를 제시하지 않고 많은 사람들이 그렇게 생각하거나 행동한다는 것을 논거로 제시한다.

오답분석
• 인신공격의 오류 : 주장이 아닌 상대방을 공격하여 논박한다.
• 애매성의 오류 : 여러 가지 의미로 해석될 수 있는 용어를 사용하여 혼란을 일으킨다.
• 무지의 오류 : 상대가 자신의 주장을 입증하지 못함을 근거로 상대를 반박한다.

정답 ③

47 | 자원관리의 과정

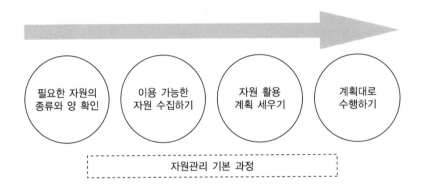

자원관리 기본 과정

(1) 필요한 자원의 종류와 양 확인

업무를 추진하는 데 있어서 어떤 자원이 필요하며, 또 얼마만큼 필요한지를 파악하는 단계이다. 구체적으로 어떤 활동을 할 것이며, 이 활동에 어느 정도의 시간, 돈, 물적·인적자원이 필요한지를 파악한다.

(2) 이용 가능한 자원 수집하기

실제 준비나 활동을 하는 데 있어서 계획과 차이를 보이는 경우가 빈번하기 때문에 여유 있게 확보하는 것이 안전하다.

(3) 자원 활용 계획 세우기

자원을 실제 필요한 업무에 할당하여 계획을 세워야 하며, 최종적인 목적을 이루는 데 가장 핵심이 되는 것에 우선순위를 두고 계획을 세울 필요가 있다.

(4) 계획대로 수행하기

업무추진의 단계로서 계획에 맞게 업무를 수행해야 하는 단계이다. 계획에 얽매일 필요는 없지만 최대한 계획대로 수행하는 것이 바람직하며, 불가피하게 수정해야 하는 경우에는 전체 계획에 미칠 수 있는 영향을 고려해야 한다.

다음은 자원관리 과정의 4단계를 나타낸 표이다. 빈칸에 해당하는 단계에 대한 설명으로 가장 적절한 것은?

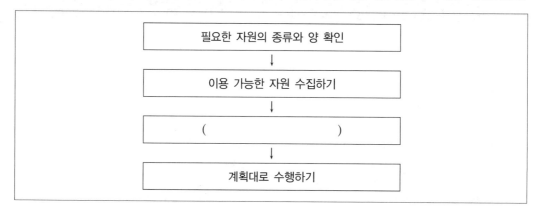

필요한 자원의 종류와 양 확인
↓
이용 가능한 자원 수집하기
↓
(   )
↓
계획대로 수행하기

① 구체적으로 어떤 활동을 할 것이며, 이 활동에 어느 정도의 자원이 필요한지를 파악해야 한다.

② 계획에 얽매일 필요는 없지만, 최대한 계획에 맞게 업무를 수행해야 한다.

③ 계획을 수정해야 하는 경우 전체 계획에 미칠 수 있는 영향을 고려해야 한다.

④ 실제 활동에서는 계획과 차이를 보일 수 있으므로 가능한 필요한 양보다 좀 더 여유 있게 자원을 확보해야 한다.

⑤ 자원을 실제 필요한 업무에 할당하여 계획을 세우되, 업무나 활동의 우선순위를 고려해야 한다.

정답 해설

빈칸에 해당하는 단계는 필요한 자원을 확보한 뒤 그 자원을 실제 필요한 업무에 할당하여 계획을 세우는 자원 활용 계획 세우기 단계로, 계획을 세울 때에는 업무나 활동의 우선순위를 고려해야 한다.

오답분석

① 필요한 자원의 종류와 양 확인
②·③ 계획대로 수행하기
④ 이용 가능한 자원 수집하기

정답 ⑤

48 | 시간낭비와 시간관리

(1) 시간낭비의 요인

- 목적이 불명확하다.
- 여러 가지 일을 한 번에 많이 다룬다.
- 하루의 계획이 구체적이지 않다.
- 서류 정리를 하다가 서류를 숙독한다.
- 메모 등을 찾는 시간이 걸리는 편이다.
- 팀워크가 부족하다.
- 예정 외의 방문자가 많다.
- 불완전하거나 지연된 정보가 많다.
- 일을 끝내지 않고 남겨둔다.
- 회의 시간이 길다.
- 커뮤니케이션이 부족하다.
- 통지 문서가 많다.
- 일을 느긋하게 처리하는 경향이 있다.
- 기다리는 시간이 많다.
- 권한 위임을 충분히 하지 않는다.

- 우선순위가 없이 일한다.
- 장래의 일에 도움이 되지 않는 일을 한다.
- 책상 위가 항상 번잡하다.
- 파일링시스템이 부적당하다.
- 일에 대한 의욕이 부족하다.
- 전화를 너무 많이 한다.
- No라고 말하지 못한다.
- 극기심이 결여되어 있다.
- 주의가 산만하다.
- 회의에 대한 준비가 불충분하다.
- 잡담이 많다.
- 메모 회람이 많다.
- 모든 것에 대해 사실을 알고 싶어 한다.
- 초조하고 성질이 급하다.
- 권한 위임한 업무에 대해 관리가 부족하다.

(2) 시간관리에 대한 오해

시간관리는 상식에 불과하다. 나는 회사에서 일을 잘하고 있기 때문에 시간관리도 잘한다고 말할 수 있다.

나는 시간에 쫓기면 일을 더 잘하는데, 시간을 관리하면 오히려 나의 이런 강점이 없어질지도 모른다.

시간관리에 대한 오해

나는 약속을 표시해둔 달력과 해야 할 일에 대한 목록만으로 충분하다.

시간관리 자체는 유용할지 모르나 창의적인 일을 하는 나에게는 잘 맞지 않는다. 나는 일상적인 업무에 얽매이는 것이 싫다.

다음 중 시간관리에 대해 바르게 이해한 사람은?

> 윤아 : 시간이 촉박하면 넉넉할 때보다 오히려 집중이 더 잘 되는 것 같아.
>
> 태현 : 시간관리는 꼼꼼히 하면 너무 부담이 되니까 간단히 일정만 체크해도 충분해.
>
> 지현 : 시간관리가 중요하다고 해도, 막상 계획대로 진행하면 손해가 더 많았어.
>
> 성훈 : 창의적인 일을 할 때는 오히려 시간을 관리하는 것이 방해될 것 같아. 관리와 창의는 상대되는 개념
> 이니까.

① 윤아   ② 태현

③ 지현   ④ 성훈

⑤ 없음

정답 | 해설

오답분석

· 윤아 : 시간이 촉박하면 다른 생각을 할 여유가 없기 때문에 집중이 잘 되는 것처럼 느껴질 뿐이다. 이런 경우 실제 수행 결과는
  만족스럽지 못한 경우가 많다.

· 태현 : 시간관리 자체로 부담을 과하게 가지면 오히려 수행에 문제가 생길 수 있지만 기본적으로 시간관리는 꼼꼼히 해야 한다.

· 지현 : 계획한 대로 시간관리가 이루어지면 보다 효율적으로 일을 진행할 수 있다.

· 성훈 : 흔히 창의와 관리는 상충된다고 생각하지만 창의성이 필요한 일도 관리 속에서 더 효율적으로 이루어진다.

정답 ⑤

49 | 직접비용과 간접비용

(1) 직접비용

① 간접비용에 상대되는 용어로서, 제품 또는 서비스를 창출하기 위해 직접 소비된 것으로 여겨지는 비용을 말한다.

② 직접비용의 구성

종류	내용
재료비	과제의 수행을 위해 구매된 재료에 지출된 비용
원료와 장비	과제 수행 과정에서 소모된 원료나 과제를 수행하는 데 필요한 장비에 지출된 비용. 이 비용에는 실제 구매된 비용이나 임대한 비용이 모두 포함
시설비	시설들이 오로지 과제를 위해 사용하기 위한 목적으로만 건설되거나 구매된 경우에, 즉 그러한 시설 자체가 과제를 통한 산출물인 경우에만 시설비용으로 간주
여행(출장)경비 및 잡비	과제 수행을 위해 출장이나 타 지역으로의 이동이 필요한 경우와 기타 과제 수행상에서 발생하는 다양한 비용을 포함
인건비	과제를 위해 활동이나 과업을 수행하는 사람들에게 지급되는 비용. 계약에 의해 고용된 외부 인력에 대한 비용도 인건비에 포함. 일반적으로 인건비는 과제 비용 중에서 가장 비중이 높은 항목

(2) 간접비용

① 과제를 수행하기 위해 소비된 비용 중에서 직접비용을 제외한 비용으로 생산에 직접 관련되지 않은 비용을 말한다.

② 보험료, 건물관리비, 광고비, 통신비, 사무비품비, 각종 공과금 등이 대표적인 예이다.

K컨설팅사에 근무하고 있는 A사원은 팀장으로부터 새로운 프로젝트를 수주하기 위해 제안서를 작성하라는 과제를 받았다. 우선 프로젝트 제안 비용을 결정하기 위해 직접비용과 간접비용을 기준으로 예산을 작성하려 한다. 다음 중 직접비용과 간접비용의 연결이 잘못된 것은?

	직접비용	간접비용
①	재료비	보험료
②	과정개발비	여행(출장) 및 잡비
③	인건비	광고비
④	시설비	사무비품비
⑤	여행(출장) 및 잡비	통신비

정답 **해설**

직접비용은 제품 또는 서비스를 창출하기 위해 직접 소요되는 비용으로 재료비, 원료와 장비, 여행(출장) 및 잡비, 인건비 등이 포함된다. 그리고 간접비용은 생산에 직접 관련되지 않는 비용으로 보험료, 건물관리비, 광고비, 통신비 등이 포함된다.
따라서 ②의 여행(출장) 및 잡비는 제품 또는 서비스 창출에 직접 관련 있는 항목으로 직접비용에 해당한다.

정답 ②

50 | 인적자원과 인맥

(1) 인적자원

사전적으로는 사람을 의미하는 것이며, 조직차원에서의 인적자원은 조직에 고용된 사람을 말한다. 과거에는 조직의 리더나 관리자들에게 물적자원을 관리하는 것이 중시되었으나, 최근에는 인적자원을 어떻게 관리하느냐가 조직의 성패를 좌우할 만큼 중요한 부분이 되고 있다.

(2) 인맥

① 사전적 의미로 정계, 재계, 학계 등에서 형성된 사람들의 유대 관계를 의미하지만 실제로는 이에 국한하지 않고 자신이 알고 있거나 관계를 형성하고 있는 사람들을 통칭하는 개념이다. 일반적으로 가족, 친구, 직장동료 등이 사람들의 기본적인 인맥이다.

② 인맥의 분류

종류	내용
핵심 인맥	자신과 직접적인 관계에 있는 사람
파생 인맥	핵심 인맥으로부터 파생되어 자신과 연결된 사람

다음은 개인 차원에서의 인적자원인 인맥에 관한 자료이다. 다음 (가)와 (나)에 들어갈 말이 바르게 연결된 것은?

인맥은 사전적으로 정계, 재계, 학계 따위에서 형성된 사람들의 유대 관계를 의미한다. 그러나 이에 국한하지 않고 모든 개인에게 적용되는 개념으로, 인맥은 자신이 알고 있거나 관계를 형성하고 있는 사람들을 나타낸다. 자신과 직접적인 관계에 있는 사람들은 __(가)__ 인맥으로 표현할 수 있으며, 인맥에는 __(가)__ 인맥뿐만 아니라 __(가)__ 인맥으로부터 알게 된 사람, 우연한 자리에서 알게 된 사람 등 다양한 __(나)__ 인맥이 존재할 수 있다. 또한 __(나)__ 인맥에서 계속 __(나)__ 되면 한 사람의 인맥은 아래 그림처럼 끝없이 넓어질 수 있다.

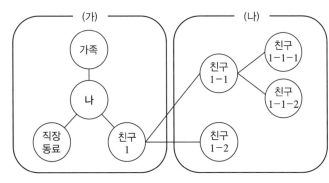

	(가)	(나)		(가)	(나)
①	중요	파생	②	핵심	파생
③	핵심	합성	④	직접	합성
⑤	직접	간접			

인맥은 (가) 핵심 인맥과 (나) 파생 인맥으로 나누어 볼 수 있다. 핵심 인맥은 자신과 직접적인 관계에 있는 사람들을 의미하며, 파생 인맥은 핵심 인맥을 통해 파생된 인맥을 의미한다.

정답 ②

실패는 성공의 첫걸음이다.

– 월트 디즈니 –

SD에듀 왕초보를 위한 NCS 문제해결능력 필수토픽 50 + 무료NCS특강

개정3판1쇄 발행	2024년 09월 20일 (인쇄 2024년 05월 29일)
초 판 발 행	2021년 05월 15일 (인쇄 2021년 04월 09일)
발 행 인	박영일
책 임 편 집	이해욱
편 저	SDC(Sidae Data Senter)
편 집 진 행	김재희 · 강승혜
표지디자인	조혜령
편집디자인	양혜련 · 장성복
발 행 처	(주)시대고시기획
출 판 등 록	제10-1521호
주 소	서울시 마포구 큰우물로 75 [도화동 538 성지 B/D] 9F
전 화	1600-3600
팩 스	02-701-8823
홈 페 이 지	www.sdedu.co.kr
I S B N	979-11-383-7276-3 (13320)
정 가	18,000원